著 / 指文董旻杰工作室

关注海域局势·了解海战历史·传承海洋文化

海战事典 MOOK ▶009

←⚓ 海权与日本近代国家命运 ⚓→

台海出版社

图书在版编目（CIP）数据

海战事典. 009, 海权与日本近代国家命运 / 指文董
旻杰工作室著. -- 北京：台海出版社, 2017.7（2024.5 重印）
　　ISBN 978-7-5168-1482-6

　　Ⅰ. ①海… Ⅱ. ①指… Ⅲ. ①海战 - 战争史 - 世界 -
通俗读物 Ⅳ. ①E19-49

　　中国版本图书馆CIP数据核字(2017)第144696号

海战事典009：海权与日本近代国家命运

著　　者：指文董旻杰工作室

责任编辑：刘　峰　　赵旭雯　　　　　装帧设计：指文文化
版式设计：周　杰　　　　　　　　　　责任印制：蔡　旭

出版发行：台海出版社
地　　址：北京市东城区景山东街20号　　邮政编码：100009
电　　话：010 - 64041652（发行，邮购）
传　　真：010 - 84045799（总编室）
网　　址：www.taimeng.org.cn/thcbs/default.htm
E - mail：thcbs@126.com

经　　销：全国各地新华书店
印　　刷：重庆长虹印务有限公司
本书如有破损、缺页、装订错误，请与本社联系调换

开　　本：787mm×1092mm　　　　　　1/16
字　　数：235千字　　　　　　　　　印　张：18
版　　次：2017年7月第1版　　　　　印　次：2024年5月第2次印刷
书　　号：ISBN 978-7-5168-1482-6

定　　价：79.80元

海洋，人类光荣与梦想的战场。从不列颠到美利坚，一个个大国一次次不停验证着"谁拥有海洋，谁就拥有整个世界"这个真理。21世纪是海洋的世纪，我们正在积极发展海上贸易、维护海上权益。因此，了解海上战争的历史，洞悉海上博弈的玄机变得十分必要。《海战事典》是军迷们了解海战及海洋军事文化的宝典，希望该系列读物能够刊载更多精彩文章展现海洋文化的魅力。

——军事科普作家，江泓

作为新中国第一代人民海军军官后代的我，从小生活在著名的军港小城——旅顺口。这里的每一处遗迹都是海上战争为这座小城铭刻的深深印记，它们牵动着人们对这个国家、这个民族关于海洋意识与海洋权益的深刻思考。前事不忘，后事之师，每一个中国人都不会，也不该再次忽视海洋。但如何才能真正汲取历史的教训，又如何才能探寻到一条正确的深蓝之路？我相信，《海战事典》这本看上去很普通的书，一定会成为一扇打开历史记忆的窗，一座连通过去与未来的桥梁，人们可以通过它，找寻到自己的答案。

——中国海军史研究者，张义军

一个拥有漫长海岸线的国家必须要对海洋投以足够的关注，曾在海洋上发生的交流、冲突和战斗恰恰是对历史经验的一次次总结，它们从未随涛浪平息，而是形成并发展成为中华民族海洋意识觉醒的基石。《海战事典》正是一本海洋历史的索引，是一个了解海上往事的渠道。

——海军史、海军舰船研究者，顾伟欣

"无海权如人无手足"。古往今来，为了将主权延伸至海洋，以获得更多的控制力，很多国家都建立了强大的海军，他们既谱写过壮丽的海战诗篇，也创造过传奇的海洋故事。《海战事典》正如沧海拾珠，将这一段段精彩的历史串联、汇集至一处，相信每一位读者在阅读后，都会大呼精彩过瘾。

——资深军事编辑，刘晓

即使21世纪已被广泛称为"信息的时代"，人类最普遍选择定居、发展生产的地域仍然是各大洲的沿海地带，联结其间的繁忙海上航线仍然需要强大海军的护卫。《海战事典》为广大海军爱好者精彩描绘历史中发生于海洋上之激烈搏杀，希望启发更多国人关心我国海洋权益之保护。

——指文《军鉴》工作室主编，潘越

目录

负枷而行

近代日本国家战略与海上战略的回顾

作者：刘怡

题记

  自 1867 年"王政复古"、"明治维新"开始，到 1945 年 8 月"大东亚战争"最终失败，日本帝国在短短 70 余年内建成了世界第三的大舰队，一度傲视东亚、称雄于太平洋上，无论对亚洲还是整个世界政治来说都是前所未有的大事件。然而，这样一支缔造了半世纪之久的海军却在短短数载间灰飞烟灭，又值得人们叹息和深思。鉴于历史上日本与中国之间的特殊渊源，以及近代以来未曾中断的日本侵华历史，正在致力发展强大海权的中国和中国人更有必要对这一段历史做出系统的梳理和回顾。

2

■ 树立在今宫崎县日向市美夕津的"日本海军发祥之地"纪念碑。传说"神日本磐余彦"正是在日向国的美夕津练成水军，随后东征大和国成功，从而即位为日本第一位天皇——神武天皇的。"日本海军发祥之地"纪念碑系1940年"纪元二千六百年"纪念时所建，题名者为时任海军大臣米内光政大将。战后一度被美军废止，1969年重新修复，对游人开放至今。

近代日本海军战略的发展经历了一个短暂而又混乱的过程。相对于"大陆政策"的早早成型，日本从未真正确立过"以海为主、优先发展海军"的国家战略。伴随着日俄战争的胜利，日本第一代海军战略思想家在20世纪最初十年方意识到建立系统的海上战略指导的重要性。以佐藤铁太郎《帝国国防史论》的出版为标志，日本初步建立起基于自身历史和地缘特点的海权观，但"海主陆从"，海洋国家的国防观却由于陆海矛盾及陆权坐大而难于实行。其后加藤友三郎等海军"条约派"人物与财阀、政党联手，对外接受华盛顿体系、推行协调外交；对内恢复经济、藏富于民。但建立在脆弱的"大正德谟克拉西"基础上的内聚型发展战略很快因大萧条失去了实现可能，并在"昭和政变"后被狭隘激进的大陆主义者取代。大陆政策不仅驱使日本继续入侵中国、针对苏联"北进"；而且使海军内部的"舰队派"陷入了单纯重视舰队建设和纯战理的"渐减战略"，越发无视世界大势。20世纪40年代初"北进"失败后，以海军激进分子为代表的"南进"派在石油危机刺激下迅速制定了占领荷属东印度、对美开战的决策。一个既没有确立海洋中心，又没有做好持久战准备，战术思想还是极为落后的国家仓促投入了对太平洋霸权的争夺，于是在最初的胜利后很快又一败涂地。

另一方面，研究日本海军战略又不可脱离其特殊的官僚政治环境。由于"明治维新"以来极不正常的政治格局，日本海军战略的发展变化与其国家战略及国内政治环境相互牵制、相互影响。海军战略上以美国为假想敌、"南进"被设定为在日俄战争以后 30 余年都是作为陆军"北进"的附属物而存在，只是在 1941 年前后极其偶然的条件下突然成为日本的战略选择。日本发动太平洋战争原本只是一次目标有限的非系统性扩张，但由于"舰队派"劫持海军、海陆军相互劫持、军部劫持国家，在短期内使国家战略发生了突变，以至于日本自开战起就走在"速战速决、有限扩张"与"渐减迎击、持久作战"两条分裂的道路上。这一点在研究中一向容易被曲解和忽视。

令人遗憾的是，无论在中国还是东瀛，对近代日本海上战略演化的研究都是少之又少。在中国，截至本文成稿前还未有任何一本系统的著作立足于研究日本海军战略或日本海军史，甚至于对佐藤铁太郎、秋山真之等人的一般性介绍也难得一见，这无疑为笔者的研究工作增大了难度。1979 年东京原书房根据明治四十三年（1910）本再版的《帝国国防史论》是"日本马汉"佐藤铁太郎的集大成著作，日本战略研究学会所编的《战略论大系 9：佐藤铁太郎》精选了佐藤一生五部著作《国防私说》《帝国国防论》《帝国国防史论》《海军战理学》及《国防新论》中的最重要章节，这些作品都成为作者解读这一段历史的最重要的文献基础。与历史相对照，我们可以看到，官僚政治、武夫当国在很大程度上阻碍了理性抉择成为可能。在大陆政策占据主导地位的状态下，日本海军虽然不断发展壮大，却根本不具备争夺太平洋霸权、对外扩张的基础：在战略目标上，目的仅仅是保卫"主权线"和争取石油产地；在战术指导上，遵循的是大舰巨炮和决战主义的"渐减邀击"；在舰队建设上，单纯重视作战兵力，轻视后勤补给。更为关键的是，在日本海军中战略理论、海军战略和舰队建设三者的关系是完全颠倒的，因此其徒具威风凛凛的外貌，内在却是异常混乱陈腐。以战略守势为目标的海军在陆军的扩张主义面前曲意逢迎、频频让步，另一方面却机械发展以日俄战争经验为基础的"渐减战略"。由于美国"石油禁运"的发生，日本被迫突然采取"南进"，但相应的战略指导体系却全未建立。山本五十六寄希望于速战速决的珍珠港赌局意外获胜后，日本海军却难以适应处于优势和进攻的地位，又没能在短期内彻底摧毁美军有生力量，很快回到"渐减邀击"的老路上并走向了最终的衰亡。

扩展阅读：佐藤铁太郎

　　佐藤铁太郎（1866—1942），山形人，海军兵学校第十四期，海军大学丙种科第四期毕业。日清战争时任"赤城"号大尉航海长，黄海海战中在正副舰长均战死的情况下指挥军舰撤退。此后历任"浪速"号航海长、海军省军务局课员、安艺郡大学教官、"宫古""严岛""出云"号副长、第二舰队首席参谋。1905年参加对马海战，在海战前一天因强烈反对返回津轻封锁而立下大功。战后再度入海军大学深造，对战争中的经验教训进行专门研究。毕业后任军令部第4班长兼海军大学教官，晋升少将。1913年任第1舰队参谋长，随后历任军令部第1班长、军令部次长，因与加藤友三郎观点不合而被解职，调任海军大学校长、舞鹤镇守府司令。1923年转入预备役后任财团法人奉仕会会长、贵族院议员，1942年3月4日病死。

　　处女作《国防私论》（1893年）提出作为海洋国家的日本应实施以海军为中心的国防体制。《帝国国防论》（1902年）和以海军大学讲义为中心写成的《帝国国防史论》（1908年）是其思想核心。他认为国防方针自卫第一，要以强大的海军来保障和平。以日本的实力和地理形势、陆军实在没有必要强大。其军备思想是"海主陆从"，认为是海军的存亡而不是陆军决定了日本的生死。1934年写成《海防新论》，继续坚持防守自卫思想，反对进入大陆争夺利益，遭到陆军强硬派的强烈批评。在海军内部他顽固坚持对美"七成论"，与海军温和派首脑加藤友三郎发生冲突。

■ 任大佐时的佐藤铁太郎。当时正供职于海军大学，致力于撰写集其研究大成的著作《帝国国防史论》。

→ 一 日本海上战略的形成 ←

地缘环境与日本海军战略

远在孙子和汉尼拔的时代，将地理位置与国家命运等量齐观就已不是一件新鲜事了。到 19 世纪与 20 世纪之交，当马汉、麦金德等人将地理视为国家生存发展不可或缺的考虑因素之一时，亚洲一个孤独的岛国——日本，再度以实例印证了这一看似离奇的公理。

对于一个国家开发海洋的能力而言，"海权"（Sea Power）是最基本的标准，而海权与其空间上的考量显然密不可分。自丰臣秀吉和德川家康的时代开始，日本人就必须面对两大地缘现实的制约：海岛国家；临近大陆。按照近人江畑谦介（1919—？）的典型性说法，就是："由于日本的领土 100% 为海洋所包围，不依赖海上交通就无法生存，因而日本之为海洋国家似乎是天经地义的事，但对于日本向海洋的开发到底到了什么程度，以及海洋—大陆究竟哪个才是日本的生命线，向来存在疑问……"①

日本与亚洲大陆在空间上相距较远，本州岛距朝鲜半岛近 161 千米；整个东海岸只有少数平原地带，主要城市面向太平洋而不是亚洲大陆。在历史上，这种独特的地缘与人口分布状况加深了日本的孤立感和岛国心态，制约着日本的战略选择：它虽然是亚洲的一部分，但人口分布又使其倾向于太平洋彼岸；与其说是与中国"一衣带水"，在某种程度上还不如说是与美国"隔海相望"。在大陆问题上，日本没有直接发言权，它对于自身到底是（或者说想成为）东方国家还是西方国家一直存在矛盾。

另一方面，日本又不可避免地要在大陆事务中起一定的作用。它的四个主岛绵延 1932 千米，相当于美国东海岸从北到南的全部长度。整个海岸线长达 27370 千米，与之相比，中国是 17710 千米，美国是 19320 千米，俄罗斯则是 37030 千米（但大部分面对空旷的北极）。更为复杂的是，日本还拥有 3900 个近地小岛，其最远部分到达了北回归线附近。换言之，日本的整个海上防御

---

① 近人江畑谦介. 世界之纷争，日本之防卫，新时代之新威胁 [M]. 东京：PHP 研究所，1999 年。

■ 东北亚地区全图。自琉球向南延伸的群岛链构成一个长长的新月形地带,靠近亚洲大陆最大的陆地国家——中国的东侧;由亚洲大陆延伸出来的朝鲜半岛突出在外,犹如一把刺向日本心脏的匕首。几个世纪以来,这些亘古不变的地缘特征左右着中、日、朝三个国家的关系。

区域足有北大西洋—欧洲那么大,还要加上整个地中海。自琉球向南延伸的群岛链构成一个长长的新月形地带,靠近亚洲大陆最大的陆地国家——中国的东侧;而由亚洲大陆延伸出来的朝鲜半岛突出在外,犹如一把刺向日本心脏的匕首。即使纯粹从自保的角度出发,日本也不得不对这一点有所忌惮。几个世纪以来,正是这些亘古不变的地缘特征左右着中、日、朝三个国家间的关系,影响着它们之间爆发的战争。

从地缘政治的角度,不难看出独特的地理环境对日本海上战略产生的影响:首先,日本的安全不可避免地维系于海洋,为生存起见,必须具备一整套清晰而具有指导性的海上战略;其次,日本的安全同样与亚洲大陆上的邻国息息相关,海陆是为一体,不可偏废。基于以上原因,无怪乎"海陆军"和"陆海军"问题自1867年起就牢牢困扰着这个偏偏崇尚暧昧的国家。

"海主陆从"与"海外雄飞"

与近世诸多史书所言的截然相反,江户幕府及其开创者德川家康(1543—

1616）所采取的消极内向型国家战略在日本海上战略思想的形成中扮演了至关重要的角色。与前任丰臣秀吉风险高昂的"北进""西进"相比，德川家康明智地自我隔离于大陆事务之外，在内部建立起一套分权自立的稳固统治体系。到"明治维新"之前，德川幕府统治下的日本已经拥有了前工业时代一流的建筑、造船、土木技术，完善的商业、金融和信用体系，健全的交通运输和通信制度，以及最重要的——高效的人力资源开发能力。如桑原鹤这样的激进分子甚至认定："早在维新之前的锁国时代，日本民族就足以傲视世界民族之林。"①与之恰好相对应的是，大陆上的中国在这一时期基本处于分裂或战乱状态，既没有必要也无兴趣征服这个海上小

■ 滨松城中的德川家康（1543—1616）铜像。德川家康采取的消极内向型国家战略在日本海上战略思想的形成中扮演了至关重要的角色，佐藤铁太郎等后人也经常自他的经历中寻求借鉴和教益。

国。而德川幕府也乐于看到一个分裂状态的大陆并始终与之保持特殊联系。

　　"海防论"自幕府末年就开始勃兴。江户人林子平（1738—1793）"融三方（中、日、西洋）兵法于一炉"，于1777—1786年间写成16卷《海国兵谈》，明确指出："何谓海国？海国是无邻国接壤，四面环海之国。因此，海国须拥有与其相称的武备，不同于中国兵法和日本自古流传下来的各种军事学说和思想。不懂得这一点，就难以建立日本的国防。应要知道海国既有易遭外敌入侵的弱点，也有易御敌于国门之外的优势……"虽然在当时未得实行，却成为"开国"后启发维新诸人关注海防的要因。明治政府建立后致力建设海军，统一建军思想和建军理论自然甚为重要。1870年5月4日，兵部省向太政官呈交了一份堪称创立海军基本理论的建议书，其中的第一部分"关于迅速建设海军、

---

① 桑原鹤. 明治维新之界限 [M]. 东京：明微出版有限公司，1990。

■ 《海国兵谈》书影。林子平在本书中提出"海国须拥有与其相称的武备",成为"开国"后启发维新诸人关注海防的要因。1856年安积贞通校全书,改称《精校海国兵谈》10卷,并附自序与跋,依次论述了水战、陆战、军法、战略、夜战、坚守城池、武士主体、制度法令等诸多内容,反映了西学东渐前日本兵学家的思考与忧虑。

■ 林子平(1738—1793)铜像。这位江户武士家出身的思想者一生坎坷,16卷《海国兵谈》还是靠自筹经费才得以出版。但《海国兵谈》强调的防御思想并不代表日本军事传统,林子平也几度因"妄议国是"被投入牢狱,1793年以56岁抱病之身忧愤而死。明治年间林子平被追赠正五位勋。

认真加强陆军、建立保护国家体制的建议"就提及:"皇国是一个被分割成数岛的独立于海中的岛国。如不认真发展海军,将无法巩固国防……故海陆军装备精良与否,实关皇国安危荣辱。全国上下发奋努力,兴办海军,加强陆军,建立一支保民卫国之军队,用以压制强敌,扩大我国数千年悠久历史之影响,耀皇威于四海,这才是最紧急最重要的国务……"

以当时之势,日本的大规模内战已经结束,但要实行对外侵略又嫌实力不足。无论黑船"开国"还是萨英战争、马关战争,侵略日本的矛头都来自海上,现阶段军备建设的主要任务是防范西方国家的海上攻击。据此,明治初期的日本国防建设采取"海主陆从"方针,海军和海防成为军事建设的重点。这一点从当时的正式文件中对武装力量的称呼"海陆军"上也可以看出。但因为日本的工业基础太差,明治初期海军建设的重点还是在单纯的装备改善上。迅速吸收西方的理念和技术并不是因为日本人认为这些理念在本质上有什么过人之处，而是基于"如果无法战胜敌人，那就变得和敌人一样"的原则。从这个意义上说，日本开国之初实行的海军振兴、"海主陆从"体制与日后海军战

■ 长崎海军传习所盛况。1855年，德川幕府在长崎设立海军传习所，聘请荷兰教官21人讲授西洋海军战法、炮术以及航海、造船、算术、机械、筑城、测量、天文、地理、历史知识。永井尚志为传习所总监，胜海舟为助理。先后有三期共231人接受了传习所的教育，包括榎本武扬、赤松则良等幕臣以及萨摩、肥前等藩选拔出的藩士。1859年长崎海军传习所因财政理由解散。

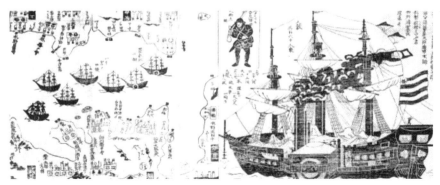

■ 19世纪60年代日本人绘制的"黑船开国图"，把佩里舰队描绘为通体黑漆、冒着浓烟的庞然巨怪。虽然"黑船"到来不是日本重视海防的唯一原因，但来自海上的威胁显然是明治初年"海主陆从"国防方针确立的重要原因。

■ 吉田松阴（1830—1859）。这位山口藩士之后自幼被过继给"山鹿流"兵学世家吉田家，又曾师从幕末兵学家佐久间象山研习兰学和炮术，其思想体系也带有浓厚的兵家风范。《幽囚录》中"开垦蛮夷，封建诸侯"的观念首先遗传给了"松下村塾"中高杉晋作、久坂玄瑞、伊藤博文、山县有朋等80位高徒，成为"大陆进入"主义的思想渊源。

略家们的"海主陆从"相比要单薄得多，仅仅是一种军备建设上的优先次序罢了，还谈不上有什么战略规划。

当幼稚的日本海军还在"海主陆从"国防方针下缓慢成长之时，以"海外雄飞论"①为基础的日本陆权思想家们已经开始在大陆上寻找未来的突破口。明治维新"教父"吉田松阴（1830—1859）在《幽囚录》中就放言，日本的大害来自俄国，"今急修武备，舰粗具，炮略足，则宜开垦蛮夷，封建诸侯，乘间夺取堪察加、鄂霍次克。谕琉球，朝觐会同，比内诸侯。责朝鲜纳奉贡如在盛时"。他的高徒山县有朋（1838—1922）更是集幕末的"海外雄飞论"和木户孝允等人的"征韩论"之大成。

1890年12月帝国议会第一次会议上，山县以首相身份发表《外交政略论》，强调"盖国家独立自卫之道有二，一为守卫主权线；二为保护利益线……大凡国家不得主权线及利益线，则无以为国，而今介于列国之间，欲维持一国之独立，只守卫主权线，已决非充分，必亦保护利益线不可"。所谓"利益线"，即"与邻国接壤并与我之主权安危紧密相关之区域"，具体说来"焦点在于朝鲜"。如果别国侵入"利益线"，必须以"强力"排出之。日本陆军用以支持其对外战略的"大陆政策"至此初步形成。但在笔者看来，与其说日本在一开始就以中国为假想敌，还不如说中国只是日本最终与俄国开战的一个必经阶段——因为俄国是整个亚欧大陆最大的陆上强权国家，一旦其控制了满洲、朝鲜和中国，日本的生存就会遭到直接的钳制；而当时的中国处于少数民族政权统

---

① 幕末日本儒学家、国学家和洋学家从不同角度论述的一种对外扩张主义思想，矛头指向朝鲜和中国。代表人物为本多利明、佐藤信渊和吉田松阴。

治下，又已在内忧外患中变得虚弱涣散，不足以对日本构成决定性威胁。日本资本主义经济的发展程度还没有到需要开拓资源的地步，"大陆政策"就完全是地缘政治和着眼于安全的产物。

1870年国防建议书的第二部分是一套完整的军备计划，其中就提及"俄国的夙愿是将欧亚大陆连成一片，自己独霸，其手法是先近后远，先易后难，逐步扩张领土。……近年又沿黑龙江侵占满洲土地，威胁北海道与朝鲜的安全，损害了日本在支那和朝鲜北部的利益。若俄国势力进入东海，夺取了良港，驻扎了海军，就难以制止其扩张野心，将成为两大洲之害。故日本须首先提高警惕，制定对付侵略的作战方针"。由此，俄国成为日本在大陆上的头号假想敌。而这一假想敌的确定也与另一个世界性强权——英国有着密不可分的关联。俄国自克里米亚战争失败后，将扩张重点放到了亚洲和中近东。在英国需要着力防范欧洲大陆上两大强权德、法的同时，势必没有足够的力量用于远东，需要借重日本这个"有想法"的小伙伴。1893年，《日英改订条约》在伦敦

■ 2007年长崎帆船节上，日本代表团按1∶1比例复制的幕末名舰"观光丸"。"观光丸"原为荷兰东洋舰队蒸汽明轮军舰"森宾"号（Soembing），1855年被赠予幕府，改名"观光丸"，成为日本第一艘蒸汽机军舰。"观光丸"是长崎海军传习所最初的教练舰，为日本海军的初建培养了大批人才。

签字。以俄为敌、"大陆进入"成为日本这一时期的国策。

在组织结构和官僚制度上，海军创制之初，军政（行政）、军令（指挥）机关都隶属于海军卿（后称海军大臣）。1878年12月军令系统获得整体独立，设置了与陆军省并列的参谋本部；1886年3月，修改后的参谋本部条例在参谋本部长之下并列设置了陆海军次长。1888年5月又实行参军制，在"帝国全军总参谋长"下设置陆海军参谋本部长，事实上分割了海军的军令权。但在1889年3月，海军参谋部再度隶属于海军大臣，重新实现了海军军政、军令一元化。然而在海军两权统一的同时，陆军的军令机关——参谋本部依旧直属于天皇，其职权与陆军、海军两省并列，引起了海军方面的不满。因此在1893年1月，海军又提议设置独立于海军省的海军军令部，但被参谋本部以"影响军令统一"为名予以否决，引起了海军的不满。但此时大陆政策已经成为既成事实，实力稍逊的海军依旧处在师从英国的学习和摸索过程中，矛盾并未激化。在朝鲜局势日益紧张的压力下，陆军做出妥协，1893年5月海军军令部成立，但陆海军之间已经结下了对立的梁子。

朝鲜事件以及由之引发的甲午战争，与其说是日本蓄谋已久的结果，莫如说是一次极富针对性的练兵以及对俄作战准备。山县有朋看得相当清楚："西伯利亚铁路已修至中亚细亚，不出数年即可竣工，发自俄都，十余日便可饮马黑龙江。吾人须知，西伯利亚铁路完工之日，既是朝鲜多事之时，也是东洋发生一大变化之机，而朝鲜独立之维持，有何保障？这岂非正是对我国利益线最有激烈冲击之感者乎？"在开战之初即掌握黄海制海权、主力舰队伺机寻求决战、海陆协同作战……这些在过去未曾经历过的事件由联合舰队在甲午战争中——演练并化为现实，且无一例外地运用于数年后与俄国的战争中。如果说这次战争还有什么额外的好处的话，那就是日本获得了清政府2亿两白银赔款的大输血，使其产业和资本急剧膨胀。10年之间工厂增加了5.2倍，资本增加3.3倍，使用动力机械的工厂增加5.9倍。1897年开始实行金本位制，1900年八幡制铁所投产。到1903年，日本的陆海军工厂动力已经增加了5倍。"大陆进入"带来的丰厚利润从客观上加强了陆军以及陆权主义者的发言权。

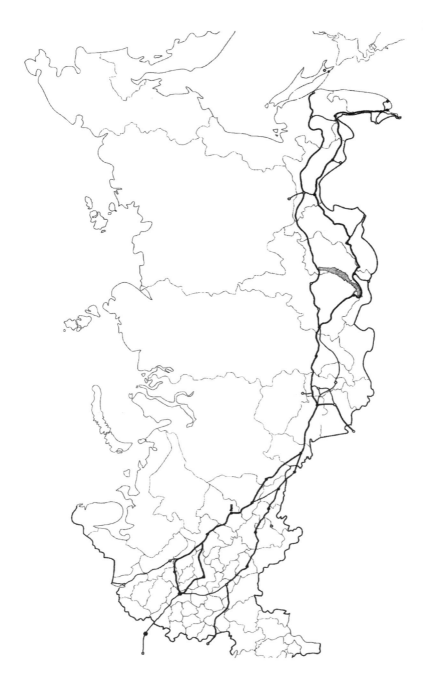

■ 西伯利亚大铁路线路示意图。日本深知"西伯利亚铁路完工之日，既是朝鲜多事之时，也是东洋发生一大变化之机……这已非正是对我国利益线最有激烈冲击之感者乎"，因而抢在该铁路全线完工之前点燃战火。

日俄战争与佐藤铁太郎的觉醒

甲午战争结束后不久，海军方面提出了改组大本营的问题，力图将"陆主海从"扭转为陆海平等，陆海军爆发了激烈的正面冲突。最后在天皇的裁决下，大本营平行设置了陆海军两个参谋长，同时新设军事参议院作为陆海军的协调机关。总的来说，海军虽然热衷于与陆军争权，以及在国防方针中求得平等地位，但自己并没有清晰可靠的战略思想，只是出于官僚政治的考虑而已。

这里必须着重指出的是，1867 年"尊王派"自德川幕府手中夺权时自身并没有雄厚的力量，主要依靠的是长州、萨摩、肥前、土佐四大强藩及其藩兵。这就使"维新"后的政治格局中，元老、藩阀、军人（进入 20 世纪后又有政党加入）围绕着天皇形成了一个相互牵制的"连环套"。到日俄战争为止，"明治维新"初期的政界"元老"依旧在政治和军事决策中起着最重要的作用。1885—1901 年，10 届内阁中有 9 届由元老亲自出马组阁，或组成以元老为强大后盾的"元勋内阁"。这期间，元老政治的核心是萨长藩阀的总后台——伊藤博文和山县有朋，因此也被称为"伊山时代"。1901 年以后，"元老"的职能虽然被枢密院和军部分割出一部分，但由于他们仍有推荐首相人选的特权，所以仍然是左右天皇决策的政治中枢，并在幕后操纵政局。这批实权人物压制了陆、海军之间的斗争倾向，维持住了整个局面的稳定。日清、日俄两次战争中，陆、海军在军事行动上密切配合，对日本的军事扩张不断取得胜利起了至关重要的作用。

伴随着 19 世纪最后 10 年动荡的世界局势，日俄战争终于"众望所归"地爆发了。"……从日本的角度来说，其国内的主战舆论十分激昂。日本政治家虽然深知本国军队已经发展得非常强大，但是同样深知再过几年，由于国内财政状况恶化，日本要与俄国作战就比较困难了，因为俄国的军事装备也在日益改善，时间对俄国人有利。在日本有一种普遍的预感，即来自俄国的危险在不断迫近。俄国不久将冒天下之大不韪将满洲和韩国囊括于自己的势力范围之内。所以，如果日本必须为争取韩国而进行战争，那么它最好是趁俄国的铁路尚未筑成之前就为满洲协定而进行战争。"（《英国外交蓝皮书》，1901 年）英国需要日本牵制住俄国在远东的推进步伐，德国为了独享在欧洲挑战英国的利益，也撺掇俄国在远东开战。1902 年 1 月 30 日《英日同盟协定》生效，战争

扩展阅读：元老

近代日本政界的所谓"元老"是一个颇为独特的政治概念，它是特指接受明治和大正天皇诏敕、享有"元勋优遇"，并负有"匡辅大政"之责的9位政界耆宿，即黑田清隆、伊藤博文、山县有朋、松方正义、井上馨、西乡从道、大山岩、桂太郎和西园寺公望9人。根据1889年颁布的明治宪法，"元老"与枢密院、内大臣、军部、内阁同属天皇的辅弼机关，但宪法对元老的权限和职能却没有任何规定。这样，元老就成为一种没有法律依据的、超宪法的政治存在。尽管元老的法律地位虚弱，但在左右天皇意志方面的作用却远远超过枢密院、军部甚至内大臣。随着元老们相继去世，到1922年山县有朋死时，元老只剩下了松方正义和西园寺公望，1年后松方也病死，只剩西园寺独自支撑局面。这段时间也是元老政治走向衰落和消亡的时期。西园寺年龄越来越大，随着军部力量恶性膨胀，最后连仅存的推荐首相人选的特权也被以内大臣为首的重臣集团攫去。1940年西园寺死后，元老制度就此寿终正寝。

■ 山县有朋（1838—1922）。这位山口藩士出身的军人、松下村塾的高徒是对近代日本政治—军事体系影响最大的人物。自奇兵队时期就出任军监，"维新"后历任兵部小辅、大辅、陆军大辅、陆军卿、参谋本部长、内务卿、内相、司法相、陆相、枢密院议长、参谋总长，两度组阁，又曾指挥甲午、日俄两次战争，建立征兵制、镇压民运、建立中央集权等对日本历史影响深远的举措皆出自其手。山县一手缔造了官僚—军人复合集团"山县阀"，主导日本国策制订近50年之久。也正是在"山县阀"独霸天下之时，日后挟持整个国家的军部势力开始露出其狰狞的本来面目。

■ 伊藤博文（1841—1909）。这位政坛元老师从吉田松阴，与木户孝允、高杉晋作同时投身"尊王攘夷"运动，并在大久保利通死后成为其主要政治继承人。伊藤博文四度组阁，一手缔造了作为日本半世纪政治实践框架的明治宪法。他与"山县阀"轮流主导日本政局的稳定时期被称为"伊山时代"，自他死后，日本政界再无可与陆军势力旗鼓相当的强力政治人物。

的最后基石已经奠定。1904 年 2 月 6 日，战争自旅顺口开幕。

1905 年 5 月，对马海战落下帷幕，日本联合舰队一举全歼俄国第二太平洋舰队，取得了日俄战争的决定性胜利。俄国海军自此一蹶不振，日本一跃而成为东北亚第一大海权国。这场海战的胜利带有太大的偶然性，其重要性也值得怀疑：即使俄国舰队穿越对马海峡到达海参崴，也并不能改变已经形成的战略态势（除非俄军能彻底击败日军主力舰队，不过考虑到俄军的官兵素质和战舰的技术水平，这种情况几乎不可能出现），但却实实在在地带来了两大影响：在国家战略上，围绕"下一步何去何从"这一问题，以佐藤铁太郎（1866—1942）为代表的一批海军军官开始觉醒。他们认为，日本未来的发展必须以海洋、海权为基础，从而开始了对日本海上战略的规划。在战术和舰队建设上，自东乡平八郎海军大将以下，人人争先恐后地总结带有偶然性的战果，并发扬为必然性的"决战论"，最终进一步僵化为葬送了联合舰队最后荣光的"渐减作战"。

在决定日本未来命运的关键时期，为了以日俄战争的经验教训为基础，系统地构造属于日本自己的海上战略思想，1905 年 12 月 12 日，第二舰队首席参谋佐藤铁太郎中佐向斋藤实海相上书，希望调职到海军大学以方便研究工作。

根据斋藤实文件中收录的信件原文，佐藤系统地回顾了自己自 1890 年起从事国防问题研究的历程。他认为，要在日本这样一个陆权观念根深蒂固的国家注入海军国防的意义，必须在贸易上推行黎塞留、科尔贝式的"重商主义"政策，同时构造适合日本国情的海洋国防论。日俄一战中，日本

■ 日本海海战胜利者、元帅海军大将东乡平八郎（1848—1934）。可以说，他在对马海战中取得的胜利反而贻害了之后日本海军的战略进步。在战术和舰队建设上，将带有偶然性的战果总结和发扬为必然性的"决战论"，最终僵化为葬送联合舰队的"渐减作战"。东乡本人在 20 世纪 30 年代海军内部的论争中不止一次被"舰队派"抬出来作为压服对手的工具，被视作"海军长老"。山本五十六曾感慨：晚年的东乡在意识不清的状态下成为他人手中的工具，可见他不过是个普通人而已，哪里称得上什么"军神"。

■ 中日甲午战争后，被日军俘获拖至旅顺进行检修的"镇远"铁甲舰，舰身上的弹痕历历在目。"镇远"在次年被编入日本舰队，列级二等战舰，1912年4月6日在横滨解体。右下小图则是一代名舰不为人知的心酸结局：日本人利用"镇远"的剩余舰材制造了一艘小汽轮"元山丸"，由九州商船公司运营，一直使用到1959年方才报废。

■ 关于1905年日本海海战（对马海战）的最著名绘画："三笠"号舰桥上的联合舰队指挥人员。中间手握望远镜、站立沉思者为联合舰队司令东乡平八郎，其左侧持望远镜、脸型瘦长者为参谋长加藤友三郎，加藤左方正在沉思和做交谈的两位参谋，右为秋山真之，左为伊藤铁太郎。这四人主导了日本海海战后20年整个海军的军备和战术思路建设。

虽然侥幸取胜，但"战理未明"的状况未能得到根本改善，只有对此战以及自古以来的知名海战战例进行总结、归纳要义，才能在今后的战争中占得先机。他对自己的研究目的陈述如下：

一、搜集对作战、发展及战势、历史演化至关重要之参考战例。例如，在敌前登陆之际，对当局指挥官必须注意的相关问题有必要提前制订训诫，以防意外情况之发生。为达致此目的，最佳之策莫过于广泛搜集敌前登陆成败战例的记述，以供参考，使其计划及实施之效益大增。故小官等恳请尊驾同意为战例蒐集之试。

二、为后人划定帝国国防之永久方针，不仅适切于当今之时代，且能随物事变化不断演进。故以自古以来的历代战例及各般研究为之基，树立金瓯无欠之论断，时刻提防意外情况与异议之发生。最重要的是，为永远确立海军国防主义这一至高目的，搜集足够丰富之材料。

三、在帝国、国防问题上，我海军应采取之方针与标准及相关事宜之研究。

四、继续以奉公致事为目的，采用比较的研究方法，对国防问题进行研究。

五、以第一项成果为基础，遴选对我国海军今日状况适合之战例，同时对海军之于国防之意义及我国海军之最低标准这两大问题提出清晰的意见。

六、在以上的理论、历史问题研究结束后，适时转入对更实际问题之阐述。主要集中于对南洋方面之勘探，并以此为基础，再度从事以南洋为中心之战例及理义研究。

佐藤上书时，日本举国上下正因打败俄国后据有满洲而沉浸在风靡一时的"大陆进入"狂热中，陆军官僚、大陆派主导国策的趋势持续上升。在胜利的余音之中，佐藤铁太郎已经敏锐地觉察到了总结战训、缔造以海军对抗为基础的国策论和战略思想的重要性。在海军大学担任教官期间，他一面工作，一面撰写集其研究之大成的重要著作《帝国国防史论》，并以附录形式发表在海军内部杂志《水交社记事》上，分发给海军内部人员参阅。但如此基础性的工作却遭到了陆军出于本位意识的打压。在陆军的干预下，海军被迫任命佐藤为练习舰队舰长，令其在1909—1910年进行远洋航海，脱离研究工作。据佐藤日后回忆，这可能是由于他与陆军某将军持有"绝对相反的意见"。不过由于斋藤海军大臣的介入，佐藤最终得以平安无事地继续研究。

1910 年，风向骤变，海军提出要建成一支包含 8 艘无畏舰和 7 艘战列巡洋舰的"超弩级舰队"①。也是在同一年，佐藤的代表作《帝国国防史论》以单行本形式正式出版，这是第一本由现役海军军人撰写的正面批评"大陆进入"、陆军主导国策的著作。伊藤博文为之作序，东乡平八郎亲自为本书题字"自强将命"，向国民广泛呼吁海权的重要性。

■ 秋山真之（1868—1918）。爱媛人，海军兵学校第17期，陆军大将秋山好古之弟。19世纪90年代赴美国留学，师从马汉。日俄战争时任第1舰队参谋兼联合舰队参谋，提出沉船闭塞旅顺港、敌前大转向、七段击等方案，成为联合舰队取得胜利的保证。战后赴海大执教，教授《海军基本战术》《海军应用战术》《海军战务》《海国战略》等课程。秋山在日本海军中最早提出将战略和战术区分开来，同时引入"战务"的概念，对日本海军的现代化和制度化起了不可估量的作用。

柯隆布、马汉与德川家康

按照佐藤铁太郎自己的说法，日本海上战略思想是以中国兵法、马汉海权思想和对英国历史的研究这三大支柱为基础的，不过笔者认为还应当加上德川幕府时代的日本国家战略。早在处女论文《国防私说》中，佐藤就认定国防的三大原则乃是地理的条件、对经济的影响、对人口（民生）的关怀。就在《国防私说》开始写作的同一年（1890 年），马汉的代表作《海权对历史的影响 1660—1783》在美国正式出版，书中明确指出了影响海上强国的六大主要条件——地理、自然形态、领土、人口、民族性和政府。赴美进行外交活动的金子坚太郎子爵看出了该书的价值，回国后立即翻译了一部分章节呈献给西乡从道海相，西乡海相下令在海军机关报《水交社记事》上转载。1897 年，该书的完整日文译版《海上权力史论》在东京出版。

---

① 无畏舰 "Dreadnought" 在日语中音译为"ドレットノート"，读音为 do-re-tto-noo-tto，日方简称"ド级战舰"。而日语中"弩"字也发"do"音，日本人便将无畏舰称为"弩级战舰"，超无畏舰称为"超弩级战舰"。

不过按照佐藤自己的说法，相对于马汉，英国海军中将菲利普·柯隆布（Philip Colomb, 1831—1899）的作品对日本海军的启蒙意义更大。1896年11月，水交社翻译出版了柯隆布1891年所作的《海战论》（Naval Warfare, Its Ruling Principles and Practice, Historically Treated）。翻译者肝付兼行（1853—1922，鹿儿岛人，海军中将、贵族院议员、大阪市长）为之作《海战论序》，述曰：

"试问天地之间，将以何者宰制之？曰：真理。顺之则兴，逆之则亡。用兵之道亦不得脱此天则之外。以兴亡剖古今者，历史也。今试以海军事例观之，则加儿达蕙（即迦太基）如何以水师管制地中海之交通？罗马之貔貅何以往返阿非利加大陆而无所障辙？以近事观之，奈破翁一世（即拿破仑）如何为慎戒持重、控制制海权之对岸岛国所败？称雄世界、经略宏图，此古来帝王之志也，而未知可达；今却为欧洲西部一蕞尔岛国所如。国旗翻处，万民钦仰；兵舰向处，无不慴服。数百年间，益国威于世界，其势至今不衰。岂非唯水师论之真理，橐籥应用、微妙操纵而存？虚而不屈，动而愈出，古人之语也。又云，兵者，国大事，死生之地、存亡之道，不可不察也。洵之旨有哉。既往之后考之，则推古及今，以前事察将来，独有识者能得其所。不独海战，货物运输、各通有无、大小互泽，殆在此矣。近时有格伦氏（即柯隆布）之《海战论》，马鸿氏（即马汉）之《海权论》，大得吾人之心。是以先行译就本书正文，以资社员参考。"

佐藤铁太郎效仿柯隆布的做法，通过历史研究法进行学习，详尽地调查战例，从中吸取历史教训并应用于战略考量。按照佐藤自己的说法，这种做法无疑印证了《管子》中"疑今者，察之古；不知来者，视之往。万事之生也，异趣而同归，古今一也"的观点。如果从研究方法上说，恰好与以石原莞尔（1889—1949）陆军中将为代表的陆军派理想主义的假设推断法截然相反。而这样的研究越深入，柯隆布在《海战论》中一再强调的"海洋国土"和掌握绝对制海权的观念也越是深入人心。菲利普·柯隆布认为，英国的防卫纯粹依赖海军，海洋是它的领土，海上交通线相当于国内道路，敌国的海岸即为其边界线。假使握有海军优势，则无海岸设防的必要；反之若丧失海军优势，则一切要塞都不能抵抗敌方的攻击。所以，海军战争的唯一目的就是夺取制海权，一旦获得制海权，则其他一切目的自可得来全不费工夫。柯隆布对制海权重要性的高度强调，使佐藤铁太郎的战略思想与马汉海权论在重点上具有了诸多一致性。

但正如本文之前所叙述的，来自西方的海权思想只是日本海上战略形成的理论基础之一，日本的战略更大程度上是历史的、传统的。林子平在《海国兵谈》中为日本规划了两条海上战略原则，"抓住这两点，就抓住了日本国防之关键"：加强海防、防敌入侵，必要时不惜主动发起进攻（"应要知道海国既有易遭外敌入侵的弱点，也有易御敌于国门之外的优势"），但在整体上保持守势；保卫日本安全必须重视武备，而武备的核心是海战和大炮（"为防御外敌入侵，就要靠水战，而其关键就是大炮"）。而佐藤自己也承认，《帝国国防史论》中的不少观点源自德川家康时期日本的国家战略：在维持亚洲大陆混沌局面（即确保整个东亚太平洋地区不存在一个超过日本实力的强权）的同时，专守防卫，开发其控制范围内的经济资源，增强综合国力。

在《帝国国防史论》中，佐藤铁太郎论证了优先发展海军、以海为基的必要性。作为对历史经验的总结，这种必要性已经在对清国和俄国海军的胜利中得到了验证。不仅如此，他还根据自己对历史与理论的思考，构想了发展的具体项目。

■ 日本陆军头号战略家石原莞尔（1889—1949）。山形人，陆军士官学校第21期。他在20世纪20年代即著《扭转国运的根本国策——满蒙问题解决方案》等书，力主促成"满蒙独立"、日本控制经营中国东北，再图大举。他同时又认为，隔太平洋对峙的东西方文明必将发生最终的冲突，而"人类最后的大战争"就是以日美为中心进行的世界大战。1931年石原在关东军作战主任参谋任上策划了"九一八"事变，后历任参谋本部作战课长、战争指导课长、第一部长、驻"满洲国"陆军武官等职。由于石原的长期经营主张与力主激进方式的东条英机存在矛盾，他于1941年在第16师团中将师团长任上被强行转入预备役。此后改任立命馆大学教授，并在二战后从事日本"精神重建"工作。与大部分残暴的军国主义分子不同，石原莞尔大胆冷静、思维缜密。他信仰日莲宗，脸上永远是一副深不可测的平静。裕仁天皇后来也说："石原是个什么样的人，不太清楚。"

↳ 二 日本海上战略思想之大成——佐藤铁太郎 ↲

佐藤铁太郎与海、陆军战略思想的差异

"战略"这一概念在当时日本海军思想家和决策者脑中其实还相当模糊。按照科贝特爵士（Sir. Julian Corbelt, 1854—1922）在《绿色小册》①中的说法，海军战略是战争艺术的一个整合部分，战略可以分为大战略（Major Strategy）和小战略（Minor Strategy），而海军战略（Naval Strategy）或舰队战略（Fleet Strategy）只是战略的一个次分类。利德尔·哈特（Liddell Hart）也主张战略应该分为军事战略和国家政治战略两个层次。后者不属于传统的军事战略意义范畴，但涉及国家政治路线、经济力量的运用，对军事战略起指导和决定作用。但佐藤铁太郎之前的日本海军思想家对关系国家政治外交决策的大战略涉及不多，之后的一代人又陷入了单纯战术推演和舰队建设的窠臼。由此看来，佐藤铁太郎被称为"日本海上战略之父"可以说是实至名归。绝大多数时期，日本海军制定、奉行的原则和计划，按照秋山真之的说法，它们还只算"战务"（实施战略与战术的所有事物的总称）。

佐藤铁太郎专注于世界史尤其是英国史的研究，试图从中发掘历史演化的一般法则，最能反映这一点的就是其格言"疏远自卫，热衷侵略，必宽亡国之基"（自衛に遠かり侵略に近くは必宽亡国の基）。他虽然是军人，但又认为自己的眼界足以超越纯粹军人的界限，并对单纯的军事化观点提出了批评。在代表作《帝国国防史论》的序言中，他自己承认"本书不过为著者之一己私论，虚妄之言、未成之理甚多。读者当博采众长，沙里淘金"。他最关注的国防三大要素是地理条件、经济以及国民影响（军事负担的大小），以此为基础指出：最适合岛国日本、耗费最少而产出最高的国防体制乃是"海主陆从"（同样，由于概念上的模糊和军人本位主义的局限，这个"海主陆从"既是指国防建设方针，又是指国家整体开发的方向）。

---

① The Green Pamphlet, 原名《海军史讲义中所用的战略名词和定义》（Strategic Terms and Definitions Used in Lectures on Naval History）。

日本陆海军的矛盾可以远溯至明治维新之初。倒幕战争的主力是以长州藩兵为基础的陆军，在陆、海军分别设省之时，长州藩出身的兵部大辅山县有朋宣布武装力量统称为"陆海军"、实行"陆主海从"的国防方针，无疑牵涉到狭隘的门户和地域之见。日本陆军的重要职位多为长州藩出身者把持，海军中势力最大的则是萨摩藩巨头，"海陆军"与"陆海军"之争实际上是长州、萨摩两藩势力对今后日本军队建设中陆军与海军孰主孰从，谁对军队拥有最高控制权的较量。再上升一层，则是元老政治中萨长藩阀的总后台——伊藤博文和山县有朋之间的矛盾，只是因为伊藤博文作为职业政治家与海军素无渊源，因而海陆矛盾在"伊山时代"暴露得还不是很充分。日俄战争结束后，随着伊藤博文遇刺、元老逐步从政治舞台退场，日本正式进入藩阀政治时代。山县有朋控制着枢密院，亲手扶植起军部，培植和壮大了陆军势力，海、陆军之间的争夺从而愈演愈烈。

佐藤铁太郎出身山形县，派系色彩不甚明显。但作为海军一员，他视海军为国防的绝对关键，并对陆军在实际战场上的作用提出质疑。《帝国国防史论》强调：海军所需的兵员数量不多，仅靠志愿兵制就可以充分利用人力[1]，能减轻国民的军事负担。同时，对经济而言，发展海权也有良好的影响，从造船业一直到海运、钢铁、机械、电气、光学、通讯等各产业都会获得发展，绝不是发展陆军、陆权可以比拟的。由于发展海军只需在最低限度里保留对民生的负担，同时还可以加快经济发展的速度，使得筹措军备不再成为问题。

佐藤一贯认为："哪怕建设一支海军不用花钱，瑞士这种内陆国家搞国防也不需要什么海军。"而与瑞士建设国防不需要海军的情况相反，岛国日本要保卫自身就应只需要海军。至于发展陆军、刺激列强，实在是毫无道理之举。他批评同一时期进行扩充海军军备、向英国挑战的德国，忘记了完成德国统一并保障了其在欧洲大陆霸权的锁钥乃是陆军，强化陆军才是国防建设的主要目标。"如果在孰轻孰重的问题上犯了错误，例如抛开至关重要的大陆先去关注海洋，则必然成为彼国国运衰颓的根源。"早早预言了德国的败北。

---

[1] 事实上，水兵和轮机兵需要比一般陆军士兵更高的技术，因而也需要采取志愿兵式的精英培养法。

在大战略层面，佐藤铁太郎在《帝国国防史论》中着重考察了"富力"（经济）的影响。"富力与军备"一章强调海军实力、海上贸易与世界强国的关系，其主张建立在"避开大陆，进军海洋"思想之上，尤以"疏远自卫，热衷侵略，必宽亡国之基"一句最能体现佐藤的战略思想精髓。书中还特意设置了"军备之节约"一章，认为节约军备对增进国家利益、人民财富是有利的。在海权问题上，军事利益不应当置于商业利益之上，而应着眼于促进贸易产业的影响力以及增进国家财富。"节制扩充军备之费，将其用于致力生产事业之进步，所引致之资本增加自可维持国运之伸张。"已经近似利德尔·哈特的某些"间接战略"观点。

倘若概而言之，则《帝国国防史论》在国家发展战略上与《海国兵谈》是一致的，它鼓吹的是内聚型发展战略：在保证亚洲大陆上不存在对日本构成致命威胁的其他海上强权的背景下，通过发展远洋航运、振兴科技以及资本输出等手段开发东亚；在国防上，重点发展海军，削弱和控制陆军军备，因为在不存在另一个海上强权的情况下，任何亚洲国家都不可能直接威胁到日本，而来自外部区域的入侵者面对以举国之力缔造的日本海军也未必有胜算。

然而，理论是一回事，实际局势又是另一回事。佐藤的大战略建立在模仿英国的基础上，但由于日本自身的特殊性，这种模仿有两个致命的缺失：

一、如同马汉所认为的，影响海上强国的六大主要条件

■ 二战前日本最大的造船企业之一——吴海军工厂。日本自行设计的第一艘超弩级战舰"扶桑"，世界上第一艘装备400毫米以上主炮的超弩级战舰"长门"，史上吨位最重、主炮口径最大的"超战舰""大和"均在该厂建造完成，其历程可说是联合舰队发展史的一个缩影。

是地理、自然形态、领土、人口、民族性和政府，与这一理论完全符合的例子只有英国和美国——它们的利益与义务遍及世界，同时又孤立于大陆政治之外。而日本不同，日本与英美仅有的相似之处是岛国环境和地处大陆外围，但它从来就不把自己看成一个海上强国。日本土地贫瘠、物质贫乏，却又有着过剩的人口。从丰臣秀吉时代开始，它的舞台就在亚洲大陆上，并且已经通过扩张和战争攫取了大量陆地领土，这些既是它的收益，同时又是巨大的负担——使之不可能轻易脱离大陆。

二、佐藤铁太郎的英国式内聚发展战略需要一个较长的发展时期才能收效，这涉及马汉《海权论》中所提的生产（Production）、航业（Shipping）和殖民地（Colonies）三个必要常数（Essential Constants）。譬如，英国在建立起"日不落帝国"之前已经进行了将近400年的征战和发展。但当时列强在世界范围内的争夺已呈白热化，根本不可能给日本提供一个如此漫长时间渐渐发展。日本的科技实力在列强中只能叨陪末座；由于"明治维新"的重点在"国富"而非"民富"，脆弱的国内市场尚且不能保存完善，又何来大量资本从事海外开发？更不要说争夺殖民地了。面对"欧美帝国主义的侵略威胁"，时间对于日本极为重要。明治时代的日本恰就处在这样的困境中。

德川家康时期也好，英国历史也罢，都存在一个重要的共同点：在大陆上不存在一个占据压倒性优势的对手。德川幕府时期，中国大陆经历了一个较长时期的战乱与分裂；英国则可以通过其"均势"思想间接干预大陆事务。但这二者都不适用于20世纪头十年的日本：中国已经处在资产阶级民族主义革命的前夜；俄国／苏联是整个欧亚大陆上最强大的陆权国之一，而日本在短短几十年之间积累的微薄国际资源根本不可能自外界影响这二者，只能赤膊上阵，以陆军的直接介入去改变这种状况。这也就是为什么陆军一直把自己视为日本国运的关键。而与之相应的是，观念保守的日本陆军完全是以自己的眼界来度量海洋的价值的：独占大陆可以取得给养，并且不允许外国势力进入；而海洋不可能成为政治主权的标的，所以毫无意义。甚至一直到1945年日本战败前夕，海军认为只要能达成停火共识，纵使舰队全部毁灭，"我帝国尚可巍然卓立于各国之间，断不至有害生存"；陆军则认定"即使全部国土和人民缩减到只剩现在之一成，粮食只能维持一成之生存，也要继续战斗，护卫皇室，

■ 中国东北的"日本开拓团"。

保持国家独立。军队全部被消灭之时，即是国家完全废灭之际"，执意进行"本土决战"，可以说完全把陆军的命运和日本的命运视为一物。

佐藤的主张的确高出一般军人。纯粹的军人思路，通常只关注单纯的军事形势分析，以及与形势相对应的军备需要，而对财政、经济以及对民生的影响则完全不考虑，反而时常叹惜国民缺乏爱国心。佐藤铁太郎关心的则不同。从过去的历史来看，像日本一样的岛国应该采用怎样的国防方针，应该探求怎样的普遍原则？他找到了日本国防的三要素，以及以之为基础，应当如何应对千变万化的国际形势。从军事历史上看，日本外交的正确选择是什么？日本如今的外交局面是根据过去的历史经度和纬度形成的，与之打交道的国家过去有无国境纷争、关系是友好还是敌对、有无利害一致点，这些都可以追溯历史检讨得出，以指导今日的外交。今天的日本外交关乎未来，为了避免战败的祸根残留，更需要重视。由于一次外交活动的失败造成国家灭亡也不是什么新鲜事。日本自建国以来，既然主要活动的国土是海岛，自然有必要认识海岛的地理条件、推进日本外交。

遗憾的是，明治新政府、"大日本帝国"却不是如此。佐藤的悲剧就在于，他本身是军人，虽然他发现的国防大原则是专守防御的，却无法阻止军人源自内部的扩张性。

日本的人力资源与战略思想

19 世纪 90 年代初，当佐藤铁太郎开始撰写他的第一部集大成著作《帝国国防论》时，被列为国防三大要素之一的"人口与军备"反而比"地理与军备"一章要简单很多（重视地缘因素是当时一系列海权著作的共通性，《海权论》在相当程度上即为地缘政治学著作）。但在日清战争（中日甲午战争）期间，佐藤目睹前方战事引起国民疲惫的情形，思维发生了转变。由于青年劳动力应征入伍，日本的广大农村经济凋敝、饥荒严重，所谓"儿女皆上战场、老父独守空田"的状况屡见不鲜。但在"尽忠报国"的盲目狂热支配下，这种破坏在相当时间内一直遭到忽视。

在国防问题上，日本陆军鼓吹征兵制，而日本海军鼓励志愿兵（1904 年日本海军士兵中，义务兵计 1578 名，志愿兵计 3040 名）。面对普通国民的幸福，佐藤不禁质问："有谁听说过英国在维持一支强大海军的同时，还在本土保留一支规模更翻几番的陆军？真是莫名其妙。"尖锐地指责正是陆军强制推行"大陆进入"政策造成了经济破坏。更糟糕的是，这种民生凋敝的状况并没有随着日俄战争的结束而得到改善，相反，和平时期人口的增加越发刺激了陆军扩充实力的野心。与英国在拿破仑战争后断然实行裁军的做法不同，日本继续推行"大陆进入"不但没有实现预想中的裁军，反而产生了比战前更多的军事预算。由于战时特别税被废止、岁入无法确保，军事预算又占据优先地位，终于造成了 1905 年自"天明·天保饥馑"以来日本最严重的东北大冻灾，以及 1910 年危及日本全国的大水灾。根据日本临时治水调查会在 1910 年的统计，1911—1926 年用于全国主要河川改良、防沙、植树造林工程的"治水事业费"预计为 193087471 日元；与此同时，1907 年度预算中批准了陆军省用于军备扩张、充实的十年（1907—1916）预算案，总额为 175271277 日元。为了解决耕地问题，政府居然采用了最下作的手法——自 1907 年至 1910 年，以"合祀"名义每年破坏 1 万座以上的神社，砍伐镇守森林的"御神木"，把神社地基转用作农业用地和公共设施用地，造成所谓"明治时代最恶劣的暴政"。

日本全国的神社数目，自 1884 年开始大体在 19 万台的基础上不断增加，1902 年达到 19.6056 万台。但自 1907 到 1910 年，每年都有超过 1 万台以上的神社遭到破坏。从数据来看，1907 年 17.6740 万台，1908 年 16.2442 万台，1909 年 14.7441 万台，1910 年 13.7134 万台，1911 年 13.0258 万台。进入大正时代后，破坏神社的气势稍缓，不过还是自 1912 年的 12.7076 万台减少到 1927 年的 11.2705 万台。自"神社合祀"开始，到 1942 年统计中止，日本神社的最后数目是 10.9782 万台，减少的数量高达 8 万。为了"大陆帝国"虚妄目标的实现，连被视为爱国心根本的神社都不得不被动用作"赞助"，这真是滑天下之大稽！

国防不仅是一国政治和外交的问题，更是社会和经济的问题。但自日清战争以来，日本陆军无视"疏远自卫，热衷侵略，必宽亡国之基"的格言，在外

■ 1905 年，靖国神社举行日俄战争殁者祭祀大典，神社门口竖起各种牌坊，其中两座分别写着"芳名""不朽"。尽管日本书写文字源于中国，不过有时双方的汉文意思不尽相同。中国有"万古流芳"之说，但"芳名"并非用于军人，更多是出现在《西厢记》及《三笑》之类偷情故事中。堂堂"大日本帝国皇军"之"芳名"，不禁令人莞尔。

■ 在日本，神社不仅是单纯的宗教信仰，也是国家权力的象征，因而成为普通日本人的信仰和精神中心。但在"大陆进入"造成的经济破坏中，政府为了解决耕地不足的问题，竟然向神社开刀。图中神社意义颇为特殊，乃是 20 世纪 30 年代设立在伪满洲国首都新京的"新京神社"。

交上大肆推行"大陆进入"和对外扩张，侵略大陆邻国朝鲜和中国，与世界最大的陆军国——俄罗斯／苏联对立，挑衅自鸦片战争以来在中国把持庞大利权的英国，最后又以奉行"门户开放"而拥有庞大海军的美国为假想敌，终于导致日本在国际上被彻底孤立。其恶性后果是：为了称霸世界，日本陆、海军都以世界第一位质量的大国军事力量为目标，进行无限制的扩充军备竞赛。陆海并进、扩充军备的重压相连，造成民生预算削减，社会矛盾激化，反体制势力抬头，内外交困、自损自灭的危机在悄悄靠近。要阻止这一灭亡之道，就必须放弃"大陆进入"侵略策略，在确保北到桦太、千岛群岛，南到冲绳、台湾周边的远东国防圈之后，立即采取"海主陆从"国防体制，废止征兵制，以志愿兵制减轻国民的军事负担，提高民生方面的预算，进行国内开发，实现国力强化，而不是扩大领土和殖民地。这就是日本陆、海两军战略的最大差别，即山县有朋提及的"利益线"与"主权线"之争。

在亚洲范围内，日本人力资源的优秀性有目共睹。战前民众的识字率之高，已经使安土桃山时代前来日本的传教士感到吃惊。始自明治时代的义务教育普工作结出了丰硕的果实，北里柴三郎、野口英世、铃木梅太郎成为诺贝尔奖的有力候选人。不过英美系统文科大学的启蒙主义教育一般以教养为主体，而日本官学系统却把大学的机能放在培养专家上，其国家主义特征极为突出，科学技术和教育的发展始终遭到"富国强兵"的扭曲。出于军事方面的迫切需要，军队学校保持着最高科学技术教育水平，有限的教育和科技资源被强行整合进军用体系，宝贵的人力资源并没有得到有效或者说全面的利用，就和驱逐外国移民的愚蠢政策一样，使人不能尽其用。在战时，日本仓促建立起科学动员体制，如仁科芳雄等优秀的物理学家受军队之命，开发距离实用化遥遥无期的原子弹，其余尖端人才也被编入位于东京的"总力战（即'总体战'）研究所"专搞纯军事研究。至于关系民生的医疗保障措施则遭到迟滞、轻视，造成结核蔓延，因营养失调、医生不足而造成大量人口非正常死亡。即使在前线，士兵的生命也往往不是因为作战而终结，而是在作战期间因疾病而丧失。日本军部内往往缺少利用科学的头脑，就待遇而言，也是指挥统帅权地位高，技术地位低，有限的人力资源被大量浪费，间接地证明了"建设真正近代军事国家不是军队内部闭门造车所能完成的"。

■ "少年博士"野口英世（1876—1928）。细菌学家，出身福岛县的农民家庭，自幼研习医学，1897年考取医师开业执照。1900年赴美作传染病学研究。1911年在洛克菲勒医学研究所进行梅毒螺旋体的培养试验，同年获医学博士学位。1915年获大正天皇"学士院恩赐赏"时年仅39岁，一时"少年博士"之名蜚声海内，1923年成为帝国学士院会员。1928年野口英世前往中南美和非洲考察黄热病病原菌，不幸在加纳感染去世。

军国主义的日本和苏联一样，在为实现军事目的而实施的科学技术研发上投入了莫大的国家经费。与此同时，对于如何提高国民生活水平却只能在"纯经济立场"上进行闭门造车式的研究。但在日本战败、军部崩溃后，这些"纯经济"观点却变成了可能。政府开始在发展民用科学技术方面投入大量预算，且效果良好。这进一步证明：在战前优秀人力资源富足的情况下，强制实施"纯军事立场加重农民比例的人口政策（行业调配）"对综合国力和经济实力增长的效应是有害的。科技只有应用于民生和经济建设，才能保证最高、最优的产业组成，同时对人力资源进行最有效的利用。

东北工业大学校长及首席总监岩崎俊一（1926—？，海军兵学校75期，学士院奖获得者）是在2010年市场规模高达6兆日元的"HDD（硬盘驱动器）垂直录写技术之父"，入业长达28年。他指出，日本的科研成果从理论到实验变为实用，再到产业规模化，时间跨度极其漫长，发明—实用化—产业化之间的两个阶段如同"死谷"。仅靠一个天才就可以进行发明的时代已经结束了。要实现产业化，第一要靠科学技术人员从事应用研究，第二靠企业、国家长期投入大额研究资金，第三靠发明产业化之后吸引消费者和市场，这一点不可或缺。如果发明不具备经济效果，下一代人才就不会成长。没有科学技术的发展，就没有军事技术的提高。军事优先、军事偏重绝对不可能实现真正的军力强化。

二战后的美国也承认，日本"在机械工学（相关的如丰田式织机及柴油机领域的一些业绩）、冶金（钻钢钻头的运用和若干磁性合金的发展）、生物化学（肾上腺素的发现）、土木技术（日本铁路设施的建设）、植物栽培（水稻品种改良并发展出了多收获品种）、养蚕（世界领先）、造船技术、细菌学、海洋学、电气工学、细胞发生学及地震学等方面表现出了独创力和发明力"，但这种对日本人力资源"可开发程度"的赞誉显然不包括日本科学技术人员、具体领域人才的匮乏，以及因承受国家总体战、科学战导致的科技力量缺失。日本的大学，战前 1935 年总数为 45 所，学生 71607 人，而其对手美国在同年大学总数为 1246 所，学生 1054000 人，且不仅在数量上，甚至在质量上都远远超过日本。从诺贝尔奖获奖者（物理学、化学、医学、生理学奖）的数量上看，日本也远远不及其他国家。战前的德国以 36 人排名第一，英国以 25 人排第二，美国以 18 人排第三，法国以 16 人排第四。

两相比照，结论是显然的：日本的人口和人才结构都不适用于持久战争。

日本的社会问题与战略思想

日俄战争是"大陆进入"政策正式化之后日本经历的第一次大规模战争。此战既出，日本农村经济疲惫、劳动力不足等难以解决的社会问题也日趋暴露。不料这却给陆军进一步介入政治创造了借口。陆军官僚广泛宣传，依靠"大陆进入"、侵略他国领土和扩大势力范围，日本可以通过向大陆移民解决农村经济和劳动问题。正是这剂糟糕的药方，导致二战中日本面临了亡国的危机。而佐藤提倡"海主陆从"的国防体制，提倡向海洋发展，反对"大陆进入"、侵略自重，认为这才是解决日本社会问题的王牌。

日本的农业在"大陆进入"国是化中逐渐呈现停滞状况，特别是台湾地区、朝鲜在实行"农业振兴"政策之后，显著压迫了日本本国的农业。"本土集中出产工作品，以向殖民地倾销；殖民地重点振兴农业，以向本土输送农产品和原材料"的方针得到推进，但带来了与预想截然不同的后果。

试图以关税保护政策守护本国农业的日本在 1904 年开始对进口米课以重税，不过台湾米、朝鲜米不适用关税保护。结果到 1928 年，东京、大阪等大城市的消费米中大部分是台湾米、朝鲜米。与殖民地进口米的无限制竞赛加速了只出产单季稻的日本东北农村的疲惫。与之形成鲜明对照的是：日本在台湾地区借助当地人进行殖民统治，治安稳定、环境卫生不断改善，疟疾和治

■ 20世纪初，日本荒凉贫穷的农村。自19世纪末以来，日本大肆侵略朝鲜、中国，与苏俄对立，挑衅英、法，最后又以美国为敌，终于导致其在国际上的彻底孤立。为了消除安全恐惧，日本陆、海军争相进行无限制的扩充军备竞赛，造成民生凋敝、社会矛盾激化，其内外交困、自损自灭的危机在悄悄靠近。

■ 1945年2月，东京市民正在国会议事堂前的广场种植白薯和蔬菜。由于自然条件先天不足，日本在人力开发和自然资源上都不适于进行持久战。

安隐患逐步解除，使闲置的土地开发成为可能。为了满足本土对砂糖的需求，日本在台湾地区大搞"糖业振兴"，发展制糖业。地处亚热带的台湾地区可以播种比本土成本更低的两季稻，以及香蕉、乌龙茶、樟脑等特产，而且没有农闲期。当地对劳动力的需求由于大规模灌溉事业的发展和水力发电的开发而增大。台湾的总面积为3.6万平方千米，人口在1935年为531.6万人（其中日本人27万，占总人口的5%）；与之相比，日本九州的总面积4.3万平方千米，人口 952.1 万人（冲绳除外）。日本国内人口密度低下、劳动力不足的状况在进入昭和年代后变得越发显著。用 1937 年应总督府的要求赴台考察的经济学家高桥龟吉（1891—1977）的话来说，台湾农村生活与朝鲜及日本东北地方贫困之农村生活对比鲜明，"毫不夸张地说，台湾农民过的才算是人过的日子，而朝鲜和日本内部，特别是东北部农民，过的完全是猪的生活嘛！"加上当时台湾居民不必服义务兵役，地域优势越发扩大。仅从台湾问题就可以看出，"大陆进入"不仅对日本国内经济实际并无帮助，反而进一步压迫了本来就不发达的国内社会生产，引发一系列社会问题。

"大陆进入"国是化之后，第二次桂太郎内阁时期，日本发生了"大逆事件"。这一事件与日俄战争后日本国内经济疲惫、社会矛盾严重的背景有着必然关联。如果不采取某种手段消除工人、农民对生活困苦的不满，政府将无力压制和抵御第二次、第三次"大逆事件"的爆发。

1928 年，"三·一五事件"爆发，遭到逮捕的日本共产党员达 1600 名以上。负责指挥搜查的小山松吉检事总长对希望废止君主制、鼓吹革命的共产主义者为何在日本数量如此之多做了冷静分析。据讯问记录记载："此次事件中，逮捕人数之多、涉及行业之广，实属前所未见。无产者纷纷投入反政府运动，热情可见一斑。如此看来，当今之社会制度确实存在缺陷。倘若官民不能一起切实面对、冷静研究，而只是抓几个人、判几年刑就了事，那么后患无穷。这些问题，不是制订几个治安维持法就足以解决的。"

1926 年日本制定了《治安维持法》，规定对以"国体变革"为目的的结社活动最重可以判处死刑，因此加入共产党意味着必须做好决死的精神准备。然而"三·一五"事件中遭到逮捕的不少共产党员居然是东京、京都两所帝国大学的毕业生，令司法省人员极为震惊。这两所大学一向是日本"超杰出人物"的培养机关，对国家、社会的未来有着重要意义。而这些未来精英们居然成了打倒大日本帝国的先锋，也充分揭示了战前日本社会表面稳固的背景下隐藏着重重暗流。此后又发生了"佐尔格案件"，日本知识分子中的精英公然把重要国家机密泄露给敌国。不少杰出人物认为，只有革命才能救日本，他们宁可冒着成为现实体制叛徒的危险，也要站到自己认为正确的方向，促成"大日本帝国"的崩溃。与城市大学生、知识分子的革命倾向相对应的是，以农民

扩展阅读："大逆事件"

又称"幸德事件"。日俄战争结束后，受经济萧条影响，日本城市工人运动蓬勃发展，社会主义思想也开始启蒙。1901年5月，片山潜、幸德秋水、安部矶雄、河上清等人创立了日本社会民主党。在斗争方式上，以田添铁二为首的"议会政策派"主张和平渐进推动；而以信奉无政府主义的评论家幸德秋水为代表的"直接行动派"则致力于暴力革命和暗杀行动，并散发了针对明治天皇的暗杀檄文。不过幸德对自己提出的"革命计划"只限于口头，尚未有付诸现实的决心和行动。1909—1910年间，幸德秋水、宫下太吉、管野须贺子（女）、奥宫健三等人一度策划制造炸弹实施暗杀明治天皇，虽然事情最后因幸德本人的否决而告终，但他们已经为军警所注意。1910年5月，长野县松平警察署逮捕了躲藏在明科锯木厂内的宫下太吉，搜出了制造炸弹的零件。桂太郎内阁以此为借口，对全国社会主义者进行大规模逮捕，封闭工会、禁止出版一切进步书刊，幸德秋水等26人先后被捕。尽管幸德此时已经逐步疏远了直接革命行动，但他由于名气最大，所以被作为首犯处理，并被诬蔑为"大逆不道，图谋暗杀天皇，制造暴乱"。经大审院一审即终审的特别判决，于1911年1月18日宣判幸德等24人死刑。后在欧美舆论压力下，其中12人被减为无期徒刑，但幸德秋水、管野须贺子等12人仍于1月24日被处以绞刑。日本社会主义运动受到严重打击，暂时走向低潮。

"大逆事件"中唯一一位女性管野须贺子是幸德秋水的情人，她一直以俄国暗杀沙皇亚历山大二世的索菲亚·普罗夫斯卡娅自许。她的事迹由女作家濑户内晴美创作为小说《远声》，1984年翻译到中国。

扩展阅读：佐尔格案件

德国《法兰克福日报》驻东京特派记者、奥托大使密友理查德·佐尔格，真实身份为苏联军事情报局间谍，在东京卧底搜集日德情报达八年之久，其间谍小组成员包括近卫公爵私人顾问尾崎秀实等日本知识界精英。1941年10月佐尔格小组被日本反谍机关破获，1944年11月7日佐尔格与尾崎一起被秘密处死。

■ 1903年，日本的社会主义者和无政府运动分子在《平民新闻》社聚会，左三着和服者为幸德秋水。虽然属于鼓吹暴力革命、以个人暗杀为宗旨的"直接行动派"，但幸德秋水本人始终没有抛弃"天皇赤子"的观念，因谋刺事件而被捕只能说他是"山县阀"决意进行思想肃清的祭品。在法庭上，审判官居然抛出"无政府主义者暗杀主义者也，幸德秋水无政府主义者也，故与此事者欲犯大逆罪者也"这种循环逻辑来断罪。幸德秋水本人未能躲过屠刀，他的命运也体现了集权社会下反体制力量的困境。

■ 二战后民主德国发行的佐尔格纪念邮票。"佐尔格事件"对日本政坛的震撼又远甚于"大逆事件"，因为尾崎秀实的暴露证明：横遭镇压的日共不仅依旧存在，其触角甚至伸进了体制内部，开始直接影响决策；这无疑是令日本军部极为恐慌和万万不能容忍的。但处死尾崎者未必能想明白的是：到底是什么力量促使了一批又一批日本知识精英投身反体制运动？

子弟为基干的陆军青年将校则鼓吹右翼无产阶级思想，阴谋发动武装政变。

由于害怕像 1917 年的沙俄一样发生内部革命，增加陆军兵员数额、扩大预算成为政府提高安全系数的保障。其实，陆军本身恰恰是日本经济失常的根源，妨碍了社会问题的解决，是陷于"安全困境"中的日本身上的癌细胞。

强调制海权与"渐减战略"

菲利普·柯隆布对绝对制海权的强调无疑深深打动了佐藤铁太郎。由于日本海军需要在政府中与陆军争夺权势和预算，因而极为关注兵力使用和舰队建设等具体事项。相应地，海军战略思想也更趋向实用性，而不是阐述普遍的原理。因此《帝国国防史论》在"军备之程度""国防之理论的及历史的研究"两章中提出了对日本未来海防和舰队建设的建议，一些纯军事战略层面的主张。这就是日后产生了深远影响的"对敌七成防御论"和"渐减战略"。

佐藤在其著作中再三强调"专守防御"，这并非通常意义上的不扩张，而是一种战术学概念。具体说来，就是杜绝无限扩张，在确保控制远东国防"主权线"的基础上进行内部消化和经济开发，同时确保在此主权线之内的绝对控制。用最初提出这一观点的《帝国国防论》的原文来说，就是"国防三线"中必须确保的"第一线"。鉴于马汉认为，"一国军备的标准，不应只是能够应付偶然发生的危险，而是能够应付最可怕的危险"，"因此，其标准是能预测到的与最强的假想敌国的军力相对的本国能集结的兵力"。佐藤铁太郎和另一位海军理论家秋山真之提出了一个公式：从纯军事战略角度，进攻方需要保持对防御方 50% 以上的优势才能确保最终歼灭对手，即进攻方对防御方的力量对比为 1.5：1；反之，防御方只要达到进攻方 70% 的力量就可以确保不被对手战胜。"专守防御"下的日本舰队需要保持其假想敌军备水平的70%，这就是"对敌七成防御论"，也就是日后"对美七成防御论"的原型。

至于"渐减战略"，同样是基于"专守防御"的一种攻势防御思维，是佐藤铁太郎综合《海国兵谈》"御敌于国门之外"思想和日俄战争历史经验的产物。由于假定未来的对手在实力上强于日本，日本不具备先发制人击败对手的能力，只能等待对手上门求战。借助这个时间差，日本海军应当选择后发制人的策略，以辅助兵力和其他手段逐步消耗敌人的实力，到日本海军能接受的程度时再进行"乾坤一掷"的战略决战。

如前文所述，日俄战争以及对马一战的胜利也令佐藤铁太郎产生了深深的迷恋。实际上，正是他本人在海战前一天强烈反对返回津轻封锁而立下大功。其实，控制海洋以及海上决战的原则在对马海战中体现得并不突出。从战略角度考虑，1904年8月黄海海战比对马海战更加重要。但大舰队决战对海军理论家们的诱惑力实在太大，对成例的病态崇拜也延伸到了佐藤的战术指导中：所谓"专守防御区"，大约相当于日俄战争中日本确保了绝对控制权的黄海海域；所谓"远道而来的敌军主力"，其实就是俄国第二太平洋舰队的缩影；而"战略决战"就是对马海战的重演。佐藤并不讳言他对德川家康的崇拜，而理由之一就是德川审时度势，在关键时刻决定进行关原之战①。而马汉在《海权论》中也大力提倡集中战斗单位的必要，关键在于"大打击"（Big Blow）和决定性会战。从历史到理论，无一不强化了佐藤对"战略决战"的笃信。而这种观念继续发展下去，最终决定了联合舰队此后40年的发展道路。

⇢ 三 海陆倾轧的动荡年代 ⇠

明治四十年国防方针与海陆倾轧

日俄战争甫一结束的1906年，明治天皇敕命陆军参谋总长与海军军令部部长共同磋商，制订一个总战略方针，以便统一国策、确定新的防御对象，同时缓和陆海两军在军备建设上的矛盾，更好地协调两军战略行动。陆海军统帅部经过长期研究、反复磋商，于1907年4月将最终制定的国防计划上奏天皇，并得到了批准。这就是对之后15年日本国防体制影响深远的"明治四十年国防方针"。它最大的特点是彻底否定了海军历来主张的"海主陆从"方针和"海岛帝国论"。

国防方针的第一部分是名为"帝国国防方针"的战略大纲，其中最重要的

---

① 关原之战发生于1600年，该役是一场决定后丰臣秀吉时代谁能拥有日本天下的关键会战。战后德川家康取得了统治权。

■ 20世纪20年代，繁华的奉天四平街大道，左侧的高层建筑为当地最大的百货公司——吉顺丝房。

内容是确定假想敌。方针中有这样一段文字："……以俄、美、法为作战对象，建立能在东亚采取攻势之军备……"虽然将三国同时列为可能的作战对象，但是对于各国的重视程度是不同的。而在日俄战争后，日本已经在大陆上获得了重大的权益，因此"海主陆从"的论调失去了说服力。"帝国国防方针"第二条明确说明："我帝国虽然四面环海，但从国是和国策上来说，国防绝对不可偏重海陆中的任一方，何况在隔海相望的韩国和满洲已经获得利权的今天！因此，为了应付有事之日，不可采取只能在海岛帝国内作战的国防。不在海外采取（陆地上的）攻势，必不能保全我之国防！"

陆军认为，俄国虽然在已经结束了的战争中丧失了南满，但其对东北亚的威胁并未彻底根除。为斩草除根起见，日本应继续以俄国为主要目标，把国防第一线设在满洲和朝鲜，并要求海军服从以"大陆进入"为主的国防方针。而海军的假想敌则是此时已经开始压制日本、表现出对太平洋利益高度关注的美国。海军要求的内聚型发展必须着眼于开发满洲和"主权线"内的资源，

■ 位于北海道的日本制钢公司室兰工场。1907年在伊藤博文授意下兴建，由北海道煤炭轮船公司以经营铁道的1000万日元利润为基础，与英国阿姆斯特朗、维克斯两大军火公司合办，资本金1500万日元（日方占1/2，两家英国公司各占1/4）。室兰工场规模超过之前所有私营钢铁企业，拥有最先进的轧钢设备，专门负责生产舰炮炮管、炮弹和其他海军兵器。

■ 日本制钢公司室兰工场生产的14英寸（356毫米）主炮炮身，主要用于"金刚"级列巡洋舰、"扶桑"级和"伊势"级战列舰。

而这是与美国的"门户开放"主张相违背的,因此必须排除美国势力。这也是佐藤铁太郎的主张。但由于长州派的压制,海军最后被迫同意"以日英同盟为核心,采用直接手段保护大陆利益,陆军作战为国防优先课题",继续将俄国列为第一假想敌。国防方针的制定本来是为了使陆、海军和政府一致,但实际却带来了更加深刻的分歧和对立。更糟糕的是,陆、海军分别按照自身的目标提出了决定兵力的指标,这就是"明治四十年国防方针"的第二部分"国防军力需求"。

"国防军力需求"决定着日本未来若干年之间的军备建设,以及至关重要的财政预算分配。海军的目标是"八八舰队"(建成具有舰龄不满8年的8艘战列舰和8艘装甲巡洋舰的一线兵力),这是秋山真之在"渐减战略"基础上提出的标准化舰队建设方案——受当时技术条件的限制,一个编队司令只能以同时指挥8艘战列舰为上限;而陆军则着眼于建成25个常备师团(不含本土的近卫师团)。这两个计划,无论哪个都将耗资巨大(实现"八八舰队"需要7年时间,累计拨款6000万日元),而预算问题也最终成为陆、海两军倾轧的最大焦点。

国防方针的最后一部分"帝国军队用兵纲领"提出,"帝国军队以攻势为其特点",海军针对假想敌的主要任务是"使其在远东不敢发动战争"。

正如福泽谕吉在《文明论》中业已指出的那样:"日本文明与西洋文明相比,一个突出的区别就在于权力偏重这一点。在日本,权力的偏重,普遍地浸透在人与人的关系中。"虽然佐藤铁太郎在从事研究之初采取的是高屋建瓴的超然态度,但日本海军战略从一开始就不可避免地与战舰、预算和官僚政治地位等现实因素联系在一起。与马汉向往的"战略理论—海军战略—部队建设"三级良性关系截然相反,在日本海军,这三者的先后顺序是完全相反的。第一代元老逐步退出明治政府的核心后,以萨摩藩阀为代表的海军派和以长州藩阀为代表的陆军派登上政治舞台中心,并展开了激烈的倾轧。分别以俄、美为目标的陆、海军扩军狂热使得"长州陆军"和"萨摩海军"争夺预算的竞争白热化,加剧了两者的对立,而日益严重的财政危机又影响了海军扩充军备的步伐。

1906年英国"无畏"号战列舰下水后,海军主力舰设计发生了革命性变化,

■ 朝日照耀下的三菱长崎造船厂，图中军舰为下水的"雾岛"号战列巡洋舰。三菱长崎厂是首批依据《造船奖励法》获得海军资金和技术支持的民间船厂，也是日本最大的4家船厂之一。自1912年起，日本海军全面采用"4主力舰建造体制"，即同时批准4艘主力舰的预算，同时开工，由2家主要海军船厂（吴、横须贺）和2家民间船厂（川崎神户、三菱长崎）共同承担建造工程。三菱长崎厂日后还为日本海军建造了航空战舰"日向"、超战舰"武藏"、航母"隼鹰""天城""笠置"等大型舰艇。

■ 正在英国维克斯公司巴罗—因弗内斯船厂舾装码头进行后期施工的超弩级战舰"金刚"号。受财政危机和技术基础低下的影响，日本第一艘超弩级战舰比欧洲列强同型舰在完工时间上晚了5年左右。

而日本能与之抗衡的同级别战舰——在英国订购的战列巡洋舰"金刚"号下水之时已是1913年。与欧美各国的技术革新相比，日本的起步已晚。更令人担忧的是：日俄战争前的1903年，日本的外债总额为9763万日元（同年一般会计岁入为2.6亿日元），但到1910年，由于为募集日俄战争军费而发行了大量债券，日本的外债高达14.5亿日元，为同年一般会计岁入（6.7亿日元）的两倍以上。日本上一次出现如此重大的负债还是在甲午战争前后，当时幸而从中国获得巨额赔款，得以及时填充了漏洞；但日俄战争后俄国并未赔款，难以偿还的巨额外债甚至使日本政府中的敏感分子嗅到了殖民地化的危机（1910年一般会计岁出中，日本所能承担的外债最大额度仅为1.7亿日元），更不消说参与海军军备竞赛了。伊藤博文遇刺后，长州藩和陆军派代表人物山县有朋继续主导国政，随着美国国务卿菲兰德·诺克斯提出的"满洲铁路中立化"方案遭拒、"大逆事件"暴露、日韩合并、第二次《日俄协约》缔结等事件的发生，"大陆进入"在实际政策制订中被进一步推进，引起广泛不满。因而自1911年开始，以《东洋经济新报》发表反"大陆进入"的社论为开端，"开展财政重建、实行彻底改革"的舆论一时高涨。

在政党和金融界力量不足以左右国政的20世纪初，松方正义内阁无法单方面放弃"大陆进入"、削减陆军军费，只能采取全面财政紧缩措施，同时压缩陆海军军费开支。为改变在政治斗争中的不利态势，日本海军模仿费舍尔勋爵在英国建立"海军协会"这样的军事—工业联合体[①]，与财阀势力联手，在大正元年12月成立了"大日本国防义会"。这一组织通过积极的宣传鼓动，终于在1912年促成了山本权兵卫（1852—1933）海军大将出任首相。这一事件又称"大正政变"，与陆军、长州派、大陆进入论者集团相对抗的海军、萨摩派、金融界、政党势力（政友会）的联合终于形成，佐藤铁太郎的战略理想有了用武之地。值得一提的是，《帝国国防史论》在争夺预算、进行宣传过程中起了不小的作用，政友会中坚原敬等人就熟读该书。

---

① MIC，这一概念是美国总统艾森豪威尔在1961年告别演说中提出的，指的是政府中与军事相关的行政、立法机构同军工集团以巨额军工订货合同为基础、以双方人事交流为纽带而结成的一种联盟。它不仅为该国的对外侵略扩张打造坚船利炮，而且在幕后操纵着国家安全政策。有意思的是，日本的创文社也在2005年出版了畑野勇的著作《近代日本军工产业联合：海军、重工业、现代大学》，间接证实了这一结构在日本海军中的存在。

从西门子事件到第一次世界大战

出身海军的山本权兵卫上台组阁之时，日本正处于第二代元老执政时期。山县有朋的弟子桂太郎（长州藩阀势力的代表）与伊藤博文的传人西园寺公望（政党势力的代表）轮流登台执政，因此被称为"桂园时代"。山县有朋的势力集中于枢密院和军部，以此作为抵御政党政治的屏障；西园寺则控制了贵族院。海军、政党、财阀三家联手，也标志着日本近代历史上难得一见的"大正德谟克拉西"的发端。

山本权兵卫内阁对外采"小日本主义"战略（主张"民富"，以民间资本为中心，强调产业近代化的内聚型发展），逐步放弃对中国大陆的直接侵入；对内避免扩张军备、优先发展民生。作为海军理论之父，佐藤铁太郎的"海主陆从"战略在这一时期也最有可能得到实现。他在新书《国防问题》中再次疾呼海军的重要性，并直指以"大陆进入"方式解决国内的经济、人口问题是个错误，要求陆军停止无意义的扩张。但海军的派阀意气之盛并不逊于陆军，此时又处于"八八舰队"建设的关键期，对财政预算的渴求自然更甚。出于本位主义考虑，1913年12月开幕的第31届帝国议会上，山本内阁在制订1914年度预算案时，未给陆军的增师案拨款分毫，而给海军不仅拨出保持上一年拨款额度的8400万日元，还另外又给了7000万日元的补充拨款，总计达1.54亿日元。大陆主义者的不满达到了顶峰。恰在此时发生了令举国震惊的"西门

■ 西园寺公望（1849—1940）。出身"九清华"公卿世家中的德大寺家族，又过继给西园寺家为养子。19世纪70年代留学法国10年，遍习欧洲宪政法律；又曾参与明治宪法的制订工作，因而被视为政党政治的代表和伊藤博文的政治继承人。西园寺与"山县阀"第二代掌门桂太郎交替执掌政权的时候也称"桂园时代"，是藩阀斗争白热化前日本政坛又一个相对稳定的阶段。1919年作为日方首席代表出席巴黎和会，1920封为公爵、元老。西园寺利用帷幄上奏权和推荐继任首相人选的特权，努力与陆军势力斗争，为政党政治争取出路。

■ 海军大将山本权兵卫（1852—1933）。鹿儿岛人，海军兵学寮出身。历任"天城""高雄""高千"各舰长、海军省主事、大本营海军大臣副官等职。1892年即进行海军军令部自陆军参谋本部独立出来的运作，并在次年得到实现。1895年任海军省军务局长，先后任第二次山县、第四次伊藤、第一次桂内阁海相，1913年出任首相。山本权兵卫内阁时期本来是日本海军争取预算、推行内聚渐进的"小日本主义"的黄金期，但由于"西门子事件"爆发，山本早早下台。1923年山本再度登台组阁，但势头已不复当初。

■ 原敬（1856—1921）。岩手人，司法省法学校肄业。先后担任《邮便报知新闻》和《大东日报》记者，在积累社会认识的同时初步建立了自由主义思想。1897年参加了伊藤博文的"立宪政友会"，此后连续八届当选众议员，被视为西园寺公望的继承人，也是海军—财阀—政客联盟的推动者。1914年出任第三代政友会总裁，1918年登台组阁。1921年被极端分子刺杀。原敬的悲剧是20世纪20年代日本脆弱的民主运动的写照，他的遇刺也预示着日本政党政治的最终失败。

子事件[①]"，海军造舰费被贪污的丑闻给陆军和反政友会力量（立宪同志会、国民党等在野党）提供了绝好的攻击机会。由于增加的海军预算部分是建立在增收商业营业税的基础上，工商界也出现了反对海军的呼声。在山县有朋的指使下，众议院预算委员会要求追究山本首相和斋藤海相的责任，民众发起"廓清海军运动"，要求弹劾内阁。1914年2月12日众议院通过决议，将1916年战舰建造费削减3000万日元；山县有朋把持的贵族院又削减了4000万元的驱逐舰和潜艇建造费，最终使预算案夭折。3月24日，山本权兵卫内阁总辞职，山本和斋藤实海相还受到转入预备役的处分。

---

① 原舰政本部部长松本和、第四部部员泽崎宽猛在对外订购军舰时，从英国维克斯公司和德国西门子公司收受贿赂，最终影响了订货决策。

受这一丑闻打击，刚刚夺得政坛发言权的海军又开始萎靡不振，主张"大陆进入"的陆军再度得势。继任政友会总裁的原敬对此评论说："山县对山本等海军人员的处置，完全像源氏与平氏相争，在感情上没有为国家和皇室着想之诚意。可叹之至！"明白地点出了陆军为一己私利执意推行"大陆进入"、置国家命运于不顾的嘴脸。但反过来想，佐藤铁太郎的"海主陆从"思想固然是出于整体战略考虑，但山本权兵卫在预算上的手脚，又与陆军派有何分别？

倘若单从国情判断，山本下台后的日本也不具备继续"大陆进入"的经济基础：扩军预算长期压迫财政，国内市场因为地主制与资本制的矛盾难以健康成长；对外贸易连年入超，输出不振导致国际收支失衡，甚至连支付外债的利息也出现困难。日本的财政已经濒临破产。但就在3个月后，第一次世界大战爆发了，井上馨等元老认为"此次欧洲的大祸乱，是对大正时代发展日本国军的天佑……大正新政的发展，将为日本与欧美列强并行提携、世界问题不能将日本置之度外奠定基础。日本应该定刻举国一致，停止政争，收回为一党一派利益的一切要求，例如减税废税等，巩固国家财政基础，和英、法、俄联合起来，确立日本在东洋的利权"。8月23日，日本对德宣战。

欧战给日本带来了巨大的经济利益。日本商品在亚洲的最大竞争对手德货完全消失，英、法、俄等国对亚洲的商品输出也急剧减少，日货取得了独占市场的地位。1917年日本商品出口总额达10.88亿日元，出超6.15亿元。在超额利润刺激下，社会生产全面攀升，化学、轻工、电力业产值普遍增加4～5倍以上，钢产量1917年为79.3万吨，居世界第9位；船舶保有吨位达23万吨、居世界第4位。特别引人注目的是，日本由传统的债务国一下子变成了债权国，外债由19亿日元降为16亿日元，对外债权却由8.1亿日元猛增到43.7亿日元。战前就已高度膨胀的"大陆进入"野心受到刺激后愈发肆无忌惮。在大陆派主持下，日军于1914年11月7日攻陷了德国在远东最大的军事要塞和海军基地——青岛。为借欧洲列强无暇东顾的机会吞噬整个中国，1915年1月18日，日本驻华公使日置益向"中华民国"大总统袁世凯提出了旨在控制中国的"二十一条"，并于5月8日得到北京政府承认。"大陆进入"、彻底灭亡中国的浪潮达到了顶峰。但日本企图独霸中国的行为首先遭到其在太平洋地区的最大对手——美国的反对。

　　日美矛盾的关键，在于日本是一个物质基础薄弱的小国，难以在"体面"和"公平"的原则下与美国竞争亚洲资源。自日俄战争以来，历代日本政治家都认为，美国在已经维持西半球"门罗主义"的局面下却鼓吹亚洲"门户开放"，显然是针对日本建立"亚洲门罗主义"的企图，故而日美矛盾开始上升。列强在远东自 1914 年以前便形成的力量平衡被打破，取而代之的是日美对抗。自"二十一条"交涉开始，围绕着中国问题，美日在对华资本输出和军备建设方面展开了激烈的争夺。1915 年 10 月 7 日，美国海军部长约瑟夫斯·丹尼尔斯签署了一项总预算 5 亿美元、耗时长 5 年的海军扩充计划。这一计划于同年 10 月 15 日提交国会讨论，不仅得到了批准，国会还决定增加预算，并将时限缩减为 3 年。这就是美国海军历史上著名的"三年造舰计划（1916—1918）"：三年内开建主力舰 16 艘，其中装备 14 英寸主炮的"科罗拉多"级战列舰 4 艘，装备 16 英寸主炮的"南达科他"级战列舰 6 艘，装备 14 英寸主炮的"列克星敦"级战列巡洋舰 6 艘。日本方面，1915 年 9 月海军大臣加藤友三郎（1861—1923）向防务会议提交了"八四舰队案"（海军一线主力包含 8 艘战列舰和 4 艘战列巡洋舰），1918 年预算中再度增加了 2 艘战列巡洋舰，成为"八六舰队"。1919 年 6 月，日本海军更提出了终极的"八八舰队"预算拨款要求：1920—1927 年增建 4 艘战列舰和 4 艘战列巡洋舰，以最终实现

■　"三年造舰计划"的核心——43000 吨的"南达科他"级装备 12 门 406 毫米主炮，威力不仅超过当时日本最大的"长门"级战列舰，在世界海军中也是首屈一指。

■ "八八舰队"计划正式建造的第一艘战列舰——"长门"号。它是世界上最初装备400毫米以上主炮的超弩级战舰，并具有26.5节的高航速。签订《华盛顿海军条约》前，它是日本最新最强的战舰。

■ 日本自行设计建造的第一艘超弩级战舰——"扶桑"号。标准排水量29330吨，航速22.5节，装备12门356毫米主炮，完工时是排水量世界第一、航速世界第一（限战列舰）、主炮火力世界第一的所谓"最强之超弩级战舰"。但因为片面加强火力的缘故，该舰在防护、适航性和火炮布置方面存在缺陷。

一线主力舰队8艘战列舰加8艘战列巡洋舰的配备。

但其后随着欧洲战局恶化，俄国退出了战争，而美国和中国相继参战。美国虽挟盛怒，无奈其主要注意力必须用以支援欧洲战局；日本也乐得下一个台阶，变直接侵略中国为扶植"代理人"，避免冲突立即激化。矛盾重重的双方此时开始寻求暂时妥协，最终促成了1917年11月2日的《兰辛—石井协定》。日美双方声明"否认有以任何方式侵犯中国的独立或领土完整的任何目的"，并进一步声明"两国政府一直坚持'门户开放'和在中国从事工商业中的'机会均等主义'"。

华盛顿会议及其影响

第一次世界大战是在总体战和多国联合战争背景下进行的一次多国联合战争，除陆、海军联合作战之外，还必须广泛动员政治、外交、经济、人力和物力，发挥整体力量。而日本陆军因为墨守成规，轻视对战争策略和战争指导机构的研究，使海军看到了重新把握国防主动权的转机。1918年6月29日，《帝国军队用兵纲领》进行了第一次修改，"国防军力需求"中陆军所需兵力被削减了10个师团，而海军兵力"以八八舰队为基干"。用兵纲领同时规定："开战之初，陆海军协同迅速占领菲律宾之吕宋岛，摧毁敌海军根据地，歼灭各地之美舰队，以利于此后海军的截击。"陆军占领菲律宾作为海军根据地的安排，标志着海军作战的重要性得到提升。同时，根据佐藤铁太郎和秋山真之提出的"对敌七成论"，海军确定在以美国为主要假想敌的情况下，必须保持相对于其七成的海军兵力（即"对美七成论"），并在1920年前后大举开工"八八舰队"案中的新造主力舰约80万吨。之后陆军再度发起远征西伯利亚战事，企图加强大陆国防态势，但经过4年又2个月的徒劳、耗了8.8亿日元的巨额军费后，却几乎未取得任何结果。

巴黎和会遗留未决的一个重要问题是如何建立新的远东秩序。由于德国和俄国退出了角逐、英法也遭到了削弱，于是美日矛盾俨然成为重中之重。当时美国已经重新启动了战争期间搁置的三年造舰计划，海军军费从1914年的1.37亿美元增加到1921年的4.33亿美元，海军新造战舰1916—1920年为20万吨，1921—1925年为40万吨，1926—1929年为12万吨，合计达72万吨。而在日本，1920年7月第43届议会最终批准了海军最为眼热的"八八舰队"案，1921年度海军军费增加到4.82亿日元（合2.45亿美元）。从两国已经制定并开始实施的造舰计划看，两国海军实力将在1923年达到最势均力敌的状态，此后美国将把日本远远甩在身后，因此1923年成为最有可能爆发战争的年份。就连中国的《东方杂志》也注意到："'美日战争'四个字，现在已成为一般人之口头禅，试阅美国及日本近日之报纸杂志，关于美日战争之论文及图画，

■ "八八舰队"之梦在华盛顿会议上被打碎，整个20世纪30年代，联合舰队只能维持"六四舰队"的规模，同时依靠大改装和扩充辅助舰艇实现战斗力提升。图为大改装后的联合舰队战列舰群，近处为两艘"扶桑"级战列舰"山城""扶桑"，远处为已经改为高速战列舰的"榛名"。

盖触目皆是。"美国和日本都出版了大量政论和军事小册子，对日美必有一战及战争前景进行预测。

尽管军备竞赛和战争威胁持续上升，但毕竟还要受到经济因素影响。1920—1921年，战后第一次经济衰退出现，到1921年秋，美国对外贸易总值已经由1920年的135亿美元下降到了不足70亿美元，失业人数达475.4万人。与此同时，建设"大舰队"的15亿美元预算却要占到1920年度财政预算的37.1%，1921年度的35.0%，相当于德国1898—1914年的全部海军军费。日本的状况更加糟糕：1920年度出口贸易比1919年下降了30%～40%，1921年财政总预算15.34亿日元中，仅军费一项就占了49%。缩减军备势在必举。

1920年12月14日，一贯抨击日本在华扩张政策的美国参议员威廉·博拉在国会提出一项动议，主张美日英在今后五年内把各自海军建设计划削减一半，避免引起恶性结果。当时在日本，自1915年起担任海军大臣的海军大将加藤友三郎强烈反对"大陆进入"，因此对这一动议做出积极反应。在政友会出身、思想"左倾"的原敬首相支持下，加藤在1921年11月9日至1922年2月6日间以全权特使（可不经本国政府同意即行签字）的身份参加了华盛顿海军军备控制会议。会议议程规定如下：（1）军备限制问题，包括海军限制、新战争力量的控制、陆军限制；（2）太平洋远东问题，包括有关中国各项、西伯利亚问题和太平洋岛屿委任统治权问题。

　　削减海军军备是华盛顿会议的直接起因，也是会议要达成的第一个目的。华盛顿会议召开当时，英美日三国战舰总吨位比例为 13.5 ：10 ：4.9，现役主力舰吨位为 13.9 ：10 ：6.8；如果把已经开工的那部分计算在内，则主力舰比例变为 10.6 ：10 ：8.7。美国希望经过限制的三国海军实力对比为 10 ：10 ：6；日本则坚持"对美七成论"，希望至少保持 10 ：10 ：7 的比例。但美国毫不让步，英国也支持美国的立场，甚至提出了 10：10：5.5 的要求。面临美英的联合压力，加藤友三郎认为，日本在华盛顿会议上占支配地位的目的是改善糟糕的日美关系，"如果海军军缩不能成功，海军竞赛继续沿着现有的计划发展下去，那么将会出现什么情况呢？尽管英国不再有能力扩大它的大海军，但英国肯定会做某种事情……尽管美国公众舆论反对扩充军备，但美国有力量，一旦它感到需要，就会任其所愿地去扩军，最终日本将为此付出代价""保持日美亲善关系是帝国对外政策之重点……只要不与英美失去均衡，可以不坚持'八八舰队'计划"，因此提出了妥协案。由于美国陆军情报部破译了日本使团与东京外务省之间的联系电报，从而掌握了日方的谈判底线，美方在谈判中寸步不让。最终日本被迫同意以美国在菲律宾、关岛等太平洋岛屿上停止建设新军事基地和保留新建的"陆奥"号战列舰为条件，接受了美国国务卿休斯提出的 5：5：3 的主力舰比例。按此决议，日本保留主力舰吨位 31.5 万吨，英美两国各为 52.5 万吨。加藤友三郎亲手结束了以超英赶美为目标的"八八舰队"计划。

　　拆散英日同盟是华盛顿会议要达成的另一个主要目的。英日同盟缔结之初是针对俄国的，如今俄国已经退出国际舞台，相反日本却利用英日同盟在亚洲大陆上进行扩张。在美日矛盾不断上升的背景下，英国没有理由因为日本而与政治经济关系更密切的美国交恶。在美国的怂恿下，1921 年 12 月 13 日美英法日四国签署了《关于太平洋区域岛屿属地和领地的条约》，有效期 10 年，《英日盟约》正式废止。条约规定四国"相互尊重它们在太平洋区域内的岛屿属地和领地的权利"，如果上述权利"遭受任何国家侵略行为的威胁时"，则四国应该"全面而坦率地进行协商，以便达成协议，联合地或单独地采取最有效的措施"。1922 年 2 月 6 日的补充条约又规定"太平洋岛屿属地和领地"对日本来说仅限于桦太、台湾和澎湖地区以及日本委任统治岛屿，不包括日本本土列岛、千岛和琉球。日本在西太平洋地区的特殊利益得到了保证，但丧

■ 华盛顿会议上美日讨价还价的焦点——"陆奥"号战列舰。美军代表认为"陆奥"系未完工舰，应当废弃；日本方面则催促横须贺工厂加紧赶工，终于抢在11月22日宣布竣工。作为同意日本保留"陆奥"的交换条件，美国可以保留本拟废弃的2艘"马里兰"级战列舰"科罗拉多"号（已完成75.9%）和"华盛顿"号（已完成65%，后由"西弗吉尼亚"号取代）；英国则可以建造2艘搭载16英寸主炮的新战列舰"纳尔逊"和"罗德尼"。

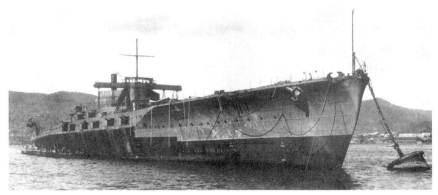

■ 根据华盛顿会议予以废弃的未完工战列舰"土佐"号。本属"加贺"级，装备10门410毫米主炮，航速26.5节，1921年12月18日在长崎造船厂下水。《华盛顿海军条约》签订时该战舰已完工75%以上，1922年2月5日工程终止。1924年4月14日"土佐"号除籍，在经过充当炮弹、鱼雷、水雷、炸弹射击试验标靶后，于1925年2月9日自沉于四国岛南部的高知县宿毛湾。

■ 根据华盛顿海军会议而未成的战列巡洋舰"赤城"号作为航母完工。该航母竣工时具有三段式飞行甲板，舰桥设置在甲板之下。注意前部露出的2座双联200毫米炮，这是由于当时对航母的运用思想仍在探索中，大型航母也装备有巡洋舰级别的重炮以应对舰队作战。

失了自 1902 年来一直维持其扩张的国际支柱。温斯顿·丘吉尔在回忆录中写道："同盟的废止……在日本引起了强烈的反响，认为西方世界把一个亚洲国家一脚踢开。许多联系被切断，而这些联系很可能对后来的和平具有决定性的价值。"

1922 年 2 月 6 日，美、英、法、日、比、意、荷、葡、中又签订了《九国关于中国事件应适用各原则及政策之条约》（即《九国公约》）。公约声称尊重中国的独立和领土、主权完整，遵守"在中国之'门户开放'和各国商务实业'机会均等'"的原则。

倘若实事求是地评价，华盛顿会议的结果是让日本"舍其名而获其实"。首先，日本已经无法维持占国家预算总额 32% 的海军军费，即使没有华盛顿会议，单方面裁军也势在必行。而美国同意以现有实力为基础制定吨位比例，使继原敬担任首相的高桥是清（1854—1936）认为"日本得到 60% 的比例已经是很便宜的了"。其次，条约还迫使美国终止了在关岛、菲律宾、阿留申等接近日本的前哨基地的建设，日本本土及周边水域的安全得到了高度保证，这是 1853 年来日本第一次获得了西太平洋地区不可动摇的海上霸权。美英等西方列强实际上已经默认了日本在远东和西太平洋的扩张，而且放弃了对其加以武力干涉的打算。欧内斯特·金海军上将评论说："在日本的全部外交史中，还从来没有过像在华盛顿裁军会议上这样重要、付出代价如此之小的全面胜利。它获得了一个原本需要为之奋斗 50 年的国际地位，而且能够不流血地完成，甚至感情上也不受到伤害。"

大陆政策回潮与"干犯统帅权"

《华盛顿海军条约》签署后，以加藤友三郎为代表的"专守防卫"派人物和注重经济、民生问题的政党分子都松了一口气。他们认为，华盛顿体系足以保证日美两国都遵行"协调外交"，在节制、协调的框架下行事。但费劲辛苦方得解决的外交问题却埋下了陆海两军乃至海军内部进一步分裂的种子。激进分子认为，由于英日同盟解散，日本丧失了集团式安全保障，被迫独立面对其主要假想敌美国，愈发陷入"安全困境"。代表团首席随员加藤宽治（1870—1939）海军中将在签署军缩条约当晚就挥泪狂呼："同美国的战争现在就开始了！我们一定要报仇！"甚至连"专守防卫"的创立者、时任舞鹤镇守府中将司令的佐藤铁太郎也因为条约没有确保平时主力舰对美七成比例而与加藤友三郎交恶，最终被迫退出现役。

随着政坛元老们相继去世，到1922年山县有朋死时，元老只剩下了松方正义和西园寺公望两人，一年后松方也病死，只剩西园寺独自支撑局面。与明治和大正初期相反，这时的元老不再是枢密院、贵族院、军部等统治阶层中最保守、顽固、反动势力的后台，而是对外遏制军部势力、推行亲英美的和平主义和国际协调主义，对内避免法西斯主义和民粹主义统治日本，力图使日本按旧自由主义路线发展，因而具有一定进步意义的政治力量。

完成华盛顿会议的加藤友三郎就是这一旧自由主义路线的拥护者。虽然他与佐藤铁太郎围绕"七成论"发生了纠葛，但在任上实行的却是与《帝国国防史论》相当吻合的内聚型发展战略：政治上继续与政党、财阀势力合作，试图向"政高于军"（Civilian Control of the Military）方向推动军队国家化和裁军缩员政策；军备上履行条约义务，推动陆海两军裁军；对外采取协调主义策略，在华盛顿体系内以非暴力方式发挥国际影响。加藤在日俄战争期间是联合舰队参谋长，也是东乡平八郎的智囊，在海军中具有一言九鼎的权威，因此好战分子一时尚不敢造次。但他在一年后就因患病而辞职，不久去世。

同年2月28日，（陆军）参谋本部和海军军令部（反《华盛顿海军条约》的"舰队派"分子聚集地）再度修改《帝国国防方针》。由于国防方针与现实中政府的"协调外交"政策存在矛盾，修改是瞒着政府和议会秘密进行的。这无疑标志着国会、政党在现实的政治角斗中已经开始受到扩张主义者的挑战。由于受到《华盛顿海军条约》带来的"耻辱"，修改后的国防方针在海、陆上都把美国列为第一假想敌，同时规定陆军兵力为40个师团，受到条约限制的海军在维持"六四舰队"的基础上，通过增强辅助舰艇来充实战力。用兵纲领规定："开战之初，首先扫荡敌在东太平洋之海上兵力，与陆军协同攻占其根据地，控制西太平洋，确保帝国之通商贸易，并使敌舰队作战困难，待敌国舰队入侵时，截击并歼灭之。"《帝国国防方针》在结论中写道："总而言之，在不久的将来，帝国之国防要以美国为目标，重点予以防备。"

20世纪20年代后期，元老纷纷淡出日本政坛，西园寺和执政的藩阀、政党已日渐力不从心（护宪运动分裂为三派，只有在联合执政时方有力量抗衡藩阀和军部势力）。受《华盛顿海军条约》影响，一部分危机感深重的陆军青年将校以打击旧长州藩阀，恢复并增强军队的政治独立性，实现适应总体战时代的军队近代化为目标，开始活跃起来。而这种趋势又被试图从长州藩阀手中夺取军队控制权的新天皇裕仁所利用。长州藩出身的陆军大将田中义一因不满藩阀政治中按资论辈的游戏规则而退出现役，随后接受政友会提名当上了首相，但田中内阁既缺乏藩阀政治的基础，又不具备广泛的政治支持，很快就被军部力量挟持。相互牵制的藩阀政治、政党议会与军队及其对应的内阁、议会、军部力量对比逐渐失衡，军部开始在国家政治运作中起主导作用。陆军新兴势力的侵略意图，在田中内阁时期臭名昭著的《田中奏折》中得到集中反映："益以华盛顿会议成立之《九国条约》，我之满蒙特权及利益概被限制，不能自由行动；我国之存立，随亦感受动摇。此种种难关如不极力打开，则我国之存立既不能坚固，国力自无由发展矣……将来欲制支那，必以打倒美国势力为先决问题，与日露战争之义大同小异。"而奏折本身却是一份标准的大陆政策产物："如欲征服中国，必先征服满蒙；如欲征服世界，必先征服中国。"在这里，"打倒美国势力"（或者说取消"门户开放"、实现日本的独占）是"征服中国"的先机而非延续，军部的主要目标在大陆上。

　　在日美矛盾激化的20世纪20年代中期，日本对中国的态度一度存在变

■ 田中义一（1868—1929）。山口人，1892年陆军大学毕业。日俄战争时期任满洲军参谋，后升陆军省军事课长，一手创建了在日本对外扩张活动中表现突出的"帝国在乡军人会"。1911年任军务局长，1915年升参谋次长，主导出兵西伯利亚。田中在第二届山本内阁中出任陆相，但他对权力十分渴望，于是以陆军大将衔退役转投政友会。利用护宪派与政友会的矛盾，田中终于在1927年如愿组阁。田中内阁既缺乏藩阀政治基础，又不具备广泛的政治支持，因而很快被军部力量挟持。臭名昭著的《田中奏折》集中反映了陆军新兴势力的侵略意图。总的来说田中只是个单纯的军人，却不具备政治领袖的能力和眼光。1929年皇姑屯事件后，田中内阁因天皇动怒而解体，间接证明了该届内阁基础的脆弱性。

化。币原喜重郎（1872—1951）执政时期推行"协调外交"，一直在对华强硬或保持亲善之间摇摆不定。美国远东历史学家入江昭认为，1926年后日本面临四个难以解决的具体问题：在满洲的政治和经济局势恶化；北京的外交攻势；民族主义者的北伐；国民党内部分化。此外，1927年北伐军占领上海，令日本在中国南方的利益受到冲击，同时北方的张作霖也试图摆脱日本控制，日本面临自南到北整个丧失中国的危险。田中义一恰在这个时候上台，也就决定了此后日本的国策重点仍是控制中国。从"济南惨案"开始，日本背离了华盛顿体系的轨道，开始走回"大陆进入"。

第一次世界大战后，世界市场出现了生产过剩，国际贸易竞争日趋激烈，经过"战争景气"的日本也被卷进这场竞赛。但日本经济的基础是制造业，其物资、资金都不充裕，仅能依靠廉价劳动力优势对外倾销。根基不稳的田中内阁倒台后，1929年7月，民政党的滨口雄幸（1870—1931）出任首相，重新起用主张"协调外交"的前首相币原喜重郎担任外相，同时支持藏相井上准之助（1869—1932）推行整顿税制、产业合理化、减少财政支出的经济改革，以解决每年1亿日元以上的贸易入超问题，整治战后一直处于慢性萧条中的日本经济。然而，1929年世界性经济危机的到来立即摧毁了日本脆弱的经济

■ "协调外交"的代表、20世纪20—30年代历任首相、外相的币原喜重郎（1872—1951）。大阪人，帝国大学卒业。1896年即进入外务省，历任外务次官、驻美大使、华盛顿会议全权委员。1924年起先后在加藤、若槻、滨口内阁中充任外相，推行一套主张"国际协调"和"不干涉中国内政"的"币原外交"。但随着日本激进分子推行"大陆进入"，币原及其外交路线被彻底抛弃，直至二战结束后的1945年10月才复出重任首相，主持维持天皇制、起草新宪法、与盟军总部交涉，创立日本进步党。

56

■ 滨口雄幸（1870—1931）。高知人，1895年东京帝国大学法科卒业。滨口本人是职业财政官僚，所关注的也是民生和财政问题。1929年他担任首相后，为解决日本经济的慢性萧条问题，采用类似"休克疗法"的"井上财政"，宣布金本位解禁，却正好落入全球大萧条的罗网。1930年滨口雄幸遇刺受重伤，翌年死去。滨口的悲剧在于，日本的经济问题是与其政治布局、明治以来的发展模式甚至整个国民相关的，单纯在数字和技术上振兴经济不足以破解这个棋局。

基础，而井上准之助断然恢复金本位制又加剧了这一恶果，终于诱发了"昭和经济危机"。与1929年相比，1931年日本国民生产总值减少了10%，出口减少47%，工人实际工资下降31%，农产品价格暴跌，774家银行中有100多家破产或处于休业状态。大危机之中，欧美各国纷纷构筑关税壁垒，贸易保护政策使日本经济雪上加霜。1929—1930年日本对美出口下降34%，日货还被排挤出印度和南方市场。

经济危机令日本农村更加贫穷，以出身农民家庭的陆军青年军官和士兵为基干、"改造国家"为目的的军队法西斯组织纷纷成立，蠢蠢欲动的各种极右势力走上了前台。这些组织以德富苏峰、北一辉等人的右翼无产阶级暴力思想为宗旨，对内反对滨口内阁的缓进政策，策划发动武装政变、建立军部专政；对外主张彻底改变协调路线，进行赤裸裸的侵略。

由于《华盛顿海军条约》没有对辅助舰艇吨位进行限制，在大萧条的背景下，美、英、日、法、意五强于1930年1月21日在伦敦召开新一轮海军军备会谈。强硬的"舰队派"、海军军令部部长加藤宽治内定了辅助舰艇对美应占七成比例的谈判底线，并得到海军元老东乡平八郎元帅的支持。但由秉承加藤友三郎遗志的"条约派"控制的海军省和斋藤实、冈田启介、铃木贯太郎几位海军元老认为达成对美妥协、实现经济平复比确保七成比例更为重要。滨口首相从财政角度出发，也坚持以达成妥协为要务①。而在实际会议上，英国和美国协调一致，最终在 4 月 22 日签署了《伦敦海军条约》。根据条约第三部分相关条款，美、英、日三国重巡洋舰总吨位分别为 18 万吨、14.68 万吨和 10.84 万吨，日本为美国的 60.2%；三国轻巡洋舰总吨位分别为 14.35 万吨、19.22 万吨和 10.05 万吨，日本为美国的 70%；三国驱逐舰总吨位分别为 15 万吨、15 万吨和 10.55 万吨；三国潜艇吨位均为 5.27 万吨。条约第一、第二部分还规定，到 1936 年前，各国不再建造新的主力舰。总的来看，会前海军军令部确立的三大原则，即辅助舰总吨位对美七成、重巡洋舰吨位对美七成、潜艇总吨位 7.8 万吨，在《伦敦海军条约》中都没有实现。尽管军令部对此表示不满，但滨口首相和海军省首脑都认为，缔结条约是政府的权限和责任，军令部虽然可提供意见"参考"，但无权置喙签约问题，于是在条约上签了字。军令部部长加藤宽治和次长末次信正认为，不待军令部部长的意见上奏天皇，政府就发出签字的指示，是干犯天皇的统帅权。

当时，海军中主张对美协调的"条约派"人物米内光政（1880—1948）、堀悌吉（1883—1959）、山本五十六、古贺峰一、井上成美等人大多集中在海军省和军务部门中，而强硬的"舰队派"加藤宽治、末次信正、石川信吾等人则分布在军令部和舰队中。"干犯统帅权②"的斗争随即演变为日本政界的一场乱战。希望迫使民政党内阁辞职的政友会和由保守贵族组成的枢密院站在军令部一边，主张"协调外交"与和平主义的元老西园寺公望（1849—1940）支持内阁和海军省。由于作为元老的西园寺拥有帷幄上奏权（对天皇的直接建议权），枢密院最终发表了无条件批准《伦敦海军条约》的意见。此后形势急转直下，6 月 11 日，加藤宽治提出辞呈，10 月 3 日，中立的海相财部彪也跟着辞职了。11 月 2 日，日本国会通过了《伦敦海军条约》批准书。由于《伦

---

① 一方面，日俄战争时期，日本向英美财团借下的第二期四厘外债残额 2.3 亿日元即将到期，需要转为新债，这需要英美的合作。另一方面，如果谈判破裂，势必重新掀起造舰竞赛，增加财政负担，压迫政府的减税政策。

② "干犯统帅权"问题：关于应该是由大臣还是由统帅部长来辅佐天皇，在明治宪法规定的统帅大权和编制大权中都没有明确的规定。日本陆军的做法是，统帅权专归参谋总长，编制权则由参谋总长和陆军大臣共同负责。而海军的传统是，统帅权由海军大臣和军令部部长共同负责，而编制权专归海军大臣。

■ 1930年伦敦海军会议上的各国代表，左三为日本全权代表若槻礼次郎。

■ 练习战列舰"比睿"号，原属"金刚"级战列巡洋舰。《伦敦海军条约》规定：英国须退役拆毁4艘战列舰和1艘战列巡洋舰，美国裁撤3艘战列舰，日本则废弃"比睿"号，以提前实现《华盛顿海军条约》中预期1942年才能达到的美英日主力舰数目5∶5∶3的比例。但该条b项又说明三国可以各保留1艘主力舰作为练习舰，于是"比睿"号在拆除了2/3的锅炉、4号炮塔和5400吨的舷侧装甲后得以幸存。"海军假日"结束后，该舰又改回高速战列舰。

敦海军条约》的签订将为政府在此后6年里省下5亿日元的财源，为安抚海军，井上藏相将其中3.74亿日元拨入了海军的扩充计划。因《伦敦海军条约》引起的政治对立勉强得到了解决。

《伦敦海军条约》的签署使海军中的激进分子异常躁动，令陆军法西斯化的精神力量也逐步渗透到海军中。1932年5月15日，以中尉古贺清志为首的一伙青年海军军官闯入首相官邸，枪杀了反对扩张主义、推行政党政治的犬养毅（1855—1932）首相。后因配合不力，原定由荒木贞夫陆相出面建立军事独裁的政变计划没有成功。"五·一五事件"首开军人暗杀在任首相的纪录，令日本举国震惊。受命推荐继任首相人选的元老西园寺公望受到陆军军务局长永田铁山的威胁，"如果由政党组织内阁，恐怕无人就任陆军大臣，组阁将会陷入困境"，在压力之下放弃了推举政党领袖担任首相的努力。最后已经退役的海军大将斋藤实子爵受到起用，组成所谓"超然内阁"或"举国一致内阁"。斋藤内阁既不是政党内阁，也不是军人内阁，而是政党、军部的联合体。日本真正意义上的政党政治至此寿终正寝。此后一直到二战结束，日本再也没有出现过政党内阁。政府成为军部的傀儡，而军部本身已经成为决定日本政治

■ 位于东京的海军省大楼。签署《伦敦海军条约》前后，日本海军中主张对美协调的"条约派"人物米内光政、堀悌吉、山本五十六、古贺峰一、井上成美等人大多集中在海军省和军务部门中。

发展方向的重要力量，甚至是唯一力量。

　　围绕"干犯统帅权"的争论，海军内部对统帅权的定义和省部之间的权限也展开了争论。军令部搬来了"舰队派"的皇族伏见宫博恭亲王（1875—1946）担任军令部部长，试图以此压制海军省，迫其做出让步。1933年3月，海军军令部将背着海军省制订的新版《军令部条例》和省部交涉规定修订案提交给海军省，该条例在军令部中增设了负责战争指导、海外情报和宣传报道的机构，使军令部不仅在战时，而且在平时也能够在海军事务上掌握更大的权力。原来由海军省掌握的决定兵力数量、传达作战诏令、人事行政、教育、派遣警备舰队的权力也归到了军令部的权限下。另外还仿效陆军的做法，将"海军军令部"改称"军令部"，"海军军令部部长"改称"军令部总长"。对军令部的侵犯意图，海军省方面表示坚决反对。他们提出的意见是：海军大臣是宪法上负有明确职责的国务大臣，而军令部部长既不是大臣的部下，又不是宪法明文规定的机关，因此不负宪法上的责任，且不受海军大臣的监督约束。如给予军令部部长很大的权限，将违反宪法政治的原则，是很危险的。

　　海军的省部之争在1933年6月陷入僵局。从7月起，海军大臣大角岑生（1876—1941）又与军令部部长伏见宫进行了协商，最后基本同意了军令部的修正案。这样，军令部的权限无论在平时还是在战时都得到了大幅扩张，海军省和军令部之间围绕统帅权产生的对立以此收场。"舰队派"借重伏见宫和东乡平八郎的力量，在此后的权力斗争中占了上风。加藤友三郎的继承者，原海军次长山梨胜之进被撤职，其后谷口尚真、左近司政三、寺岛健、堀悌吉

60

■ "五·一五"事件中被暗杀的首相犬养毅（1855—1932）。曾有《邮便报知新闻》《东海经济新报》的记者经历。1890年在第一届总选举中当选众议院议员，后出任第一届大隈内阁文相、第二届山本内阁邮递相，主张对华友好，反对大陆政策。1922年任政友会总裁，1931年组阁，翌年即被暗杀。

■ "五·一五"事件后临危受命组建"举国一致内阁"的退役海军大将斋藤实子爵。斋藤内阁既不是政党内阁，也不是军人内阁，而是政党、军部的联合体，日本真正意义上的政党政治至此寿终正寝。此后一直到二战结束，日本再也没有出现过政党内阁。

等"条约派"将领也被赶下了台（即所谓"大角人事"）。虽然"舰队派"与陆军也存在矛盾，但他们在国防问题上总的方略是加藤宽治于1926年在演讲中提出的"中国大陆系有日本的生死关键"。自此，无论是在经济还是国防层面上，"大陆进入"、大陆立国论都正式成为日本国防体制的核心。"条约派"的代表人物堀悌吉中将原本指望海军成为"使国内人心安定，当国家各阶层分子对进入邪道犹豫不决之时，阻止此状况发生的唯一健全力量"，现在也只好坐视陆军独走了。

不得不提的是，签署《华盛顿海军条约》之前，日本海军的传统是将海军兵学校的班级尖子送到华盛顿学习，将优秀的造舰士官送到英国格林尼治海军大学留学。英日同盟废除后，去格林尼治留学之路被堵死，不少军官转赴德国学习（军令部总长伏见宫博恭王即曾留德），使得亲德派在陆、海军中都成了主流。"战争是国民生存意志的最高表现，因此，政治应该是为指导战争服务的"（鲁登道夫语）一类观点自然也渗透进了海军中。

→ 四 "北进" "南进" ←

"自给经济"与"北进""南进"

如果单从经济角度看,进入昭和时代后,日本通过奉系军阀在经济、政治方面排他性地控制满洲所获得的好处已经急速削薄了。一战后的情况显示,要振兴日本经济,所需的资源甚为丰繁,不仅需要自特定地区输入,还需要以低廉价格获得。1929 年世界经济危机爆发后,由于列强竞相构筑贸易壁垒,这种需要的迫切性进一步加强。

按照由陆军主导的军部制定的国策,对国内市场的开发乃是 20 世纪 20 年代日本经济的基础。不过高桥龟吉在二战后指出,日本工人、农民和普通国民"过度贫穷、消费难于拉动",日本在国际市场体系中处于低端位置。"整个产业体系和出口集中于初级产品,(国际)购买力低下,因此无论世界市场的开发还是国内经济建设都极其困难。"加上农村经济继续凋敝,在大危机后集团封锁形成、国际经济秩序失常的情况下,人口过剩、资源贫乏、资本不足等问题凸显,以至于服部卓四郎在《大东亚战争全史》中称"其生存从根本上受到了威胁"。

■ 出身名门的青年公爵近卫文麿是重臣们眼中改革日本政治的理想人选,民众也对他抱有期待。作为西园寺公望的高徒、早年的社会主义者,近卫虽然时常有新鲜奇特的想法,但缺乏实际的办事能力。近卫的性格悲观内向,在政治活动中惯采取消极避退的方法,又缺乏承担责任的勇气,注定了他不可能在错综复杂的1941年日本政坛取得任何成果。近卫在东京审判前夕服毒,再度逃脱了他应承担的责任。

日语中有一个用途甚广的词汇："拥有"（have），用以指代国家在资源、能源方面的抽象实力。按照日本式的定位，美国属于"拥有"国家，而日本是"未拥有"（have-not）国家，因此向外寻求资源（无论手段如何）就是"合理"的。这一看法集中体现在巴黎和会前后近卫文麿（1891—1945）题为《排除以英美本位的和平主义》的论文中："对于垄断了巨大的资本和丰富天然资源的、兵不血刃地压抑了他国人民、使之不能自由发展而得以自利的经济帝国主义，要按同样的使用武力的帝国主义精神予以当然的否定……作为领土狭小、缺乏原料、人口不多、工业品市场贫弱的国家，在英国关闭殖民地之时，日本是无论如何也不能维护自身生存安全的。就是说，在这样的情况下，我国为了自己生存上的需要，也不得不像战前的德国那样，采取打破现状的举动。"（载于《日本与日本人》1918 年 12 月号）近卫文麿、北一辉等人的右翼社会主义观点，在整个 20 世纪 20 年代都是日本学界和政界关心的话题。

大萧条后，经济压力使日本再次注意起了建立自主经济、不依赖国际市场的问题。由于元老、政党势力日渐式微，军部已经开始控制政治决策，建立"自给经济"的手段也成为陆、海军讨论的核心内容。

陆军提出的方案是所谓"北进"论，即自满洲向北，进攻苏联的滨海州和西伯利亚（当时苏联第一个"五年计划"尚未完成），争取向外移民和经济开发的"生存空间"。这就是 1931 年"九·一八"事变的原动力。俄国在 1917 年革命后一度退出国际舞台，但进入 20 世纪 20 年代中期，苏联重新开始建立在远东的势力范围。1929 年中东路战争为时不长，却令日本陆军看到了丧失满洲控制权的威胁，因此必须"北进"。"九·一八"事变和 1932 年伪满洲国的成立把日本对苏防线的前沿推进，使日本的战略态势得到了重大改善。从此以后，陆军全力以赴地加强对苏战备，并在"满洲国"扩建重要工业部门、加强对苏防务。1936 年 11 月，日德缔结了防共协定。协定附有一个秘密的政治协议，即日德两国只要一方受到苏联攻击，另一方就不得采取方便苏联的行动。这成为后来结成德意日轴心的开端。

问题在于，仅凭满洲的资源根本不足以完成预想中的对苏战备。在陆军最关注的钢铁指标方面，20 世纪 30 年代初期日本铁矿石年产量仅 45 万吨，加上朝鲜年产 60 万吨，总计仅 105 万吨，而其年需求量则高达 600 万吨以上。

1936 年 6 月《帝国国防方针》指出：为了"北进"，必须继续蚕食与满洲接壤的中国华北地区，获取资源和市场，尤其是山西的煤铁资源带。但在对华北的行动上，陆军却遭到了阻力——日本的目标是建立起区域内的独占型经济，而当时的南京国民政府正在进行旨在统一国内政治、经济的改革，面临币制变更、利权收回和通货膨胀等诸多问题，需要进一步借助世界市场才能达成，自然不会屈从于日本的主张。在这种状况下，1937 年 7 月 7 日爆发于卢沟桥的偶然事件也就出乎意料但又合乎情理地发展为中日之间的全面战争了。

对日本方面来说，卢沟桥事件最初的确是一起突发事件。按照陆军头号战略家石原莞尔的规划，此时的日本应当致力建设满洲、加强对苏战备、贯彻执行重要产业的扩充计划、尽量争取维持与中国之间的和平。但急进分子因为对华北经济前景抱有过高期待，加之低估了中国政府的实力和抵抗决心，竟在没有任何计划与准备的情况下即令日中战争全面化。但日本陆军的贪欲又不可能使之吐出业已占据的利权，心平气和地与中国政府进行和平谈判。到 1937 年底为止，日本在中国驻军总数达 70 万，1939 年底更增加到 85 万，人员伤亡也上升到令人咋舌的地步。而中国虽然伤亡数字更大，却拥有取之不尽的人力。外务省"中国通"之一、东亚局局长石射猪太郎在 1937 年 8 月 12 日的日记中写道："日本在其蔑视的中国遇到了不易击败的对手……因为一直被视为犬的中国突然变成了狼。"一意孤行的日本终于陷入了中国泥潭，大陆主义开始举步维艰。

入侵中国的另一个恶果在此时尚未完全凸显：由于日本倾向以采取打破现状的举动、采取强力手段改善自己的处境，特别是 1932 年因"满洲国"问题愤而退出国联，就从根本上断绝了通过既有的国际体系讨价还价的可能。日本率先打破华盛顿体系后，加剧了在远东和中国具有重要利益的英美对日本的不满和警惕。特别是 1937—1938 年日军深入中国南方，试图切断西方对中国的物资和道义支援，行动失败后，自绝于主流国际社会的日本就只能与纳粹德国、苏联这类心怀不满的修正主义者寻求合作和结盟了。

与保守的陆军相比，日本海军对技术问题的敏感性使其更易察觉到世界局势发生的变化，而其中最重要的无疑是能源结构变更——即由 19 世纪的主要能源煤炭，变更为 20 世纪的主要能源石油。

■ 荷兰皇家壳牌公司位于苏门答腊巨港的石油精炼厂，日军觊觎的东南亚战略目标之一。荷属东印度群岛出产的石油几能满足日本60%的工业和军事需要，故而成为日本"南进"的第一选择。

    通过第一次世界大战，石油和内燃机将战争的面貌完全改变了，这一剧变也成为日本国防政策发生波动的主因。从 20 世纪 20 年代初期开始，日本海军主力舰全面采用重油作为燃料。对于一个岛国兼海军强国来说，最大的困难是如何自国外获得大量石油。英荷皇家壳牌公司在婆罗洲的油田以及英波石油公司（BP）在波斯的油田使英国较为轻松地解决了这一难题；而对缺乏海外殖民地的日本来说，石油来源就只能完全依赖国外供应了。

    根据日本石油公司在 20 世纪 20—30 年代的调查，截至 1930 年，日本的石油生产情况为：北海道 0.75 万吨，台湾 3.2 万吨，北桦太石油租借地 19.3 万吨，本州 22.6 万吨，合计 45.9 万吨。对比来看，1930 年美国石油产量是 12311.7 万吨，苏联 1850 万吨，墨西哥 698 万吨，婆罗洲 673.6 万吨，东欧（匈牙利和罗马尼亚）647.8 万吨，中东（伊拉克北部和波斯）615.8 万吨[①]。以英美石油资本为首的联合企业——加利福尼亚标准石油公司（SOCAL）、德士古公司、海湾石油公司、英波石油公司支配着全球的主要石油供应源——中东，英荷皇家壳牌公司则控制着另一主要产油地——荷属东印度。虽然 1933 年苏联和日本缔结了《日苏石油协定》，俄国石油开始出口，华盛顿报刊的评论也认为"《日苏石油协定》的缔结，是日本摆脱美国石油羁绊、探索能源独立的重要标志，未来必将对美国的贸易造成重大打击。这在军事和贸易上都是一

---

    ① 数据来源：东洋经济新报社. 昭和国势总览（上卷）[M]，东京：东洋经济新报社，1980。

个重大事件"，但苏联输日石油的总量十分有限（每年约 12 万吨），并且附带有政治条件，远不能满足日本实际需求。

根据学者井口东辅 1963 年在《现代日本产业发达史》第 2 卷中的统计，1920 年日本进口油的比例占整个石油制品总量的 50%，1930 年时原油有 70% 依赖进口。当时的日本拥有 6 家大型炼油企业——帝国石油、日本石油、日本矿业、三菱石油、丸善石油、北桦太石油，炼油能力为一年精炼 60 万吨原油，实际生产量约 30 万吨。与之相对的是，日本的年石油消费量是 170～180 万吨，其中海军用油 35～40 万吨，陆军也将近 10 万吨。陆、海军石油消费量占总需求量的 26%，并且还在继续增长。另一个值得注意的动向是民间航运业的飞速发展：从船舶保有量上看，1915 年时日本位居英、美、德、挪威、法国之后，列世界第六位，船只总吨位 170.8 万吨；但到 1934 年时已经仅次于英、美两国，民用船舶保有量高居世界第三，总吨位达 407.2 万吨。随着国内产量与需求量之间的缺口急剧扩大，日本的石油消费越来越依赖于美国和荷属东印度群岛的进口油——1935 年石油进口总量 345 万吨，其中 67%（231 万吨）来自美国；1939 年更激增至 495 万吨，占 90%。

1937 年，日本政府开始另辟蹊径，制定了《人造石油之七年计划》，以满铁为主、致力于煤炭液化和合成燃料的开发。虽然从直接液化法、合成法以及低温干馏法三条途径同时着手，但直到 1939 年 7 月才生产出第一批煤液化油。以 20 世纪 30 年代末期的技术水平看，即使人造石油工业全部发动，一年生产出的石油也不会超过 30 万吨（实际上，到 1943 年这个数字也不过停留在 27 万吨上）。加上本土和北桦太石油租借地[①]，估计日本的石油生产能力最高可达每年 70 吨。海军在 1931 年保守预断，此后 5 年内日本国内的石油需求量最低可以压缩到每年 250 万吨。但即使这样，每年还有 180 万吨的巨大缺口。归根到底，除了尽量设法从海外获得石油并努力提高国内生产外，可以说别无他法。

---

① 1925 年 12 月以谈判方式自苏联获得，主要由海军开发运营，首任社长是海军中将中里重次。20 世纪 30 年代初期北桦太石油的开采量每年约 18 万吨。

日本最大的经济情报组织——满铁调查部在 1930 年起草了一份报告，名为《东亚的石油与人造石油问题》，基调十分低沉。报告提出警告说，日本的能源前景并不光明，"从现在起就要必须结合形势发展的趋势"，对未来的石油战略进行研究。在和平时期，日本可以依赖从英、美、荷三国进口石油；但一旦日美开战，这个来源将立即中断。"取得石油并没有可靠的希望"，对于依赖苏联供给一事则不能抱多大希望。当时，荷属东印度的婆罗洲拥有产油量号称亚洲第一

■ 东京审判中唯一一名被判处死刑的文官、前首相广田弘毅。广田内阁执政的时间只有1年零3个月，但在迈向战争尤其是"南进"上跨出了一大步。

的巨港油田，石油年产量达 470 万吨。只要努力增加产量的话，仅这一个油田就可以满足日本全年的石油需求量。战史研究家土门周平认为，从这个时候开始，鬼迷心窍的日本海军就盘算着伺机夺取婆罗洲油田。对能源的迫切需求，成为建立在"经济自足"基础上的海军"南进"战略的初衷。

1936 年 8 月 7 日，由军部操纵的广田弘毅（1878—1948）内阁召开首相、外相、陆相、海相、藏相五相会议，决定了"国策基准"。这个"基准"也可以视为"南进""北进"主张在日本国家战略中的集中反映。文件规定，日本的战略为"一方面确保帝国在东亚大陆的地位，另一方面向南方海洋发展"，提出了"南北并进"方针。这个自相矛盾的方针显然是陆海军互相倾轧又互相妥协的产物。国策基准规定，为了对付苏联和美国这两个第一假想敌，必须扩充陆军军备，以足够对抗苏联于远东所能使用的兵力为目标；同时扩充海军军备，使之足以对抗美国海军，确保西太平洋制海权。这又是"南进""北进"尚未最终确定的表现。不过必须特别注意的是，此时日本并没有做好与美国爆发战争的准备，更没有预料到美国会采取强力手段遏止日本的扩张。"南进"的最终目标将是海军最渴求的石油产地——荷属东印度。

从北到南

从 1931 年 9 月 "满洲事变" 到 1937 年 7 月全面侵华，直至 1941 年 12 月日美最终开战，站在 "主战论" 最前列的始终是日本陆军。被称为日美开战 "不可折返点" 的三国同盟、进军南方到进驻法属印度支那北部为止，明显都是由陆军主导的 "大陆政策" 产物。但从 1941 年夏进驻法属印度支那南部到 12 月对英美开战，日本几乎是在刹那之间完成了 "南进" 的决策，转化之迅速令人瞠目。个中逻辑何在？

鉴于决定发动太平洋战争的种种因素过于纷繁复杂，为辨明此问题，不妨罗列出 1938 年 1 月—1941 年 12 月三年间影响日本高层政治决策的重要事件。

1938 年

1 月 16 日，近卫内阁发表对华政策声明称，"今后不以国民政府为对手"，期望建立能与日本合作的新政权。

7 月 29 日，日、苏军队在张鼓峰发生冲突。

11 月 3 日，第二次近卫声明，提出日、满、华合作建设 "东亚新秩序"。

12 月 18 日，汪精卫自重庆叛逃，19 日抵河内。

1939 年

5 月 11 日，日、苏军队在诺门坎地区发生冲突；9 月 15 日达成停战协定。

8 月 23 日，苏德签订互不侵犯条约。

7 月 26 日，美国通告废除《日美通商航海条约》。

9 月 1 日，德国进攻波兰，欧战爆发。

9 月 4 日，日本政府称正全力解决 "中国事变"，对欧洲战事采取不干涉态度。

1940 年

3 月 30 日，汪伪 "中华民国国民政府" 在南京成立。

8 月 1 日，日本政府公布《基本国策纲要》，鼓吹建立 "大东亚共荣圈"。

9 月 23 日，日军进驻法属印度支那北部。

9 月 27 日，美国宣布对日实施废钢铁禁运。

9月27日，《日、德、意三国同盟条约》在柏林签订。

11月29日，汪精卫在南京就任伪国民政府主席。

1941 年

3月11日，美国公布《租借法案》。

4月13日，《苏日中立条约》签订，有效期5年。

4月16日，日、美代表在华盛顿秘密会谈，提出日美谅解案。

6月22日，苏德战争爆发。

7月2日，御前会议通过《适应形势演变的帝国国策纲要》。

7月7日，关东军开始代号"关特演"的对苏作战准备；8月9日决定放弃年内解决北方问题的企图。

7月16日，第二届近卫内阁总辞职；7月18日第三届近卫内阁成立。

7月26日，英、美政府宣布冻结日本在英美资产。

7月28日，日军进驻法属印度支那南部。

8月1日，美国宣布对日实施石油禁运。

9月6日，御前会议通过《帝国国策遂行要领》，决定发动太平洋战争。

10月18日，东条英机内阁组成。

11月5日，御前会议决定于12月初对美、英、荷开战。

12月1日，御前会议决定对美英荷开战；次日决定12月8日为开战日。

12月8日，日本袭击珍珠港，公布对美、英宣战诏书，太平洋战争爆发。

从这份大事记中可以明白看出：一直到1941年7月为止，日本都是以"北进"、联德对苏作战为第一目标的；但就在数月之间，以石油问题及日军进驻法属印度支那南部为节点，日本与英美之间的矛盾突然激化，日本开始"南进"。"石油禁运"发生后，日本几乎是立刻投入了对南方作战的准备。

1936年"二·二六"事件之后，陆军中主张"北进"的激进派人物在政策制订中占了上风。随着中国战场初期攻势的顺利推进，"北进"派决定一鼓作气对苏开战，彻底解除苏联对满洲经济区的安全威胁。1938年7月31日，日军在图们江畔制造张鼓峰事件，与苏军爆发冲突。投入作战的日军第十九

■ 1938年，停泊在汉口江面的日本海军第2水雷战队。

师团被随后赶来的优势苏军完全压制，几乎全军覆没。不过因为苏联不愿将冲突扩大为全面战争，两国于8月11日签署停战协议，随后各自撤回原地。在这之后，日本相继占领了中国的海南岛和南海诸岛，做出了小心翼翼的"南进"尝试，但并未成为政策指导中的主流。

张鼓峰的挫败并未令"北进"分子死心。相反，随着中国战场陷入僵局、近卫政府对重庆政府的诱降政策未能收到预想的效果，"北进"派对采用非常手段迫使局势朝着有利于自己方向发展的愿望愈发强烈。与此同时，德国在欧洲的胜利也令日本看到了南北夹击苏联的"曙光"，"北进"派认为有将《反共产国际协定》扩大为军事同盟的可能性。为了打开北方局面，同时寻找与德国进行战略配合的机会，5月11日，当伪满洲国骑兵与伪蒙古国部队在诺门坎地区发生冲突后，关东军立即投入重兵，与随后赶来的苏军展开激战。但就在双方呈胶着状态之时，8月23日《苏德互不侵犯条约》公布，德国出于自身战略考虑抛弃了日本，使平沼内阁因此总辞职。实力不济的日军被优势苏军包围几至全灭，日本第一次尝到大败仗的滋味。幸而到了9月欧战爆发，两国停战。

经过两次教训之后，日军尝到了苦头，知道了苏军的厉害，"北进"政策因此发生了动摇。

在诺门坎事件之后相当一段时间，"北进"失败的日本在总体战略上失去了方向，在远东实际处于局势不明、政策混乱的时期，《苏德互不侵犯条约》的签订使日本失去了联德反苏的可能，而其又不愿同远东的英国公开交战（当然，英国也迫切希望避免战争），更不能与既依赖又对抗、同时表面还保持"中立"的美国过早翻脸。9月4日，阿部信行（1875—1953）内阁公开声明对欧洲战争采取"中立"，天真地希望趁英美专注于欧洲之际，集中全力解决中国问题。日本外交失去了主体性和方向性。

尽管号称"集中解决中国问题"，但事实上日本在中国也没有什么良策。扶植汪精卫政权的行动远没有收到预想的效果，阿部内阁不得不倒台，由海军大将米内光政继任。此时正值希特勒在欧洲高奏凯歌，大受鼓舞的日本嗅到了两个良机：首先，由于荷兰沦陷，荷属东印度一时成为"无主地"，日本可以有恃无恐地加以攫取；其次，希特勒在欧洲的胜利牢牢牵制住了英美的注意力，英美势必没有多余的力量在亚洲遏制日本扩张。唯恐错过时机的日本立即开始筹划"南进"。1940年6月下旬，大本营开始制订《伴随世界形势变化处理时局纲要》；7月4日，陆海军会决定"抓往良机，尽快解决南方问题。必要时使用武力，同时尽力要把战争对象限制在英国一个国家，避免同美国交战，但要做好与美国交战的充分准备"。但在是否应与德、意缔结同盟，

■ 1940年是日本的"皇纪2600年"，即"神日本磐余彦"征服大和国、在橿原神宫即位为神武天皇的2600周年纪念。10月11日，联合舰队在横滨港举行盛大的"纪元2600年特别纪念观舰式"，参加受阅的军舰达92艘、596000吨。在整个旧日本帝国海军的历史中，这也是最后一次举行观舰式。

■ 张鼓峰冲突结束后，日本朝鲜军军官手持白旗与苏联军官会晤，商谈双方部队脱离接触事宜。

■ 第二次近卫内阁外交大臣、鼓吹联德的松冈洋右。

寻求德国援助的问题上，陆军与米内光政等海军中的"协调派"发生了争执。7月16日，陆相畑俊六辞职，陆军拒绝向内阁推荐继任人选，米内内阁被迫总辞职。

7月22日，狂热的大东亚主义者近卫文麿公爵再度组阁。他挑选了主张联德的松冈洋右（1880—1946）作为外相、陆军急进派东条英机作为陆相，同时，军令部总长伏见宫则推荐惯于息事宁人的及川古志郎（1883—1958）海军大将接替反对"南进"的吉田善吾（1885—1966）出任海军大臣。担负着避免战争重担的近卫内阁在上台后的第三天就通过了《基本国策纲要》，提出要把握历史机遇，以"八纮一宇的肇国精神，建立以日本皇国为中心，以日满华的牢固结合为主干的大东亚新秩序"。次日，政府和大本营联席会议通过了《根据世界形势变化的处理时局纲要》，正式提出了"大东亚共荣圈"的口号。

"大东亚共荣圈"在地理范围上包含日、满、中，以及由旧德属委任统治诸岛、法属印度支那及太平洋诸岛、泰国、英属马来亚、英属婆罗洲、荷属东印度、缅甸、澳大利亚、新西兰及印度一部组成的"南方共荣圈"。"南方共荣圈"的作用一是在安全上保卫日、满、中"核心圈"，二是形成"南方经济圈"，以满足战争经济自给自足的需求。对"南方共荣圈"的主张明显表现出了日本"南进"的态度，但承袭自进入法西斯时代以来一贯趁火打劫、借助外力的外交风格，日本希望进一步完善与正取得节节胜利的德国的同盟关系，借以自重，从而在北方与苏联达成妥协，在南方迫使英美做出妥协，承认日本在中国和南洋的势力存在———一直到这个时候，色厉内荏的日本人还在力争趁火打劫、避免全面战争。

荷属东印度与日本控制区之间还隔着一个特殊地带——法属印度支那。当时法国已经投降德国，印支半岛处于维希政府的统治之下。海军军务局第二课课员藤井茂认为："只要进驻了法属印度支那地区，就可以确确实实拥有大米、锡、橡胶等资源，同时再向荷属印尼施加压力。这样一来，荷印的态度就会有所好转，想来石油自然也就搞到手了吧。"在9月15日的海军首脑会议上，及川海相以"如果海军继续反对三国同盟，近卫内阁只有总辞职，海军负担不起导致内阁垮台的责任"作为要挟，压制住了海军中"协调派"的反对意见。9月23日，在获得维希法国政府的默许后，日军开进了法属印度支那北部，迈出了"南进"的第一步。

9月27日，德、意、日三国在柏林签订了同盟条约，日本承认并尊重德、意在欧洲建立新秩序的领导权；德、意承认并尊重日本在大东亚建立新秩序的领导权；缔约一国受到目前未参加欧洲战争或中日冲突的一国（指美国）攻击时，另两国应以一切政治、经济和军事手段相援助；条约不影响各缔约国与苏联的现存政治关系。打下一剂强心针的日本随即开始了张牙舞爪的全面出击：11月13日，御前会议通过了大本营提出的《中国事变处理纲要》，打算集中力量切断英美援蒋路线并调整日苏邦交，促使重庆政府屈服；11月30日，日本发表《日满华共同宣言》，正式承认了南京汪伪政权。

日本的肆无忌惮，将一直冷眼旁观的美国逼到了墙角。在此之前，美国国内的孤立主义情绪仍很严重，刚刚接受1940年大选提名的罗斯福必须顾及《中立法》的约束，只能被动地对日本的挑衅行为做出回应。7月26日，美国把航空汽油、乙铅和高熔点废钢铁列入了对日出口管制清单。进入8月以后，即使是最迟钝的观察家也看得出来：日本必将死心塌地地倒向轴心国。9月12日，一贯以亲日和主张缓和著称的约瑟夫·格鲁大使（1880—1965）向华盛顿拍发了一份主张对日制裁的"绿灯"电报，他指出：即使仅仅为了维持太平洋现状和美国的安全，也应该对日本进行经济制裁，并且"越快越好"。9月26日，美国宣布对日本禁运废钢铁。

美日双方都在小心翼翼地试探对方的底线。对于美国方面而言，在废钢禁运开始之后，石油禁运已经是可以打出的最后一张牌。禁运几乎就意味着战争，因此这张牌必须抓在自己手里，不可如赌博般轻易打出来。而日本在发现英国竟然没有在不列颠空战中迅速溃败后，心理上已经颇感受挫。讨好苏联也没有取得预想的效果，斯大林只愿意谈中立条约。进入 11 月后，日本在气势上已经大不如前。

■ 签订三国同盟条约后，希特勒和松冈洋右向人群致意。

■ 日苏签订《日苏中立条约》后，东条英机（右）、松冈洋右（左）与苏联驻日大使马立克（中）欢谈。

1941 年 1 月 10 日，罗斯福总统将财政部官员奥斯卡·考克斯主持起草的《进一步促进美国国防和其他目的法案》草案提交国会审议。该法案先后获得参众两院批准，于当年 3 月 11 日起生效，即为著名的《租借法案》（Lend-Lease Program）。 美国在参与战争方面迈出了一大步，日本再也坐不住了：中国战场的僵局业已形成；在美国鼎力支持下，重庆政府坚定了抗日决心，下了血本扶植的汪伪政府却只是一具政治僵尸；德国在欧洲的进展似乎不像过去半年一样神速，甚至连得到英美支持的荷兰流亡政府都拒绝在东印度问题上做出让步。尽管美国尚未切断石油供应，但一切都不在可控范围内。在四面楚歌、处处受阻的情况下，日本只好不惜代价先稳住苏联，至少在"南进"

时消除来自北方的威胁，于是开始了与苏联的单独交涉——当然，一直到这个时候，希特勒还没有告诉日本人，德国已经准备进攻苏联。

1941 年 4 月 13 日，日本与苏联签订了一项内容极其简单的《日苏中立条约》。这个条约的内容只有四条：日苏友好、互不侵犯；当缔约一方与第三方发生军事冲突时，另一方应保持中立；条约有效期为 5 年；双方应尽快批准。除了再度重申了那些业已既成状态的事实之外，这一条约实在难说有何新意，更何况条约并未在任何程度上减轻双方

■ 鼓吹开战的军令部总长、海军大将永野修身。

之间的疑惧。如果说日本有任何收益的话，那么仅仅是得到了将来在对南方开战时可以避免两线作战的心理安慰。与 1939 年秋天一样，德国和日本在重要的战略问题上再度没有达成一致。不久前还不可一世的日本，到这时已经陷入了黔驴技穷、难以招架的窘境。

1941 年 6 月 22 日，德国对苏开战，四面楚歌的日本人再度面临着一个不是转机的"转机"。北进还是南进？是期待着德国的胜利、从东西两侧夹击苏联；还是出击英、荷在亚洲的殖民地？6 月 25 日，大本营—政府联络恳谈会开始商讨《适应形势变化的帝国国策纲要》。当时陆军坦承对苏开战并无绝对胜利把握，出于与陆军争夺政策主导权的目的，海军的军令部总长永野修身大将（1880—1947）提出立即"南进"、"不辞与英美一战"。于是，日本海军连真正的战争决心都没有下，在既缺乏对国际形势和综合国力的客观判断，也没有精确地分析获胜的把握的情况下，就在与陆军的对抗、竞争关系和讨价还价中决定了重大的国策。7 月 2 日，御前会议通过了《适应形势变化的帝国国策纲要》，内容为"无论世界形势如何演变，帝国将坚持建设'大东亚共荣圈'，坚持为解决中国事变而努力"，准备控制法属印度支那南部和泰国。

为了摆脱三国同盟这个劣质政治债务的拖累、堵住"北进"派的聒噪，7月16日，近卫公爵以内阁总辞职的方式换掉了狂热的联德分子松冈，随后第三次组阁。7月28日，日军强行开进法属印支南部。8月9日，参谋本部正式决定放弃陆军在1941年内"北进"的计划。日本开始集中全力准备"南进"。

与此同时，美国也在迅速转变政策。5月6日，罗斯福宣布中国为《租借法案》受援国。同时，财政部长小亨利·摩根索、内政部长兼国防石油管理局局长哈罗德·伊克斯等强硬派纷纷游说总统彻底切断对日本的石油供应。7月28日，日军开进法属印支南部后，罗斯福紧急召见野村吉三郎大使（1877—1964）并提出严正警告，要求日方迅速恢复印度支那中立，但日方反应冷淡。2天后，美国政府宣布冻结日本政府和公民在美国的全部财产共计1.3亿美元，英国和荷兰也采取了同样的措施。7月28日，荷兰宣布停止履行《日荷石油协定》。8月1日，斟酌再三后的罗斯福批准了由副国务卿塞姆纳·韦尔斯提出的对日石油出口管制令："自即日起，除对一些低标号汽油、原油和润滑油颁发特许证外，中止对日本的一切石油出口。"由于美国政府各部门拒绝批准日方为低标号限量汽油提出的特许证申请，这导致了美国对日本的全面石油禁运。

支持日本进行战争的工业血液终于被彻底切断了。

海军的"非政策性扩张"

与大多数历史教科书坚持的观点不同，笔者虽然也认同历史进程的发展有其必然性，但依旧极力强调：在日本这样一个政治生态极其特殊、政策连贯性不足的国家，偶然事件的连带效应完全有可能超越必然性，达到出人意料的效果。日本的"南进"固然是出于建立自给经济的必然结果，但在最后时刻决定对美开战，在很大程度上却是带有偶然性的。

在华盛顿参与过日美谈判的东条英机亲信，陆军省军务局军事课课长岩畔豪雄大佐（1897—1970）曾委托主计大佐新庄健吉撰写过一份反映日美国力差距的报告。据报告估计，日美军事潜力之比，钢铁24：1，石油超过100：1，煤炭12：1，电力45：1，铝8：1，飞机产量8：1，汽车产量50：1，船舶保有量15：1，劳动力5：1，总比率超过10：1。其中最悬殊的一项无疑就是石油精炼量。

截至 1941 年 7 月底，日本日均汽油消耗量约为 1 万吨，年消耗量近 500
万吨，而当时全国（包括中国占领区）的石油储备量仅为 800 万吨，只够一年
半之用。在美国态度强硬的情况下，唯一的出路是冒险夺取荷属东印度油田，
但这将迫使战争升级。如果说冻结日在美资产只是断绝了日本与日元集团以
外地区的贸易，那么石油禁运就直接把日本推向了或战或和的十字路口：要
么放弃侵略中国和其他地区的野心，但这将导致军队和国内右翼分子的暴动；

■ 中日战争爆发后，美国虽然公开保持中立，但日军在
作战中表现出的残忍和野心不可能不令美国警惕。图为
1939年，停泊在上海的美国远东舰队旗舰"奥古斯塔"
号舰员合影。

■ 日美谈判期间，日本驻美大使野村吉三郎（左）迎接
谈判特使来栖三郎（右）。

要么出兵夺取石油产地，与英美决一死战。另外，与美国继续无休止地谈判下去也毫无意义，只会使日本的军事和工业力量继续衰弱下去，而难以承受美国的压力。中国战场的僵局、日本军事首脑的能力和思维方式，再加上东方人不愿"丢面子"的决心，都注定了和平必将远离。

在这一片乱糟糟的气象中，"陆主海从"、大陆进入体制下被压制了十余年之久的日本海军开始兴风作浪了。

在军部法西斯体制形成后数年间，"舰队派"主导的海军在

■ 鼓吹开战的海军幕僚之一、军令部第一课课长富冈定俊。

战略问题上处于从属地位，但这并不意味着海陆矛盾就此消解。海军内部的激进分子从未放弃过"南进"主张，并且筹划组建自己的政策研究机关以实现"南进"。1940 年 12 月，海军成立了"国防政策委员会"，下设第一（国防政策）、第二（军备）、第三（国民指导）、第四（情报）各委员会，目的是迅速决定政策。尤其是第一委员会专门负责决定政策，其核心人物是"舰队派"灵魂——军务局第二课课长石川信吾（1894—1964）和军务局第一课课长高田利种（1895—1987）、军令部第一课（作战）课长富冈定俊（1897—1970）等人。1941 年 4 月永野修身取代伏见宫出任军令部总长后，认为"课长级最善于研究，应该采纳他们的意见"。这就为石川、富冈以及军令部第一课课员神重德（1900—1945）、军务局第二课课员藤井茂等激进派将他们的主张直接反映到海军决策中打下了基础。1941 年 6 月 5 日，在与荷属东印度关于采购石油的谈判陷入僵局后，第一委员会向海军首脑提出了一份题为《在目前形势下帝国海军应采取的态度》的意见书，其核心观点是：把对日美物质上的战斗力的判断"作为决定和或者战的唯一材料是很危险的"。在此基础

上得出的结论是：如果能获得荷属东印度的石油，"就可以相当有自信地应付局面"。意见书还认为，虽然荷属东印度作战可能消耗 60 万吨左右的船舶，不过日本有能力在第一年就补充 80 万吨，所以损失是可以承受的，以此督促陆军尽快实行对法属印度支那南部和泰国的军事进驻。永野修身根据此建议，强调了陆军进驻法属印度支那南部的必要性。在 1941 年 7 月 21 日的海陆联络会议上，永野主张"对美国即便现在有战胜的把握，随着时间的推移这种把握会越来越小。明年下半年就已经很难挺住了……冲突既然不可避免，时间越晚越不利"。石川等人也频频声称"如果是在昭和十六年内，对与美国一战有信心"，"现在就应该动手了，不会输给美国"。"石油禁运"前一天的 7 月 31 日，永野在谒见天皇时表示："如果失去了石油供应源，以目前情况仅有两年的储备量。如果打起来，一年半将全部消费完，所以倒不如趁此之际动手。"

石油危机面前，近卫内阁并未放弃争取和平解决的希望。8 月 5 日，他们向美国提出了一个以法属印度支那为中心的局部解决方案：日本除进驻法属

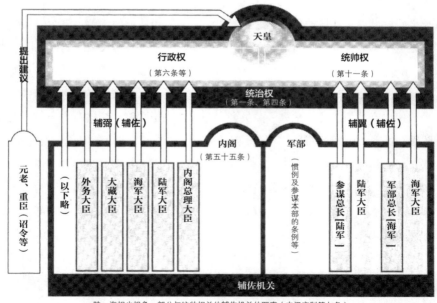

陆、海相也担负一部分与统帅相关的辅佐机关的职责（内阁官制第七条）

■ 明治宪法下的日本国家行政、统帅机关（括号内为条文、法令依据）。

印支外，不再向西南太平洋其他地区扩张，而且中国事变一经解决，立即撤退在法属印支的日军；日本保证菲律宾中立；日本对美国生产和取得必要的天然资源予以合作。同时，日本对美国的期望是：对日本在西南太平洋地区——特别是在荷属东印度——生产和取得日本所需要的天然资源，以及解决日荷间悬案问题予以协助；恢复日美之间的正常通商关系；对日本和重庆政权开始直接谈判进行斡旋。8月26日，近卫提出了与罗斯福总统本人直接会谈的要求，但遭到美方的婉拒。

与政府方面的看法截然不同，大本营已经决定采用非常手段打开局面。当时军队待命一天大约就要消耗12000吨石油，忧心忡忡的海军认定外交手段不可能取得突破性进展，必须辅以必要的军事行动。8月16日，陆海军部、局长会议上，海军方面首次提出了《帝国国策实施方针》，其主要内容为：以10月下旬为限，战争准备和外交交涉同时并进，至11月中旬，外交交涉仍不能取得妥协时，就动用武力。之前一天，海军已经将备战准备通知陆军：截至10月15日以前，完成对英美的战争准备；8月和9月再分别征用船只30万吨；9月20日实施陆海军作战协定；9月上旬从中国抽调陆战队三个大队；预定从9月中旬开始再征用船只50万吨。这一情况令陆军大为担心，也暴露了陆海军在"南进"问题上的主张全然不同：海军设想的是一场短暂的"有限战争"，即在谈判不利状况下以武力占领荷属东印度、恢复石油供应，并迫使美国承认这一事实。这一方案所需的兵力和物资不必太多，一旦日美谈判达成或欧洲局势变化也可以立即撤销。而陆军构想的是一场举国动员的全面、长期战争，要调动巨大的兵力，占领包括菲律宾、关岛、新加坡和荷属东印度群岛在内的整个南洋，然后构筑一个足以抵抗一切反击的"日本堡垒"，把日本的扩张和开发目标完全放到南方来。为挟持海军通过全面"南进"决策，8月27日、28日两天的陆海军部、局长会议上，陆军方面迫使海军军务局长冈敬纯（1890—1973）同意将"决心开战"修改为"在战争的决心之下"。这样一来，发动战争就势在必举了。9月2日，大本营陆海军部之间的意见已经完全一致。

9月3日，在宫内省召开的大本营和政府联席会议上决定了《帝国国策实施要领》，确定"帝国为自存自卫，在不惜对美（英荷）一战的决心下，以10月下旬为目标，完成战争准备"。永野修身对提案理由解释称："对战争的估计，

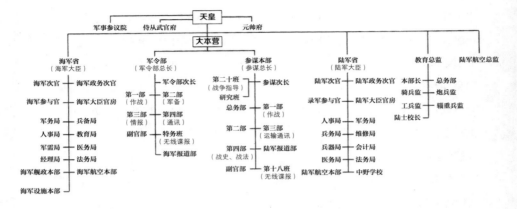

■ 1941年12月开战时日本陆海军中央部体制。

　海军有短期和长期两种看法……敌人要想速战速决，那是我们所希望的，如果
那样，在我近海搞决战，估计战胜有相当把握。不过，我想战争不会就此结束，
可能演变成长期战。即使出现这种情况，如果利用胜利战果来对付长期战，那
也是有利的……所以十分重要的是，要通过取得物资和夺取战略要地来做好
准备，以便立于不败之地……但随着国际形势的演变，还会有可以采取的手段。"
明白地表示海军依旧希望速战速决、将战争控制在有限范围内；同时"舰队派"
不切实际地期待德国在欧洲的攻势可能给局势带来积极影响。要领同时规定：
"如果至10月上旬仍无实现我方要求的希望时，立即下决心对美（英荷）开战，
采取最后措施。"9月6日，御前会议通过了《帝国国策实施要领》。"南进"
就在陆军的急不可耐和轻敌，以及海军内部一些人"打打看"的碰运气心理
下匆匆上马了。但要领的关键词在于"不惜对美英荷一战"，对用词极其审
慎小心的日本人来说，"不惜"这样的假设语气说明计划仍存在变更的可能。

　　自9月1日起，海军舰队开始实施战时编制，所有舰艇均编入联合舰队。
9月中旬，海军确定了袭击美国在夏威夷的海军基地和进攻南洋的作战方案，
用于"南进"作战的陆军部队也开始向台湾、海南和印支等地区集结。9月18
日，大本营下达了"南进"作战准备。但直到这个时候，近卫首相仍一厢情愿
地认定美国有可能接受日方开出的条件。9月13日、22日、23日、25日，日
本方面不断对谈判方案提出修改。10月2日，美国国务卿科德尔·赫尔（1871—

1955）要求日本确认"赫尔四原则"，从中国和印度支那无条件撤军、放弃三国同盟条约的实质性部分并恢复"门户开放"。外交谈判至此完全失利。陆军认为日美会谈没有达成协议的希望，因此不得不开战；海军省首脑，"条约派"海相及川古志郎反对冒险进行战争，但又不肯明确表示出来，只好把责任推给首相。重重压力之下，近卫内阁于 10 月 16 日宣布总辞职。两天后，以陆军大将东条英机为首的新内阁诞生。新首相被视作是负"最终责任"的理想人选。

10 月 23 日，东条内阁与大本营举行首次联席会议，讨论开战的前景问题。永野总长指出海军每小时就要消耗 4 万吨石油，继续强调了事态的紧迫性。从 24 日到 30 日，会议连续召开，永野再度表示："日本对美战争的时机就在眼前，失去这个机会，战争的主动权就将任凭美国来掌握，而不再归我掌握。"但他也承认，最多只有打 3 年的信心，遭到了外相和藏相的质疑。而陆军方面则认为即使外交谈判取得胜利，也只能解决石油危机和南方问题，但中国问题依旧是症结，而陆军是绝不肯放弃中国大陆的。最后由于东条本人表明了态度，会议决定"在决心开战的前提下，一方面完成作战准备，另一方面继续采取外交措施，努力达成妥协"，并把结束谈判的最后期限定在 12 月 1 日零时。实际上，由于陆军的坚持，日本在谈判条件中试图同时使美国答应承认在华特殊利益和恢复石油供应、通商两个矛盾的条件，所以谈判必将失败。

11 月 5 日，御前会议通过了联席会议制订的《帝国国策施行要领》："帝国为打开目前困难局面，保卫国家的独立和自卫，并建设大东亚新秩序，现已决心对美英荷开战。"上一次要领中"不惜对美（英荷）一战"的假设句式已经变成了肯定语气的"决心对美英荷开战"，表明日本在开战问题上迈出了重要一步。同日，永野向联合舰队司令长官山本五十六下达了关于作战准备的

■ 东条英机，日美开战时的首相。当时日本陆军曾有滑稽言论，称"北条时宗打败了北来的蒙古军，东条首相也一定能打败东来的美军"。简直视战争如儿戏。

"大海令第一号"，宣布"帝国为了自存自卫，已处于不得不对美、英、荷开战的境地。鉴于此，要在12月上旬以前完成各项作战准备"。作战计划指导"大海指第一号"也同时下达。

11月15日，大本营和政府联席会议通过了《关于促进结束对美、英、荷、蒋战争的草案》，规定战争的要领为："实施闪击战，摧毁美、英、荷在东亚以及西南太平洋地区的根据地，确立战略上的优势，同时确保重要资源地区和主要交通线安全，造成长期自给自足的态势；用尽一切手段，引诱美国海军，适时加以歼灭。"18日，众议院一致通过了《实施国策决议案》。20日，准备攻击珍珠港的日本机动舰队开始向择捉岛的单冠湾锚地集结。

11月26日，赫尔向在华盛顿的两位日本谈判使节递交了美方的最终谈判原则《美日协定基础条件纲要》（即所谓《赫尔备忘录》），要求日本从中国和印度支那撤出全部陆、海军和警察部队；在中国除重庆政府外，不得支持任何其他政府或政权；在实际上废除三国同盟条约。12月1日，御前会议在对备忘录进行审核后宣布："外交方面几乎没有回旋余地。"裕仁天皇决定对美、英、荷开战，并批准12月8日为"X日"（开战日）。宣战诏书中明确指出："现在帝国为了独立和生存，只有蹶然而起，冲破一切障碍。"次日，从单冠湾出发的机动舰队接到了联合舰队司令长官的电报："攀登新高山一二〇八。"冒险开始了。

从下决心"南进"到"不惜对美（英荷）一战"，再到"决心对美英荷开战"，最后"决定对美英荷开战"，日本人一贯的暧昧语气给历代研究者带来了很大障碍。但倘若结合相关历史事实，依然可以把以上晦涩曲折的决策过程简化为一段明白的话，那就是：日本最初的"南进"是建立在德国牵制住美国注意力、荷属东印度成为无主地的前提之上，目标是有限地控制荷印地区，没有预料到将与美国开战，更没有预料到美国会采取石油禁运的"过激措施"；在禁运带来的剧烈震荡中，军令部里的激进分子劫持了海军，定下了不惜对美开战、迅速"南进"夺取荷印的决策；陆军劫持了海军，将一场目标有限、时间短促的局部战争扩大为全面的侵略并吞；互相劫持的陆海军大本营作为一个整体劫持了政府，利用强硬的条件破坏谈判，使得"开战"成为最后也是唯一的选择。

■ 1941年12月6日，航行在北太平洋荒潮中的南云机动部队。拥有6艘舰队航母的机动部队对敌方主力舰队进行远距离空袭，的确是世界海军史上的创举。

■ 1941年12月9日，《读卖新闻》刊登"致暴戾英美之宣战布告"，吹响了太平洋战争的号角。

→ 五 "军神"还魂与联合舰队的覆灭 ←

整体战略的缺失与东乡借尸还魂

自第一次世界大战结束到 1941 年太平洋战争爆发，漫长的"海军假日"却是日本海上战略变动最剧烈、影响最深远的时期。马汉主义者们，以及以"舰队派"为代表的"物质派"（Material School）们对佐藤铁太郎那套柯隆布式的海军—历史战略进行了"伤筋动骨"的打击和修正，与此同时还要在政府中继续与"大陆进入论"者进行倾轧和妥协。一叶蔽目，不见泰山；两豆塞耳，不闻雷霆。整体战略的多变和缺失使日本海军近乎变态地钻研起战术细节来，这导致太平洋战争前夕联合舰队的战法反而变得异常简单化了。

1907 年 4 月发布的《帝国军队用兵纲领》是日本海军对美作战计划的基础。纲领规定，美日一旦开战，海陆军就以迅雷不及掩耳之势攻占菲律宾，使美国在太平洋地区的前进基地体系瓦解。随后在小笠原群岛附近配备警戒部队，以搜索前来救援菲律宾的美军主力舰队；而日军主力舰队则在奄美大岛附近待命。当警戒部队证实美军主力已经逼近"绝对国防圈"边缘的小笠原群岛之时，主力即朝敌主力的前进方向出击，全力以赴地进行决战。决战战场定在日本近海，是为"邀击作战"。这是一种典型的守势作战方针。而在"邀击作战"的武器体系中，"弩级舰队乃是决定今日海战大势的最关键要素，可谓海军兵力之基干"，"战列巡洋舰的价值正在上升……固然其防御力薄弱，然作用多样，且可在主力舰数量不足时用于舰队决战"，"主力舰中心主义"昭然若揭。

签订《华盛顿海军条约》后，日本主力舰吨位被限制在美国的六成，没有达到七成的预定比例；同时对德属太平洋岛屿的占领又使"国防圈"的最前线继续推进。1923 年，修改后的《帝国军队用兵纲领》规定："当敌舰队主力自东洋方面航来时，于途中逐次削弱其实力。一待战机出现，我主力舰队一举将之击破。"面对此情况，负责研究对美作战的海军大学和军令部作战部对邀击战法进行了修改：开战时，舰队首先进攻远东的美国亚洲分舰队，夺取菲律宾和关岛。当美军增援舰队前来攻击时，在其航行途中将其逐渐消耗，使之减少到日本主力舰队可以接受的程度（即美国舰队原有实力的七成以下，这一比例恰恰与《华盛顿海军条约》签署时日美主力舰实力的对比相吻合），然后主力舰队出击、在菲律宾或本土近海进行战略决战。至此，该方案正式被命名为"渐减邀击作战"。预定的渐减作战将进行两阶段，主力为《华盛顿海军条约》未予限制的巡洋舰、驱逐舰、潜艇等辅助舰种。第一阶段，部署于密克罗尼西亚群岛的潜艇部队将反复攻击美舰队；第二阶段，部署于小笠原群岛和马里亚纳群岛西方水域的巡洋舰和水雷战队将对敌实施夜间攻击。因此又称"三段截击作战"。按照此战法的需求，日本利用条约的空白区域大力扩充重巡洋舰、水雷战队和潜艇。

"三段击"出台不久，伦敦海军条约签署，日本在辅助舰艇方面的优势也受到限制。海军遂以提高战斗力的方法改变被动局面，不惜进行"月月火水木金金"（日文中一周以日、月、火、水、木、金、土七曜表示，"月月火水木金金"表示一周七天连续操练，没有周六和周日）式的严苛训练，并且极度强调精神力量的作用。另一方面，因为武器和技术的进步，尤其是海军航空兵、氧气鱼雷和远洋潜艇的迅速发展，预定的第一道警戒线不断延伸，决战水域也得以东移。为增加决战阶段的胜算，尤其是以单舰战斗力抵消美国在数量方面的优势，舰政本部已经开始设计具有空前吨位和火力的"超战舰"，这就是后来的"大和"级战列舰。

1937 年"海军假日"结束后，在维持"渐减邀击"核心思想与主要内容不变的情况下，日本海军对对美作战的结构和兵力使用再次做出了重大调整。最终的作战构想由九个阶段组成，称之为"九段作战"。

■ 日美开战前夕，1941年10月31日，在宿毛冲标柱间进行全速公试的"大和"号战列舰。

开战之初，海军迅速进攻菲律宾、关岛，得手后转入战略防御态势。此时，日本远洋潜艇部署到美国西海岸和珍珠港之间，以及珍珠港和马绍尔群岛之间。日本舰队主力和新的航母机动部队做好出击准备，马绍尔群岛周边机场的陆基鱼雷轰炸机也将待命。接下来：

（1）潜艇邀击：（"潜水战队适当散开配备，以奇袭敌舰队主力为宗旨。"）

第一阶段，当美国舰队离开西海岸向珍珠港推进途中，由远洋潜艇实施第一轮侦察攻击；

第二阶段，当美军主力进驻珍珠港后，远洋潜艇保持侦察以确定其动向。当美军舰队再次出航、出击马绍尔群岛时，潜艇实施第二轮攻击。同时，已经在本土集结待命的主力舰队在确认美军主力已经出击的情况下，在72小时之内向前进根据地移动；

第三阶段，当美军舰队开始进攻马绍尔群岛一部之时，航程相对较短的海大型潜艇在此实施进攻；

（2）航空兵邀击：

第四阶段，新组建的机动航空部队（由2～4艘"翔鹤"级航母和2～4艘"超战舰"组成）对占据马绍尔群岛一部的美军舰队实施航空打击，重点打击敌航母；

第五阶段，当占据马绍尔群岛一部的美军再次扩大战果时，由海大型潜艇实施第二次攻击；

第六阶段，马绍尔群岛基地航空兵及其他基地航空兵共同对美军舰队实施打击，这是最后一次外围打击。以后将进入决战阶段。

（3）决战阶段：水面舰艇

第七阶段，当美军基本占领马绍尔群岛并继续前进时，日本舰队在某一海域准备与之决战。决战前夜，由"金刚"级高速战列舰或"超甲巡"（装备305毫米主炮的大型巡洋舰）率领的夜战部队投入作战。该部以氧气鱼雷和夜间鱼雷突击为主要手段，对美军主力舰队进行最大可能的削弱；

第八阶段，当夜战结束、黎明来临之际，潜艇部队（包括特种作战潜艇）在先，机动航空部队在后，发起突然袭击，进一步消耗美军舰队；

第九阶段，从前进根据地出发的日本主力舰队（包括战列舰、战列巡洋舰、航母）开始与美舰队剩余力量进行决战。

第九阶段即最后一个阶段，也是决定胜负的关键时刻。根据日本人的计算，此时美军主力已经被削弱到原有实力的 70% 以下，应该不是以逸待劳的日本舰队的对手。

"渐减邀击"强调的重点是先制、奇袭、夜袭。明治四十年《帝国陆海军用兵纲领》强调："海军面对敌手时，应努力制敌机先，以歼灭其海上实力为目的。"这也是日本海军赢得日清、日俄战争的历史经验。但它在整体上是纯军事主义的产物，其立论基础是陈腐而狭隘的：日本只以美国一国为对手；战场空间跨度极大，日本需要充分的时间调动和部署部队；完全不考虑战争对经济和外交的影响，只以打赢为目标；作战部队优先，以消灭敌舰队为目标，无视后勤保障和后续力量的补充，也不向对方的类似目标进行打击。一直到1941 年底，军令部还在不厌其烦地强调"我海军之目的在于击破敌舰队，一切问题均应围绕如何击破敌舰队来展开"，"战争之目的在于消灭敌舰队中的主力——战列舰"。

"三段作战"也好，"九段击"也罢，虽然注意到了技术因素的变化和日本战略前线的拓展，但本质上仍是将对马海战和马汉的"决战论"改头换面

■ 1936年1月，日本宣布退出第二次伦敦海军会议，此时"大和"级的"超战舰"设计工作已经秘密进行了2年。"海军假日"结束后，日本立即竭尽一切力量扩充海军兵力。

88

的产物：菲律宾、关岛相当于日俄战争时期的旅顺，美国亚洲分舰队就是俄国太平洋舰队，从大西洋赶来的美国主力舰队相当于俄国第二太平洋舰队。更黑色幽默的是，珍珠港、马里亚纳、莱特湾这几次太平洋战争中的大海战，联合舰队用以勉励军心的电文，无一例外是改自对马海战中东乡大将的"皇国兴废，在此一战；各员一层，奋励努力"！在整体战略连续缺失的背景下，日本海军的领导人成功地采取"鸵鸟政策"，把关注的范围不断缩小，最后纠缠进了琐碎的战术细节修改中。

■ 20世纪30年代，与天皇（左）在一起的元帅海军大将东乡平八郎（右）。东乡的阴魂不散，对20世纪30年代日本海军战略的转型造成了巨大障碍。

太平洋战争与联合舰队的覆灭

在国家政治战略层次上确定了"南进"和对美开战之后，海军所要关注的就是纯军事问题了。作为联合舰队司令官，山本五十六在开战初期的军事战略制订上起了决定性作用。

当"舰队派"下定对美开战的决心之时，其战略决策却是与战术安排完全脱节的。"渐减邀击"的一个重要前提是日本仅以美国为对手。但在南进荷属东印度之后，日本必将同时与美、英、荷处于战争状态。假如在海军重兵投入南洋攻略作战之际，美国主力舰队早早前来进攻，那么日本将不得不停止南方作战。即使是在此状况下，重新部署舰队、层层邀击美国主力舰队也需要相当长的时间。这种要在大于欧洲面积数倍之战场上，通过持久战，自己独立维持十几年之想法是非常靠不住的。

曾任驻美武官的山本五十六深知，日本的国力和军事力量远不如美国，除了在开战之初就积极作战、先发制人，迫使美国处于守势之外，可以说别无他法。

■ 日本海军基地航空队在二战前期的主力中型攻击机——九六式陆上攻击机。九六式陆攻系山本五十六担任航空本部技术部长期间力主开发的，它的成功标志着20世纪30年代中期日本的航空设计制造技术已经达到甚至超过了世界先进水平。第二次中日战争爆发后，九六式陆攻用于对中国沿海地区的轰炸，成效显著。1941年12月10日，以该种机型为主要兵器的美幌、元山两支航空队在马来海面击沉了英国"威尔士亲王"号和"反击"号战列舰，使九六式陆攻达到了声望的巅峰。不过随着战争的进行，九六式陆攻的速度和载弹量都逐步落后，最终为一式陆攻所取代。

在 1941 年 1 月递交及川海相的《关于战备意见》中，他明确提出"要有在开战之初就决一胜负之思想准备"，"开战之初，就猛攻猛打，摧毁敌主力舰队，使美国海军与美国人民的士气沮丧到不可挽回的地步"，否定了被"舰队派"视为圭臬、以巨大空间跨度和较长时间为基础的"渐减作战"。山本甚至明确地将已经开始展现威力的航空兵作为这次奇袭作战的主力，以图实现袭击的大跨度和突然性，这的确是日本海军战略思想上一次不小的革命。

从这个角度上说，否定"渐减作战"是山本奇袭思维的亮点，因为它首先确立了一个大前提，匡正了最高决策者的头脑发热。"渐减迎击"意味着长期作战，但决策者却是抱着"打打看"的心理冒冒失失开战的，加上陆军从旁怂恿，对最终将战争进行到何种地步异常迷茫。而山本的打法意味着承认日本最终的战略目标是有限的，仅仅在于南方资源产地。因而攻击所要达到的目标也是有限的，即在开战之初摧毁美国在南方地区的力量，并使其难以在短期内得到恢复，以确保日本有足够时间实施对南方的控制。

太平洋战争之初，日军的整个作战计划大致如下：首先，进攻珍珠港、暹罗和马来亚北部，紧接着空袭吕宋岛各机场以及关岛、威克岛和吉尔伯特群岛，然后入侵香港，并在菲律宾和婆罗洲登陆；其次，占领马来亚全境、新加坡、俾斯麦群岛、缅甸南部以及荷属东印度的战略要塞；最后，通过一系列的作战行动，攻占荷属东印度的全部领土，并占领缅甸全境和印度洋上的某些岛屿。日本计划耗时 150 天完成以上动作，随后建立起稳固的防御圈以消化战果。事实证明，奇袭策略是有效的。珍珠港一役，日军以微弱损失击沉击毁美军战列舰 5 艘、击伤 3 艘；仅仅 3 天后，基地航空队又在马来海面击沉了英国 Z 舰队的"威尔士亲王"号战列舰和"反击"号战列巡洋舰；1942 年 2 月 15 日，新加坡守军投降。3 月 9 日，荷属东印度陷落，日本得到了梦寐以求的婆罗洲油田；5 月 6 日，整个菲律宾最后还在抵抗的部分——巴丹半岛也向日军投降。人类战争史上速度最快、范围最广的胜利之一诞生了，而日本人付出的代价却只有 15000 名士兵、380 架飞机和 4 艘驱逐舰。

■ 在日军突然空袭下难以招架的美国战列舰，有5艘被击毁、3艘被击伤。

■ 珍珠港攻击中，第二波攻击队正自"瑞鹤"号起飞。

■ "一个遗臭万年的日子"——1941年12月7日，珍珠港中，美国战列舰熊熊燃烧。自那一天起，"记住珍珠港"就成为美日关系中挥之不去的情结。

■ 1942年，日本工人开启修复后的婆罗洲油井。1943年后，婆罗洲原油的出产量恢复到战前的75%，使分布在南洋的联合舰队主力重新具备了进行战略决战的可能性。

92

■ 1942年2月14日，占领新加坡的日军在位于西乐索的英军炮台顶部欢庆。次日，英军总指挥帕西瓦尔中将宣布投降。

■ 根据历史照片复制的蜡像：帕西瓦尔向山下奉文递交投降书。蜡像现存西乐索炮台投降地原址。

接下来的仗怎么打？

抛却战略意义不大的印度洋作战不论，如果把日本开战后半年中取得的胜利看作奇袭战，那么接下来就应该是正面攻击战了。但这一阶段恰恰不在山本五十六事先估计的范围内：按照他的推断，完成第一阶段作战后，应该挟新胜之利与美国达成停战，巩固既得利益，但战局的发展显然有变为长期化的趋势。围绕下一阶段作战的思路，大本营海军部（即原军令部改称）、陆军部和联合舰队司令部发生了严重的分歧。

山本五十六认为，在工业实力强大的美国彻底开动起来之前，日本唯一的希望就是继续前进、力求速战速决，令美国人一时无法承受损失而倾向和平。因此，他主张消灭美国在夏威夷的基地，以防止美军重返中太平洋；而大本营海军部则倾向于发动攻势，占领新几内亚和俾斯麦群岛，以切断美国和澳大利亚的联系，他们甚至制订出了登陆澳洲的计划。陆军则反对继续扩大正面，主张以现有的马蹄形占领区为基础，构筑堡垒形阵地，将中心放回大陆上来。讽刺的是，恰恰是开战前希望打有限战争的日本海军，在"胜利病"蔓延下决定了继续拉长战线。到1942年3月，由于美国将澳大利亚建设为反攻跳板的迹象已经很明显，军令部的方案占了上风。但恰在此时，发生了杜利特空袭东京的事件（1942年4月18日）。

杜立特空袭造成的直接损失微乎其微，但它为山本在中太平洋地区发动新的攻势提供了契机。5月5日，军令部总长永野批准了山本五十六力主的中途岛作战计划。中途岛攻略的目标有二：首先，扩大日本现有的防御圈，获得一个监视珍珠港的前哨；其次，也是最重要的目标，引诱美军太平洋舰队主力前来决战，并将之歼灭。如果顺利达成，此后至少一年到一年半的时间内，日本不必担心美军反攻西太平洋。

问题在于，在发动中途岛进攻的同时，海军并没有中止在西南太平洋地区的行动。日本实际上是同时在打两场战役，而且中心还相距甚远。5月初，在珊瑚海海面发生的激战中，日军了损失1艘轻型航母和77架飞机，且构成舰队核心的机动部队单位之一——第5航空战队（"翔鹤""瑞鹤"）损失严重、不得不回国整补，使接下来用于中途岛作战的南云忠一机动部队一下子损失了1/3的实力，而西南太平洋战局也没有取得任何突破，可以说是得不偿失。

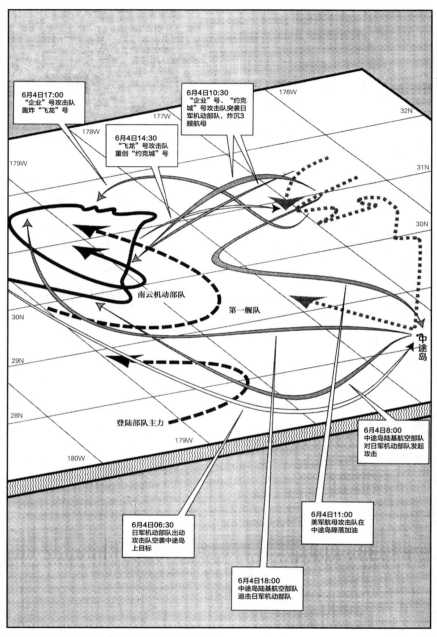

6月4日17:00
"企业"号攻击队
轰炸"飞龙"号

6月4日10:30
"企业"号、"约克城"号攻击队突袭日军机动部队，炸沉3艘航母

6月4日14:30
"飞龙"号攻击队重创"约克城"号

177W

176W

178W

32N

179W

31N

30N

南云机动部队

第一舰队

30N

中途岛

29N

28N

登陆部队主力

179W

180W

6月4日8:00
中途岛陆基航空部队对日军机动部队发起攻击

6月4日06:30
日军机动部队出动攻击队空袭中途岛上目标

6月4日11:00
美军航母攻击队在中途岛降落加油

6月4日18:00
中途岛陆基航空部队追击日军机动部队

■ 中途岛海战（1942年6月4日—6日）全程态势图。

　　至于中途岛战役这场联合舰队 70 年来的第一大战，无论是战役的主要倡导者山本五十六，还是具体设计中途岛作战（MI 作战）的联合舰队作战参谋黑岛龟人（1893—1965），在实际操作中都出现了重大失误。为转移美军对实际战役目标中途岛的注意力，MI 作战设置了一个遥远的次要作战区域阿留申群岛，并计划在 6 月 3 日首先空袭该地区；随后，6 月 4 日，南云中将的第一机动部队（4 艘航母）将空袭中途岛机场，瘫痪其反击能力并在附近建立水上飞机基地。在其后方约 500 千米处是由 7 艘战列舰、3 艘巡洋舰和 21 艘驱逐舰组成的庞大主力部队，由山本亲率。6 月 6 日，日军开始登陆中途岛。山本预计，在严格保密的情况下，美军要到登陆开始的 6 月 6 日才会开出珍珠港，这样正好落入山本的罗网；而如果美军将阿留申群岛方向判断为主战场，提前出动，则可能遭到日军南、北两支舰队的夹击。决战中以机动部队为先导，战列舰队随后跟进进行歼灭作战。

　　然而，如此庞大精密的计划，对个中所有部分都有明确的分工安排，也注定了其在灵活性上的欠缺。特别是其中的不可思议之处——一切围绕着登陆部队运转。因为无论登陆中途岛还是攻占阿留申群岛，都只是次要的战术任务，真正的目标是诱出美国舰队主力并予以消灭；但在实际作战中，日军优先考虑的却是战术需要。例如，不等待第 5 航空战队补充完成就发起作战，而原因之一是 6 月初的月光可以为登陆提供理想的光照；整个舰队的行动又必须考虑到行动缓慢的运输船队。从集中力量的基本军事原则上说，分出 2 艘航母前往阿留申群岛已是败笔，而主战场中减少到 4 艘航母的南云舰队也无力同时空袭中途岛和消灭拥有 3 艘航母的美军主力舰队。当破译了日方情报的美国舰队在 6 月 4 日突然出现在中途岛海面时，所谓的"命运的五分钟"也就只是日本人一块可怜的遮羞布罢了。

　　中途岛的惨败虽然严重，但并非终结。之后的瓜达尔卡纳尔战役才是揉碎日本帝国命脉的"血肉磨盘"。受运输能力和燃料的限制，日本无法一次性投入占有绝对优势的力量改变战局，只有陷入可怕的持久战，"不会打仗"，尤其是不会在占据相对优势的局面下打仗的问题也完全暴露了出来。

　　日本在战争初期能取得胜利，是以有针对性的计划，以及"精兵战略"下训练出的优秀海军航空兵及其装备为基础的。但随着战争的旷日持久，这点微薄的优势也迅速消耗殆尽；与此同时，战略指导的陈腐与短视，对关键性技术因素的忽视（尤其是情报战和雷达），在用兵、用人上的种种失误却日益暴露出来。以"决战主义"为目标、在"舰队派"主导下建成的联合舰队虽然拥有强大的火力和进攻机器，在正面作战中表现良好，却没有相应的后勤补给与保障措施，也不重视对敌方类似目标的打击。结果时间越长，敌人补充和增长得越快，自身却始终处于不断萎缩之中，最终决定了日本海军在太平洋战争中难逃失败的命运。而决定这一切的最根本前提恰恰是：资源和国力贫乏的日本根本不足以应对一场持续达数年之久的现代总体战争。

在瓜达尔卡纳尔的战役中，日本海军有2362名飞行员战死；之后持续达

■ 1943年10月22日，停泊在特鲁克环礁的日军机动部队主力——第一航空舰队，当时包括"翔鹤""瑞鹤""瑞凤"3艘航母。

■ 日皇裕仁"御临幸"武藏号，1943年6月24日，柱岛泊地。裕仁此行是在山本死后鼓舞海军士气之举。当日，他于11：03登舰，在舰内外巡览一番后于舰桥下方与舰上主官合影，14：25退舰。裕仁（前排中央）右侧是高松宫亲王，左侧是宫内大臣松平恒夫。

一年半的所罗门基地航空战中，日本海军更是损失了 7096 架飞机和 7186 名飞行员。开战时的精兵已经损失殆尽，但战情十分紧迫，为满足前线需要，飞行员的训练时间不得不受大幅缩减，仅完成起降、编队、投弹等基本科目的操演，航空队就被匆匆派上前线。到 1944 年初，绝大多数日本海军飞行员只能接受不到 300 小时的飞行训练，而他们的对手美国飞行员则是在 500 小时以上。海军主力第 1 航空战队搭载的第 601 航空队一半以上飞行员只有 9 个月空中经验（自飞行学校毕业起），与开战前航母飞行队 14% 的新手率相比，有 51% 的飞行员是刚刚结束训练课程、从未参加过实战的"菜鸟"。"那些在战前甚至连做梦都没有想过能接近战斗机的人，现在都被派出去打仗了。"

由于体制问题，日本陆、海军之间的矛盾一直未能获得解决，要实现作战上的配合，以及开展统一作战都极为困难。而根据明治宪法，负责作战、用兵的军令系统是与政府体制内的军政系统（陆、海军两大臣）独立的，作为统帅机关的陆军参谋本部和海军军令部将军队视为私产，甚至对首相和政府也多有隐瞒。在担任军令部第一部（作战）部长的福留繁主使下，海军对东条首相隐瞒了中途岛战败的情况，直到一个多月后，东条才从其他途径得到了 4 艘航母沉没的惨痛消息。不过这班人虽然仗没打赢，脾气倒是越来越大。1942

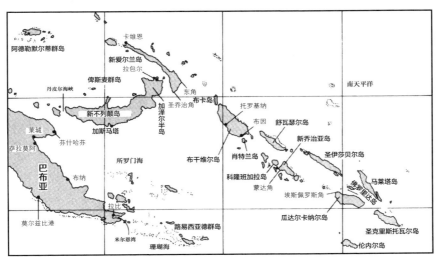

■ 所罗门群岛周边岛屿分布图。整个1942年夏至1944年春，这里都是美日双方争夺的焦点，也是榨干日本帝国血液的"磨盘"。

年 12 月 6 日深夜，参谋本部第一部（作战）部长田中新一在首相官邸直接向首相兼陆相东条要求加征夺回瓜岛所需的船舶，当东条表示不同意时，田中竟指着后者的光头大骂"八嘎"！

1943 年 9 月 30 日，御前会议通过大本营制定的《今后应采用之战争指导大纲》。新大纲的核心在于，中止自瓜岛撤退以来在东南太平洋方面持续进行的日美消耗战，抓紧时间建立"绝对国防圈"，以求得战略缓冲；在此期间，

■ 太平洋战场美军反攻态势图（1942年8月—1944年7月）。①1942年8月7日，美军登陆瓜达尔卡纳尔岛。1943年2月7日，日军自该岛撤退。②1943年5月29日，阿图岛日军守备队"玉碎"。③1943年9月4日，美军登陆莱城。④1943年11月1日，美军登陆布干维尔岛。⑤1943年11月25日，马金岛、塔拉瓦岛日军守备队"玉碎"。⑥1944年2月2日，美军登陆夸贾林岛。⑦1944年2月29日，美军登陆阿德勒默默尔蒂岛。⑧1944年4月22日，美军同时在艾塔佩和霍兰迪亚登陆。⑨1944年5月27日，美军登陆比亚克岛。⑩1944年6月15日，美军登陆塞班岛。⑪1944年6月19—20日，马里亚纳海战。⑫1944年7月21日，美军登陆关岛。⑬1944年7月31日，美军登陆桑萨波角。

力求迅速充实以航空兵力为中心的陆海军战力，以主动对付美军反攻高潮。换句话说，大本营已经决定放弃自开战以来一直采用的"速战速决"战略指导，确立持久战方针。"绝对国防圈"的范围包括千岛群岛、小笠原群岛、内南洋中部和西部以及新几内亚西部、巽他、缅甸等地区，最前沿由班达海（位于南摩鹿加）方面后撤至东西加罗林诸岛—马里亚纳群岛一线。在"绝对国防圈"范围内，日军既要保持内线打击敌人的自由，又要阻止敌军空袭防卫圈内重要的资源产地和交通线，至少维持一到两年时间。在两年后，当日军力量已经足以恢复到发动大规模攻击时，再相机选取地点，进行战略决战。

■ 1943年底，大本营海军部（原军令部）的参谋们正在研究作战方案。

■ "马里亚纳火鸡大猎杀"——1944年6月19日白昼，正在甲板上观看空战情形的美军第58特遣舰队官兵。照片从巡洋舰伯明翰号上拍摄，日机爆炸引起的烟火在舰队上空绵延达50千米。当天日军机动部队损失飞机310架以上，已经注定了失败的命运。

■ 1943年，停泊在特鲁克泊地的联合舰队主力。画面正中为旗舰武藏号，上方为97舰攻编队。将近一年时间里，日美双方没有发生大规模海战，双方都在积蓄力量。

■ 惨淡的战局中，首相兼陆相东条英机参拜靖国神社。为加强战时统制，东条于1944年2月兼任参谋总长，实现了国务、统帅权的一体化。

　　问题在于，日本政府采纳"绝对国防圈"建议之时，美军的反攻已经开始了一年多，并且势头越来越猛。而"绝对国防圈"的建成和巩固至少还需要一年半的时间，以日本捉襟见肘的国力，要在如此之长的时间内维持这样一条防线并拒绝与美军进行消耗性交战，无异于痴人说梦。美国人很快就打上门来，逼迫着来不及完成飞机增产和船舶征用的日本人提前进行决战。1944年6月，美军兵发马里亚纳群岛，日军不得不动用其两年来积蓄的全部力量，发动战略决战"阿号作战"。

发生在菲律宾洋面上的"阿号"航母决战，日方称"马里亚纳海战"，美方称"菲律宾海海战"。象征着日本海海战荣光和东乡元帅亡灵的Z字旗，在联合舰队的历史上第三次升起。不独如此，"阿号作战"还被视为日本海军30年来精炼的对美渐减战略的集大成者，具有总决战的意义。经此一役，日本海军丧失大型航母3艘、舰载机600余架，两年来惨淡经营所积聚的反攻力量被完全摧毁。更具历史意义的是，"阿号作战"的惨败有力地证明：即使是在作战计划完备、战术设计高超、握有天时地利和先发制人的情况下，联合舰队也已经没有能力取得一场大规模决战的胜利了！到莱特湾之战后，联合舰队大型舰艇损失殆尽，再也无力改写战局。

"战争前途本来一清二楚，但又不能不打这场战争，我国的悲剧也就在这里埋下了根源。这场战争一定要打下去……而奇迹却始终没有出现。"（渊田美津雄语）

→ 总结：近代日本海上战略的验证 ←

"夫庙算多者，胜算多矣；庙算少者，胜算少矣。"对于孙子的这番论断，如果让日本海军大小官僚们来看，恐怕会大呼冤枉。日清、日俄两战皆胜，由亚洲大陆边缘一个不起眼的岛国一跃而居世界列强之林；签订《华盛顿海军条约》后，20年苦心孤诣，最终催生出一套精确到单个数字的完整战务；开战初期的珍珠港大捷、马来、印度洋海战胜利更是震惊西方。"庙算"不可谓不多，但为何胜算最终如此之少？

日本人推崇的东方哲学中，孔子曾言及"与三代之英"的"大道"，而日本海军领导人在"大道"不通的情况下，将"小道"钻研得精深透彻。参"小道"者最大的缺憾在于全不讲"大道"。对日本及日本海军而言，最大、最深刻的问题不在其自身，而在日本这整架国家系统上。"人治"背景下的日本国是始终受到军事官僚集团的操纵，出发点不是国家的长远战略目标，而是军部乃至军种自身的利益，海陆军概莫能外。其另一个弱点是棱角分明、极其缺乏弹性，因而面对突发事件往往采取"断然"之举。

■ 1944年，在东京出席"大东亚会议"的亚洲"精英"们。前排自左至右依次为：缅甸总理乌·巴莫、"满洲国"总理张景惠、"中华民国国民政府"行政院院长汪精卫、泰国代总理旺·外塔亚孔亲王、菲律宾总统何塞·劳雷尔、"自由印度临时政府"首脑钱德拉·鲍斯。这次会议是日本将"大东亚共荣圈"实体化、营造"新亚洲"氛围的尝试，但实际成果有限。

在国家决策机制整个失控的情况下，日本海军既没有也不可能以一己之力改变此状况（华盛顿会议后"条约派"的失势即为一明证），相反却步步后退、自缚手脚。最初，海军希望成为影响整体国家战略的主导力量，在取得东北亚绝对控制权之后推行内聚型发展战略；但在经济危机、陆军得势的形势下，海军很快缩入了只关注军事问题的小战略中。而海军中的"舰队派"在这方面更为偏颇，居然一步步走进了单纯进行军备建设和战术打法钻研的死胡同。层层的鸵鸟战术、层层的不见泰山，以"凤凰涅槃"自居，最后历经千辛万苦，孵出的却是一只飞不起来的野鸡。40年日久天长，日本的海上战略不是在持续进化和发展，而是在不断退化和萎缩，最后竟变为单纯的战术安排。

马汉对日本海军的影响可谓重大。尽管佐藤铁太郎更多地受教于菲利普·柯隆布和德川家康，但马汉至少在为日本海军的理论家们证明某些至关重要的原则方面起了不可替代的权威作用①。马汉所强调的集中、内线原则都为日本所遵循，日本海军也始终在追求主力会战的机会，将敌舰队视为主要攻击目标。但马汉所关注的另一焦点"基地"则不甚为日本人所重视。"日本海军有一种特殊的性格，这就是对于基地间的相互支援、输送能力及与敌军基

---

① 马汉本人将这种作用夸张地描述为："就我所知，我的著作在日本较其他国家更为盛行。"

地的距离等问题不善于进行具体而又详细的研究。""渐减邀击"是一种更趋向防御性的静态战略，很大程度上由于地理位置的关系，日本人从未在太平洋上经营起类似夏威夷的综合性前进基地。反而是当战争后期进入败退之后，日军在菲律宾和太平洋的某些岛屿上构筑起了坚固的工事。不过这时战场环境发生了急剧变化，"跳岛战术"使美军不再逐一对付这些孤立的目标，而是借助机动性和封锁战术将其悉数克服之。

从根本上说，基地概念的缺失也是日本海军战略目标为他人所左右的后果。

■ 即使是在战争最激烈的关头，日本陆海军间的倾轧也未平息。陆、海军各执一端，分散了本来就不足的战争资源，使日本的溃败来得更加迅速。图为由日本陆军自行开发的护航航母"秋津丸"。

■ 日本投降时的战列舰"长门"号。当时该舰已经改为横须贺镇守府附属的防空浮炮台，烟囱和后桅均已拆去。为增强隐蔽性，炮塔和舰桥涂上了浓绿和灰相间的迷彩。

马汉认为必须根据各战略点的关系位置与距离、连接信道构成"战略线"，以巩固一个国家的海外事业根基与实力。但 1941 年日本最重要的战略点却是在大陆上，海军只是大陆政策的机械配合者，不足以也无从转换为以海洋为中心的攻势思维；所谓"南进"只是仓促中的决策，长期准备全未做好。这也印证了佐藤铁太郎所认为的日本资源有限、不足以进行对外扩张的观点。在这种情况下断然做出开战决定，海军领导人（尤其是军令系统）必须负相当责任。

仅就军事角度而言，无论佐藤铁太郎、秋山真之还是山本五十六，他们为日本海军设定的整体战略都是防御性而非进攻性的，进攻在这一体系中仅仅是必要的威慑手段。日本海军在其基础设定中以逸待劳，采取哀兵姿态来迎接美国优势舰队进攻。因此当 20 世纪 30 年代后期海军高层的"舰队派"逐步走向扩张主义时，这种战略就无法应对新局面了。"舰队派"分子抱着侥幸的"打打看"心理迈出了"南进"扩张的步伐，但其与扩张步骤相对应的军事战略却是长期、守势的"渐减迎击"；山本五十六比军令部的幕僚们清醒得多，力主在开战之初给予美国舰队毁灭性打击，但也仅此而已——他不过是一个更高级的机会主义者，内心也期盼"国际局势"发生变化，迫使美国坐下来谈判。而这个"国际局势变化"则是寄托在德国继续获胜基础上的，这对苦练内功 30 余年的日本海军，实在是莫大的讽刺！

单纯说日本在太平洋战场上最大的失误，那显然是片面追求舰队决战而放弃了对交通线（补给线）的控制。马汉一贯强调保护作战线与交通线，以战术攻势来造就战略守势。他曾引用拿破仑的名言"战争的艺术，是以机动疏散而求生存，以迅速集中而备战斗"来印证其看法，强调战争不完全是定律，而是若干大原则的运用，切不可墨守成规。佐藤铁太郎阅读过科贝特的《绿色小册》，也曾提及水道与交通的重要性，可惜并未引起之后的日本海军领导人重视。

即使仅自"渐减作战"本身论，那也是一种 19 世纪式的陈腐思维，理应随着对马海战的结束和东乡平八郎的牌位一起搁进靖国神社。航空技术的进步、战场空间和维度的拓展呼唤着适应时代发展的全新战术，而不是在原有的规划上不断进行"补锅匠"式的修订。在总体战时代，只有占据最充分资源、并能对其进行充分动员的系统才有希望赢得最终的胜利。单靠某种超级武器或某次单一战斗的胜利就能赢得战争，不过是秩序挑战者们一厢情愿的幻想。

从泗水到巽他

ABDA 联合舰队覆灭记

作者：张宇翔

1942 年新年来临时，菲律宾的盟军军队对日军来说已经无足轻重，后者将侵略的下一步目标指向了荷属东印度。日本对这一地区储量丰富的石油、锡、镁、镍、铝土、橡胶、煤和粮食以及其他战略资源垂涎已久，一旦完成占领，这些资源将几乎可以满足其全部需要。同时，这一地区也是盟军所谓"马来屏障①"（Malay Barrier）的组成部分。日军一旦占领了这一地区的一系列重要海峡，将获得侵入印度洋的入口，向东可威胁英属印度，向西则可进攻澳大利亚西海岸。

盟军成功地判断出了这一动向，尽力向东印度地区和新加坡集中部队，并于 1942 年 1 月 15 日建立了 ABDA②联合司令部，试图协调四国在东南亚以及荷属东印度的防卫行动。但是自从 1941 年 12 月 20 日英属婆罗洲（British Borneo）的达沃（Davao）陷落以来，日军的入侵步伐并未受到迟滞。一方面是由于日军较盟军来说，在兵力以及素质方面占优；另一方面是因为联军的四个成员同床异梦，各怀心思：美国打算反攻菲律宾，英国希望全力固守新加坡，荷兰指望守住荷属东印度，而澳大利亚则期望阻止日军可能实施的对该国的入侵。语言上的障碍更使得 ABDA 联合司令部运转低效，一位荷兰军官就曾记录说："（司令部里）谁也不知道别人在干什么。"

远东的欧洲殖民者各怀鬼胎，但日军已马不停蹄地继续席卷而来。此时，老强盗们可以用来抵抗新强盗的，只各自分布在远东海域各地的殖民地舰队。

➝ 向爪哇的节节败退 ⟵

1942 年 1 月 11 日，西里伯斯（Celebes，现名苏拉威西）东北的万鸦老（Menado）和科马（Kema）陷落；次日，荷属婆罗洲（Dutch Borneo）的塔拉坎（Tarakan）陷落。塔拉坎的陷落尤为灾难性，因为当地荷兰守军在撤退前并未破坏机场设施，将完好无损的机场留给了日军。日军航空兵随即进驻此地，

---

① 即从北起马来半岛（Malay Peninsula），南至新几内亚（New Guinea）的一连串大型岛屿。
② 指代美国（America）、不列颠（British）、荷兰（Dutch）、澳大利亚（Australia）四国，这一称呼最早出现于战前日本报纸，日方称这四国的合作为对日本的"ABDA 包围圈"。

■ 向南洋挺进中的日本运输船，船上载满了日本陆军的进攻部队。

■ 占领婆罗洲油田后留影纪念的日本陆军，"南方资源的宝库"已经向日本帝国打开了门户。

很快就利用塔拉坎的机场夺取了附近地区的制空权。

　　1 月 21 日，日军由塔拉坎出发，于 24 日在巴厘巴板（Balikpapan）登陆，所幸荷兰守军在撤退之前破坏了当地的石油设施。同日，另一支日军部队在肯达里（Kendari）登陆，夺取了当地的一个机场，并以此为基地将东爪哇划入了日军航空兵的攻击范围。2 月 9 日，望加锡（Makassar）陷落，同日日军在苏门答腊的邦加岛（Banka）登陆，并于 16 日占领了苏门答腊的重要港口巨港（Palembang），但这一次荷兰守军没有能及时复制他们在巴厘巴板的成功，日军在当地完整地获得了他们梦寐以求的油田。2 月 10 日，马辰（Banjarmasin）陷落。至 2 月 15 日，被称为"拱卫南方资源宝库的两个看门人"之一的新加坡要塞也陷落于日军手中。

在这节节败退的一个月内，盟军海军也做出过一些努力。首先在1月24日日军登陆巴厘巴板时，美国海军第5驱逐舰分队的4艘驱逐舰"约翰·福特"号（John D. Ford）、"波普"号（Pope）、"帕罗特"号（Parrott）和"保罗·琼斯"号（Paul Jones）冲进了日军锚地并发起了攻击。在当日凌晨3时至4时的突击战中，它们击沉了日军3艘运输船和1艘巡逻艇。此外，盟军还零星取得了击沉1艘驱逐舰、2艘扫雷艇、1艘潜艇和4艘运输船的战绩。2月4日，盟军方面还组织了一支舰队前往望加锡海峡（Makassar Strait）作战。该舰队包括4艘巡洋舰和8艘驱逐舰，由荷兰海军少将杜尔曼（Doorman）指挥，试图重演在巴厘巴板的成功。当日该舰队在望加锡附近遭到日军空袭，在

■ 日本东京于占领新加坡后举行的"祝捷大会"，图中央光头、高举双臂者即为东条英机。东条作为最激烈反对从中国大陆撤军、对美妥协让步的日本内阁成员，他在将国家导向战争的道路上起到了重要的作用，并以实际行动挤兑了所有不愿意负战争责任的同僚，终于在战争爆发之前荣登日本首相一职，而此刻正是他事业的"顶点"。不过这个世界是公平的，他将在3年以后为自己的所作所为付出代价，在未来的几年之内日本也将因为所有"爱国者"的努力而付出数百万人生命和鲜血的代价。

■ 1942年5月6日，向日军献城投降的科雷吉多岛守军。截至此时，这个标榜着"自由"和"民主"的美利坚合众国40年前依靠消灭100万当地人强行占领的菲律宾群岛，尽数陷入日军手中。至此，整个南洋地区，仅剩靠近澳大利亚的部分地区还在继续抵抗，其余已经尽入日军囊中。西方殖民者在侵入这片富饶之地300余年后，居然是以被东方魔鬼一般的侵略者驱逐的方式宣告离开，这不能不说是历史的一种莫大的讽刺。

这场战斗中美国海军"休斯敦"号（Houston）重巡洋舰的后主炮塔被日军航空兵投下的穿甲弹击中并损坏，从此之后该舰只有 6 门 203 毫米主炮可以作战。另一艘美国轻巡洋舰"马波海德"号（Marblehead）吃了 2 枚炸弹和 1 枚近失弹，受损严重。杜尔曼的旗舰荷兰海军"德·鲁伊特"号轻巡洋舰（HrMS De Ruyter）也被击伤。突击舰队被迫返回芝拉扎（Tjilatjap），"马波海德"号在此经过暂时修理后前往锡兰（Ceylon，今斯里兰卡）。2 月 14 日，盟军海军又出动一支舰队前去攻击一支位于苏门答腊海岸附近的日军船队。这支舰队包括旗舰荷兰海军轻巡洋舰"德·鲁伊特"号、"爪哇"号（HrMS Java）、"特罗姆普"号（HrMS Tromp），澳大利亚海军轻巡洋舰"霍巴特"号（RAN Hobart），皇家海军重巡洋舰"埃克塞特"号（HMS Exeter），荷兰海军驱逐舰"范·格恩特"号、"皮特·海英"号（HrMS Piet Hein）、"班克特"号（HrMS Banckert）、"科顿纳尔"号（HrMS Kortenaer），以及美国驱逐舰"斯图尔特"号（Stewart）、"巴克"号（Barker）、"布尔默"号（Bulmer）、"约翰·爱德华兹"号（John D. Edwards）、"皮尔斯伯里"号（Pillsbury）和"帕罗特"号（Parrott）。

■ "奥马哈"级轻巡洋舰"马波海德"号，该舰在 2 月 4 日于望加锡附近遭到日军飞机攻击，船舰受损。

■ 图为"马波海德"号回到锚地后紧急抢修时的情景。

在这场被称为"加斯帕尔海峡之战"（Battle of Gaspar Strait）的战斗中，"范·格恩特"号搁浅，"巴克"号和"布尔默"号被来自日军"龙骧"号航空母舰的航空兵炸伤，被迫前往澳大利亚。2 月 18 日，日军在巴厘登陆，杜尔曼率领部分兵力分三批前往攻击。尽管总兵力上占优（盟军方面 3 艘荷兰轻巡洋舰、2 艘荷兰驱逐舰、6 艘美国驱逐舰，日军方面 4 艘驱逐舰），但是在这场发生于 2 月 19 日—20 日夜间被称为"万隆海峡之战"的战斗中，盟军付出了较日军更大的损失，却仍没达到阻止日军登陆的目的。

值得注意的是，在这场海战后，日方指挥官安倍敏夫大佐汇报的战果为"击沉2艘巡洋舰、3艘驱逐舰，重创2艘驱逐舰。"相比盟军方面的实际损失[1]，这份报告显然是灌了水，但是考虑到夜间确认战果的难度，这种灌水并非是不可原谅的。根据这一报告，山本五十六大将解除了机动舰队主力支援爪哇入侵舰队的任务，将其转移至爪哇以南的印度洋海域。这次海战因此可算作日后日军指挥机构习以为常地根据灌水越来越严重的战报来指挥战斗的滥觞。

简而言之，截至2月末，盟军没能成功阻止任何一次日军登陆行动。

新加坡和巨港的陷落，标志着盟军在远东的兵力已经被分割在两个相距甚远的战场上——缅甸和东印度。至2月底，整个东印度只有爪哇和零星的据点还在盟军手中。

日军对爪哇的入侵已经不可避免，参与这一攻击的日本陆军为由今村中将指挥的第16军，而为该军提供护航的是由日军第二舰队司令近藤海军中将指挥的南方部队。2月18日，日军准备入侵西爪哇的部队搭乘56艘运输船从金兰湾起航，其目的地为默拉克（Merek）和万丹湾（Banten Bay）。该部的护航队由原显三郎海军少将指挥，下辖第5、第6、第11、第12、第22驱逐舰分队，"龙骧"号航空母舰，第7战队和其他一些舰只。次日，准备入侵东爪哇的部队搭乘41艘运输船从霍洛岛（Jolo）出发，其目的地为格拉干（Kragan）。为其提供护航的是由西村祥治海军少将指挥的舰队。掩护舰队由高木雄武海军少将指挥，包括第2、第4两个水雷战队和第5战队的2艘重巡洋舰。日军计划两支部队在2月28日同时登陆。

此前，在2月14日，荷兰海军中将海夫里奇（Helfrich）接替美国海军上将哈特（Hart）成为盟军海军部队司令官。为了迎接迫在眉睫的日军入侵，海夫里奇将盟军舰队分为两部。东突击编队由荷兰海军少将杜尔曼指挥，下辖"休斯敦"号、"德·鲁伊特"号、"爪哇"号，以及驱逐舰"威特·德·威斯"

---

① "皮特·海英"号沉没、"特罗姆普"号受重创、"斯图尔特"号受伤、"爪哇"号和"帕罗特"号受轻伤。

■ 停泊在澳大利亚达尔文港的重巡洋舰"休斯敦"号（右），左侧为1艘平甲板型驱逐舰。照片摄于1942年2月初。

号（HrMS Witte. de With）、"科顿纳尔"号、"班克特"号[1]、"保罗·琼斯"号、"约翰·福特"号、"约翰·爱德华兹"号和"奥尔登"号（Alden），以泗水（Surabaja，又名苏腊巴亚）为基地，此时该港已经在日军航空兵打击范围内，后者每天都会来此"拜访"，顺便留下炸弹若干；西突击舰队由澳大利亚海军上校柯林斯（J.A. Collins）指挥，下辖皇家海军重巡洋舰"埃克塞特"号，轻巡洋舰"龙"号（HMS Dragon）、"达娜厄"号（HMS Danae），驱逐舰"伊莱克特拉"号（HMS Electra）、"遭遇"号（HMS Encounter）、"朱庇特"号（HMS Jupiter）、"斯科特"号（HMS Scout）和"特尼德斯"号（HMS Tenedos），澳大利亚轻巡洋舰"霍巴特"号，以及荷兰驱逐舰"艾弗森"号（HrMS Evertsen），以丹戎不碌港（Tanjong Priok）为基地。此外澳大利亚轻巡洋舰"珀斯"号（RAN Perth）于 24 日加入了西突击舰队。在紧急情况下，这两支舰队将合并出击，不过眼下两支舰队都缺乏燃料。此外，由于长时期作战，盟军各舰人员都很疲惫，被击伤或因故障而导致的损害尚未完全修复。由于日军掌握着制空权，盟军无论是在泗水港还是在芝拉扎港，相应的维修设施都非常缺乏。

　　2 月 25 日，一架荷兰飞机发现了日军的东爪哇入侵部队。海夫里奇将军在收到这一情报后，认为日军将先在东爪哇登陆，于是立即命令"埃克塞特"号、"珀斯"号、"伊莱克特拉"号、"遭遇"号和"朱庇特"号离开东突击舰队前往支援杜尔曼。26 日，盟军会师。在最后一次会议上，杜尔曼显得信心满满，他希望在击退日军东入侵部队之后全军挥戈西进，以击退日军西入侵部队。鉴于日军采用的是向心作战线，杜尔曼打算利用内线作战地位各个击破，这一构想倒也不错，但问题是，盟军有没有能力逐一打掉两支日军呢？

---

　　① 该舰 24 日在泗水港被日军航空兵重创。

在叙述杜尔曼舰队如何迎来最后的命运之前，本文先简单介绍一下盟军西突击舰队其余舰只的命运。26日，日军飞机发现了盟军西突击舰队。日军遂分出4艘巡洋舰和3艘驱逐舰试图拦截西突击舰队，但后者在双方接触前就撤退了。次日，在皇家海军少将亚瑟·帕里瑟（Arthur Palliser）的强硬下，海夫里奇被迫同意让剩余的英国和澳大利亚舰提前开往锡兰。除了"艾弗森"号之外，这些舰只及时地赶在日军到来之前，经由巽他海峡（Sunda Strait）西撤，暂时逃出生天。

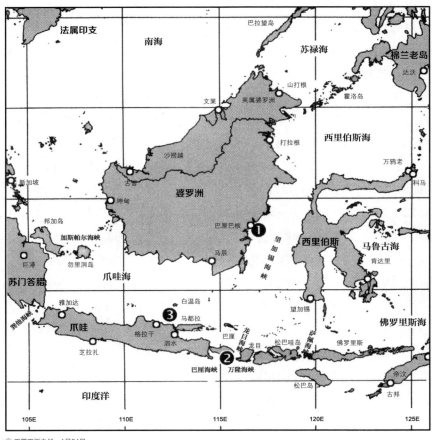

① 巴厘巴板之战，1月24日
② 万隆海峡之战，2月19日—20日
③ 爪哇海战，2月27日

■ 荷属东印度地图及主要海战，1942年1月—2月。

⇥ 爪哇海上的对峙 ⇤

现在把注意力转回杜尔曼舰队。

26日晚18∶30[1]，杜尔曼率领他的舰队离开了泗水港。此时，盟军舰队上下的士气还是比较高昂的。

尽管盟军方面5艘巡洋舰共可携带11架飞机，此外驱逐舰"威特·德·威斯"号和"科顿纳尔"号也可各携带1架飞机（"爪哇"号和2艘驱逐舰未装备飞机弹射器），但是在出发时各舰均没有携带飞机。

这主要是出于3点考虑：

首先，飞机燃油库容易遭到攻击并起火[2]；

其次，杜尔曼指望会遭遇一场夜战；

最后，杜尔曼认为有望得到泗水岸基飞机的支援。但是，由于组织和联络上的关系，在后来的作战中杜尔曼并不能得到岸基飞机的支援。

此外，2艘驱逐舰若搭载飞机，将影响2门后主炮的作战。

■ 荷兰海军卡莱尔·杜尔曼少将（左图）以及他的坐舰"德·鲁伊特"号轻巡洋舰（右图，照片摄于1936年该舰舾装期间）。与许多东印度群岛殖民地军官一样，杜尔曼少将亦竭力想阻击日本的军事入侵，即便是面对万分不利的危局。

---

① 盟军方面时间。下文若无特殊说明，时间一概为盟军时间。日方时间为盟军时间加1小时30分。

② 这并不奇怪，日后"声望"号战列巡洋舰在1943年第一次改装中拆除舰载机弹射设备时，也是将这点做为主要考虑原因之一。

没有携带飞机出战，将对未来的海战进程产生严重的影响。相反，尽管日军方面得不到远在印度洋的机动舰队航空力量的支援，但是他们的 4 艘巡洋舰均携带有水上侦察飞机，这些飞机在未来的战斗中表现活跃。

■ 正使用5英寸高射炮对空射击的"休斯敦"号。

26 日至 27 日夜间，荷兰布雷舰在爪哇北岸布设了一个雷场。根据当时的报告，这个雷场位于格拉干和马都拉（Madoera）之间，具体范围在南纬 6 度 47 分 50 秒、东经 112 度 04 分 50 秒与南纬 6 度 51 分 10 秒、东经 112 度 18 分之间，深度为 20 米。遗憾的是，这一位置并不十分准确，这将在以后的作战中造成一定影响。

整个 26 日至 27 日夜间，杜尔曼都在东爪哇和马都拉岛北岸巡航。虽然 26 日 18：30 两架美国轰炸机攻击了白温岛（Bawean Island）东北的日军船队，并及时发回了船队位置，但是由于在当日下午会议上定下的搜索方位过于偏东，盟军舰队整夜的搜索劳而无功。

27 日上午 10：00，日东爪哇入侵部队的船队排成一条长达 20 英里的长队，缓慢经过白温岛西北，航向直指格拉干。在半个小时前，高木乐观地认为将来的航程将不会遇到盟军阻截，因此派出第 2 水雷战队的部分加入西村的掩护船队。此后，由于西村报告船队遭遇空袭（这是一次误报），高木又集中了自己的力量。

此时，杜尔曼正率领盟军舰队在泗水雷场外巡航。8：58 前后，"朱庇特"号遇到了日军飞机的"空袭"，不过这些飞机并不是携带炸弹和鱼雷的轰炸机，只不过是执行侦察任务的日军陆基侦察机。随即"休斯敦"号展开防空炮火将苍蝇赶走。

10：20，西村收到的一份情报显示，敌军 5 艘巡洋舰和 6 艘驱逐舰正在船队的前方，他随即命令旗舰"那柯"号轻巡洋舰放出 1 架飞机实施侦察，同时船队转向西以避开战场。40 分钟后，高木也收到了这一情报，他随即率队加速向前，并于 11：37 命令旗舰"那智"号重巡洋舰也弹射出舰载机实施侦察。
12：35，这架来自"那智"号的侦察机报告盟军舰队正在向东航行，1 分钟后
该机又报告盟军转向南。这两份情报让高木难以判断盟军的目的究竟是攻击
日军船队，抑或仅仅是躲避日军对泗水的日常轰炸。不过，他仍然认为登陆可
以继续进行。因此 13：40 前后，西村命令船队返回西南航向。

高木的判断并不正确，因为盟军舰队的机动只是单纯的回航。日军舰载机
飞临舰队上空之时，恰好是 12：40 杜尔曼决定结束搜索返回泗水而已。经过
一夜的搜索，盟军舰队的驱逐舰燃料已经所剩无几，此外，船员大多因为熬夜
坚守岗位而筋疲力尽。然而直到此时为止，杜尔曼仍然对敌人的位置一无所知。

14：27，盟军船队刚刚安全通过泗水雷区，一份情报及时到达了杜尔曼手
头：有架荷兰飞机于半小时前发现日军船队位于泗水西北 50 英里处。杜尔曼
立即发出命令："决定前往拦截敌军，所有舰只跟我来，具体情况稍后通报。"
全体舰队随即调转船头出发迎战。

对于杜尔曼将军下达的这个命令，很多战史研究者认为它过于简单而仓
促，从而造成了混乱。其中一些人认为导致这一结果的主要原因是时间紧迫
和语言障碍；也有人持不同意见，认为考虑到 14：18 和 14：30 盟军战斗机对
来自"那柯"号的侦察机先后进行的两次不成功的攻击，杜尔曼其实有机会
对日军船队形成奇袭。但是，即使如此，由于日军侦察机及时发现并报告了盟
军舰队的动向，这最后的机会也就此失去。根据这一情报高木迅速集结了舰
队力量，西村于 14：57 留下第 9 驱逐舰中队的"夏云"号和第 24 驱逐舰中队
的"海风"号，在第 24 驱逐舰中队指挥官平井泰次大佐的指挥下，保护船队
转向西西北方向脱离战场，自己则率主力舰队迅速南下与高木汇合。

15：00，盟军穿过泗水雷场。舰队以 24 节（另一说为 18 节，后于接敌前
加速至 24 节）的速度编队向西北航行。"科顿纳尔"号驱逐舰此前曾发生过
搁浅事故致使船底受了损，所以这艘船的最高航速只能维持在 26 节上，无形
之中拖累了整个舰队。

盟军队形如下：3 艘英国驱逐舰"遭遇"号、"伊莱克特拉"号和"朱庇
特"号从左向右组成前驱，分别航行在舰队左前、正前和右前方；构成舰队主
力的 6 艘巡洋舰"德·鲁伊特"号、"埃克塞特"号、"休斯敦"号、"珀斯"

号和"爪哇"号等排成单纵队依次跟随在"伊莱克特拉"号之后；荷兰驱逐舰"威特·德·威斯"号和"科顿纳尔"号组成左侧卫航行在舰队左后方；4艘美国驱逐舰"保罗·琼斯"号、"约翰·福特"号、"约翰·爱德华兹"号和"奥尔登"号排成纵队尾随在巡洋舰队之后主力。

■ 皇家澳大利亚海军轻巡洋舰"珀斯"号，属"利安德"级，配备6英寸火炮8门，但防护较弱。

日本人的飞机没有放过盟军舰队。15：30日本侦察机再度从"休斯敦"号上空掠过，并投下了炸弹。这架侦察机的试探行为招致了数艘盟军巡洋舰的密集射击，不过它很幸运地闪过了所有攻击成功遁走，而它丢下的炸弹也并未造成损失。

■ 英国皇家海军E级驱逐舰"伊莱克特拉"号，它是曾"克死"过战列巡洋舰"胡德"号、"反击"号，以及战列舰"威尔士亲王"的"扫帚星"，却在第一次海战中有过勇猛表现。

15：50，日第2水雷战队指挥官田中濑三少将带领第16驱逐舰中队取日军重巡前方9000码位置向南索敌前进，高木同时命令第7和第24驱逐舰中队跟在田中的后

■ 荷兰海军的"海军上将"级驱逐舰"科顿纳尔"号。由于搁浅损坏了船底，该舰的极速被限制在了26节以下，又因为舰队实力有限且不能丢下任何一艘船，故该舰在此后的战斗中拖累了整个舰队。

方。高木自己则亲率2艘重巡居中，在他以西是西村的第4水雷战队[1]。日方

---

① 《美国海军第二次世界大战战史》的作者莫里森认为田中所部在左翼，西村所部在右翼。但根据交火记录和日方记录，这并不正确。

作战序列如下：

第5战队指挥官高木雄武少将，下辖重巡"那智"号（旗舰）和"羽黑"号。高木在战斗中担任日军战术指挥官。

第2水雷战队指挥官田中濑三少将，旗舰为轻巡洋舰"神通"号，下辖第16、第7和第24驱逐舰中队的8艘驱逐舰：

第16驱逐舰中队指挥官涩谷紫郎海军大佐，下辖4艘强大的特型驱逐舰"时津风"号、"天津风"号、"雪风"号和"初风"号；

第7驱逐舰中队指挥官为小西要人大佐，下辖驱逐舰"涟"号和"潮"号；

第24驱逐舰中队参战舰只为"山风"号和"江风"号。

第4水雷战队指挥官西村祥治少将，旗舰为轻巡洋舰"那柯"号，下辖第9和第2驱逐舰中队共计8艘驱逐舰：

第9驱逐舰中队指挥官佐藤康夫大佐，率驱逐舰"朝云"号、"峰云"号；

第2驱逐舰中队指挥官橘正雄大佐，下辖驱逐舰"村雨"号、"五月雨"号、"夕立"号和"春雨"号。

■ 日本海军"阳炎"级驱逐舰"雪风"号（上图），她与其姐妹舰是日本海军专门为执行鱼雷突击作战而建造的雷击驱逐舰，配备有四联装610毫米鱼雷发射管2座，双联装127毫米舰炮3座。其鱼雷发射管可以发射就当时而言性能超群、威力惊人（自爆起来也是威力超群）的九三式"长矛"氧气鱼雷（下图），这种鱼雷是日本海军的"决胜武器"，而盟军方面对这种鱼雷还一无所知，因此在战争初期多次蒙受损失。

从火力上看，盟军 2 艘重巡洋舰、3 艘轻巡洋舰和 9 艘驱逐舰，日军 2 艘重巡洋舰、2 艘轻巡洋舰和 14 艘驱逐舰，两者数量上差距不大，但是盟军舰只长期缺乏修理维护，其中部分还属于裹伤上阵。盟军一共只有 12 门 8 英寸（203 毫米）炮（2 艘重巡各 6 门），而日军则拥有 20 门；日军共拥有 146 根 24 英寸（610 毫米）鱼雷发射管，而盟军只有 95 根 21 英寸（533 毫米）鱼雷发射管，其中 4 艘美国驱逐舰虽然各有 12 根鱼雷发射管，但是各自只携带了 6 枚鱼雷。更为重要的是，日本视为"决胜利器"的九三式"长矛"鱼雷首次投入实战，而盟军方面对于这种新式鱼雷的射程和速度一无所知。盟军另外还有联络配合方面的问题：无线电通讯基本失效，旗舰发往美国驱逐舰的命令甚至需要通过信号灯先发往"休斯敦"号再由后者转达。此外，正如前文提到的，日军方面飞机很活跃，而盟军方面却得不到岸基航空兵的支援。

由于航行过程中两次遭遇日军飞机并受到航空炸弹的威胁，16：00 前后，杜尔曼曾去电要求岸基战斗机为舰队提供空中掩护，但是联军空军司令部却打算利用手头有限的战斗机去保护将于当天傍晚空袭日船队的 3 架（一说为 4 架）攻击机，对杜尔曼的要求自然也就无法满足——对于空军的这一决定，海军方面毫不知情，由此盟军指挥系统的混乱状态可见一斑。

心怀不满的杜尔曼准备再次发报去"痛陈利害"，指望着指挥空中力量的部门能够回心转意与海军方面同心协作。而他所不知道的是，一场战斗已经迫在眉睫。

⟶ 泗水外海的遭遇战 ⟵

盟军联合舰队和日本舰队几乎是同时发现对方。

16：10，"神通"号的瞭望哨报告于 30000 码外东南南方位发现敌舰桅杆，不过桅杆显然是属于杜尔曼舰队中那些巡洋舰的，因为此时距离日本舰队最近的是低矮的驱逐舰"伊莱克特拉"号，它与"神通"号相距不超过 19000 码。"伊莱克特拉"号则在日舰做出目击报告的 2 分钟后发现了"神通"号，此时两支舰队的航向夹角约为 30 度。

可以说，双方对这场战斗都有所准备，但彼此都没有意识到战争会这么快就爆发。16：15 前后，盟军联合舰队与日本海军都褪下了各自的面纱，逐渐向对方展示出自己的全部……

16：16，航行于"神通"号右前方的西村编队也发现了盟军舰队，而田中濑三此时更是发现了已经近在 18000 码之外的"伊莱克特拉"号。随即，不待高木雄武少将下令，"神通"号即向 18000 码之外的"伊莱克特拉"号开炮射击。爪哇海战由此展开。

"神通"号的炮打得极准，于 18000 码距离上向"伊莱克特拉"号的首次开火就形成了跨射。"伊莱克特拉"号试图还击，无奈心有余而力不足，因为这个距离超过了英军驱逐舰装备的 4.7 英寸（120 毫米）45 倍径炮的最大射程，于是"朱庇特"号和"伊莱克特拉"号转向巡洋舰编队左侧躲避攻击，以避免无谓的损失。

"神通"号开火 1 分钟后，重巡洋舰"那智"号的 203 毫米重炮加入了战斗。这艘船在 28000 码的距离上以全部 10 门 203 毫米主炮开火，声势惊人。遗憾的是，"那智"号的测距比起"神通"号差距不小，第一轮齐射近了约 2000 码。

■ 高木武雄少将的座舰，联合舰队第 5 战队的旗舰——重巡洋舰"那智"号，该舰配有双联装 203 毫米主炮塔 5 座、四联装 610 毫米鱼雷发射管 2 座。以 1 艘 10000 吨级军舰的角度而言，火力惊人。

■ 最先与盟军舰队发生目视接触的日本海军轻巡洋舰"神通"号，第 2 水雷战队指挥官田中濑三少将的旗舰。

　　尽管敌舰的准头欠奉，但是对其攻击置之不理的话会对士气产生不利影响，更何况这支 ABDA 联合舰队本身就有"乌合之众"的嫌疑。基于这种简单的理由，杜尔曼决定还击，尽管此时双方舰队主力的距离远到了几乎不可能命中的程度。"休斯敦"号和"埃克塞特"号上的总计 12 门 8 英寸炮在 16：20 开始还击，目标直指大约 28000 码外的"那智"号巡洋舰。

　　杜尔曼麾下仅有这 12 门 8 英寸炮可以在当前的距离上攻击日本重巡洋舰，

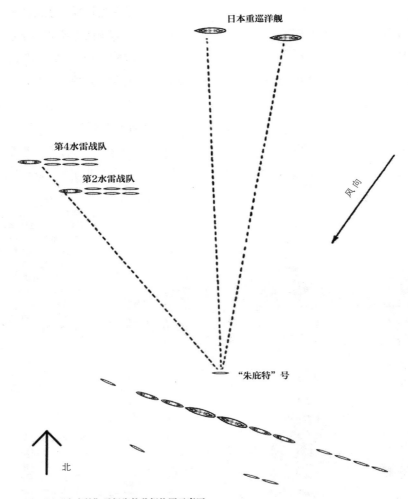

■ 16：26 "朱庇特"号报告的敌舰位置示意图。

然而其表现却意外地好。射击后仅 1 分钟，使用红色染料标记弹着的"休斯敦"号就几乎射中了"那智"号，其中一发近失弹溅起的水花甚至染红了高木雄武少将的军装，着实将这位潜艇部队出身的战队司令惊得够呛。而这一击，也被盟军舰队方面的瞭望哨误判为命中。

由于己方舰队被受损舰艇拖累而航速较低，为了防止被日舰抢占 T 字头，16：21，杜尔曼命令舰队"左舵 20"，以确保和日舰队处于一个近似于平行的航向上。与此同时，被溅了一身红的高木雄武则命令舰队右转以拉开距离。过了 8 分钟，杜尔曼进一步命令舰队转向西西南方向，双方的这番机动使得彼此充作主力的重巡洋舰之间的距离被保持在了 26000 码上下。这段时间内，由于盟军主力编队中轻巡洋舰的 6 英寸（152 毫米）主炮受射程限制，未能加入到炮击行列之中。同样，日本轻巡洋舰和驱逐舰也因为射程问题而归于沉寂。交战双方只是使用重巡洋舰的 8 英寸（203 毫米）炮断断续续地互相射击。

虽然早在 16：20 前后"休斯敦"号便先报告命中了敌舰，但是事实上被战史认可的第一次命中却是来自于日方。16：31，也就是杜尔曼下令左转的 10 分钟后，1 发 203 毫米炮弹命中了旗舰中的"德·鲁伊特"号，所幸这是一发哑弹，功效只是给"德·鲁伊特"号的船舱开了几个新的通风孔而已。而在此时，急于求战的西村祥治正率队向西南方向航行，他率队直接穿越了僚舰的射击火线，抢占了位于盟军舰队西北方位的鱼雷发射阵位。

16：34，逼近盟军舰队的"那柯"号率先在 15000 码距离上发射 4 枚鱼雷，田中濑三不甘人后，于是 1 分钟后"神通"号也击出 4 枚"长矛"，此后在 16：40 至 16：45 之间，西村手下的 6 艘驱逐舰在大约 13000 码的距离上先后发射了 23 枚[①]"长矛"鱼雷。

ABDA 舰队当然不是日常练习用的死靶子，逼近的日本驱逐舰遭到了盟军舰艇的密集射击，此前受制于射程问题而不能应战的 4 英寸（102 毫米）炮、4.7 英寸炮和轻巡洋舰的 6 英寸主炮纷纷开火，一时间西村舰队的周围弹片横飞。遭到密集炮火阻拦的西村舰队也很识趣，在发射鱼雷之后迅速释放烟幕转向

---

① 除"朝云"号外各 4 枚，另一说"峰云"号发射了 8 枚而非 4 枚，因此合计 27 枚。

西西北方向。

由于远距离炮击难以奏效，坐镇"那智"号的高木雄武下令麾下直接受其节制的 2 艘重巡洋舰发射鱼雷去撞大运。16：52，"羽黑"号在 22000 码距离上以左舷鱼雷发射管射出 8 枚鱼雷。而作为日本海军联合舰队第 5 战队旗舰的"那智"号，由于鱼雷发射管故障而未能与僚舰一同发起雷击。

大约在 16：50 前后，双方交战的主力舰艇已趋于稳定，彼此以 25 节的速度几乎平行向西航行。在这段时间里，双方主炮的发射频率都不低。以"休斯敦"号为例，该舰主炮的发射速度维持在了每分钟 5 ~ 6 发上。而日舰的发射速率也差不多维持在这一程度。战况陷入相持状态。

交战以来的第二次命中发生在 16：53，荷兰海军的"德·鲁伊特"号再次被"羽黑"号的 203 毫米主炮命中，不过这一次依然是哑弹。同属荷兰的"爪哇"号则可能在 16：45 至 16：55 间也挨了 1 发哑弹，只是这发炮弹究竟来自哪艘日舰已经无从查证。除了直接命中的哑弹，"珀斯"号在此期间连续遭遇 2 发在 25 码开外落下的近失弹，弹片造成轻微损害。

在这一时间内，双方的瞭望哨都曾报告目睹过对方舰只的沉没。盟军巡洋舰上的观察哨在 16：50 前后曾报告"羽黑"号被多次命中，随后叙述其"正在起火下沉"，而实际上在海战的第一阶段日方舰只并无损失。当然，发生误判的不只是盟军方面，日方同样观察到发生在盟军舰只周围的离奇爆炸，有人声称那是鱼雷命中，也有人认为是水雷爆炸。而事实上，他们都猜错了——日方看到的只是"长矛"鱼

■ 被哑弹命中的荷兰海军"爪哇"号巡洋舰。

■ 被近距离爆炸的近失弹擦伤的皇家澳大利亚海军"珀斯"号巡洋舰。

雷提前自爆。不过,这些在当时来说射程惊人的鱼雷同样也引起了盟军的困惑。由于对日本鱼雷的射程一无所知,盟军并不认为这些鱼雷来自远方的敌舰,而是倾向于认为附近有日军潜艇在活动。在这种观点下,"爱德华兹"号甚至报告发现海面上有潜望镜。面对子虚乌有的日军潜艇,盟军驱逐舰在己方巡洋舰队奋战的同时,开始忙着发射深水炸弹。

→ 海上对峙 ←

ABDA 指挥部之前计划的空袭在当天临近 17:00 的时候终于开始了。

17:04,高木雄武接到船队声称遭到空袭的报告。这是来自爪哇岛的 3 架 A-24 攻击机[①]的杰作,它们在 10 架 P-40 战斗机(一说为"水牛"式战斗机)的护卫下于 16:45 开始了这场历时 2 分钟的进攻。不过,空军的这一次单独行动没有取得任何战果。

虽然己方的运输船队完好无损,但是缺乏空中掩护的高木少将不免有些心虚,由于遭到空袭的是战斗开始后从己方舰队脱离的运输船队,这就促使高木雄武决心尽快解决眼前的战斗。他一改之前保持在远距离利用重炮优势融化敌舰队的策略,决定突进敌舰队进行一次鱼雷总攻。然而没等高木和他的司令部小组开始进行部署,他的舰队就连续"开张"了。

17:05,"休斯敦"号被命中——还是哑弹,不过这发哑弹打中了该舰的轮机舱,一度迫使该舰减速。假如这颗炮弹开了花,那么对杜尔曼舰队来说,这将会是决定存亡的灾难性一击。紧接着,"那智"号完成了此役日本舰队的关键性一击:该舰发射的 1 发 203 毫米炮弹在 17:08 命中了重巡洋舰"埃克塞特"号的右舷后副炮,炮弹穿过后者的锅炉舱通风装置在 B 锅炉舱爆炸,致 14 人当场阵亡。这次爆炸造成"埃克塞特"号 8 个锅炉中的 6 个丧失功能,该舰带着大火几乎向左转了 90 度,偏出了盟军队列。更为糟糕的是,跟在"埃克塞特"

[①] 即美国陆军航空队使用的 SBD "无畏"式俯冲轰炸机。

号后面的"休斯敦"号、"珀斯"号和"爪哇"号等舰不明就里地跟着它向左转了90度，将分舰队的旗舰"德·鲁伊特"号单独抛在了战列的最前面。

这一意外情况彻底打乱了整个盟军舰队的作战队列，甚至波及此时正行驶在巡洋舰队左翼的驱逐舰队。最先稳住阵脚的是"珀斯"号，这条船在反应过来究竟发生了什么后便迅速向"埃克塞特"号靠拢，并环绕其释放烟幕以掩护后者。而旗舰"德·鲁伊特"号则被迫左转，以便和其余舰只汇合。

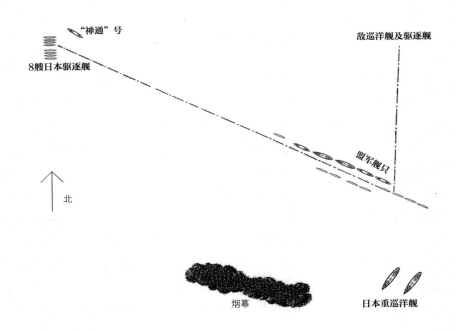

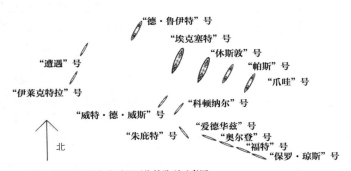

■ "埃克塞特"号被命中后盟军作战队列示意图。

■ 英国皇家海军重巡洋舰"埃克塞特"号。该舰与美国重巡洋舰"休斯敦"号是杜尔曼舰队仅有的2艘配备8英寸主炮的主力战舰。该舰受损并退出战列使杜尔曼舰队的前途变得黯淡无光。

这一变故对高木雄武来说无疑天助,他随即下令舰队转向南东南方向,发起鱼雷突击。

17:13,一条来自"羽黑"号的鱼雷命中了此前一直拖后腿的"科顿纳尔"号,右舷的剧烈爆炸在瞬间即将该舰撕成了两半。根据"爱德华兹"号上的目击者的测算,"科顿纳尔"号从中雷到沉没的时间仅90秒。

"科顿纳尔"号的沉没似乎标示了一个阶段的结束。17:20,通红的晚霞已出现在天际。在这一阶段的战斗中,日本联合舰队第5战队的舰艇以一种"点炮仗玩儿"的心态发射了总计1271枚203毫米炮弹和141枚140毫米炮弹,外加各类鱼雷39条(一说43条)。而他们收获的战果是:命中203毫米炮4发(也可能5发)、击中鱼雷1枚。其情虽然不堪,但盟军方面则是更为惨淡,在这一阶段的炮战中毫无斩获。

17:25,杜尔曼发出"跟随我"的信号,重整队列。遭受重创的"埃克塞特"号在"威特·德·威斯"号的护卫下以5节的速度向泗水返航,舰队改为以"德·鲁伊特"号为先导,"珀斯"号、"休斯敦"号和"爪哇"号依次跟进,4艘美国驱逐舰尾随在舰队最后充当后卫。重整后的杜尔曼舰队转向东北航行。

日军的侦察机在这场战斗中发挥了重要作用。在日落前的时间里,日军舰载水上侦察机一直盘旋在盟军上空,因此高木能源源不断地收到盟军舰艇的准确船位和队列信息。根据侦察机发来的情报,高木雄武下令将田中和西村

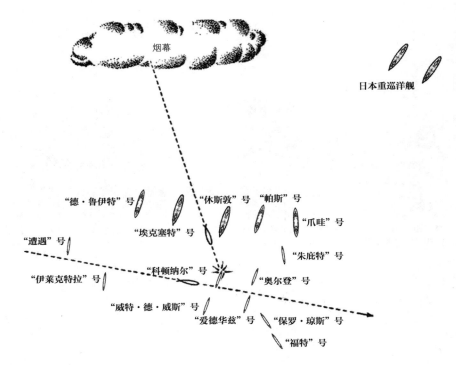

■ "科顿纳尔"号被击沉（17：13）。

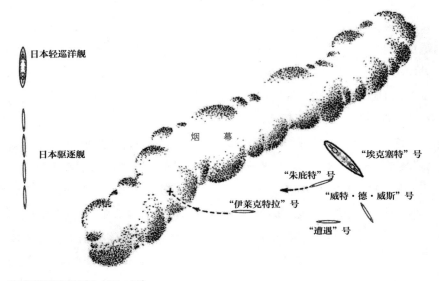

■ 英国驱逐舰的反击（17：40）。

麾下的分舰队集中在"埃克塞特"号的右舷位置，准备在恰当的时机了结该舰。察觉危险的杜尔曼于 17：30（一说 17：25）命令最近的英国驱逐舰前出攻击这两个分队。

尽管实力悬殊，英国驱逐舰"伊莱克特拉"号和"朱庇特"号仍然毫不犹豫地冲入烟雾准备发起突击。与此同时，高木的 2 艘重巡在 19500 码的距离上再度开火。

局势非常不利，但是杜尔曼不准备坐以待毙，他于 17：45 准备再次率领巡洋舰接敌，但此时"德·鲁伊特"号和"休斯敦"号的无线电装置已先后损坏。这一下连巡洋舰之间的联络都成了问题，遑论向驱逐舰转发指示了。屋漏又逢连夜雨，一直在头顶上转悠的日本飞机恰在这一时刻发起了攻击，向盟军舰队投下了 3 枚炸弹。不过和双方航空兵此前的攻击一样，炸弹没有造成损失。

日军在 17：48 开始了第二次鱼雷攒射，这一次的目标是返航中的"埃克塞特"号。

"羽黑"号和"那智"号分别于 17：48 和 17：54 在 27000 码距离上向蹒跚前进的"埃克塞特"号发射了 8 条鱼雷，17：50 "那柯"号在 18500 码距离上由西西北方向发射了 4 条鱼雷，此后"神通"号于 17：54 在 20000 码距离上又发射了 4 条，田中分队所属的各驱逐舰跟在旗舰后面，于 17：57 至 18：02 间在 15000 码距离上依次发射了剩下的全部鱼雷。田中的分队射出全数鱼雷之后轮到了西村舰队上场。

西村祥志麾下共有 6 艘驱逐舰。18：04，第 2 驱逐舰中队各舰在 10000 码距离上各发射 4 条鱼雷，随后，18：07"朝云"号在 6500 码距离上亦击出 4 条鱼雷。而此时"峰云"号正在为躲避己方鱼雷而四处机动，所以没有参加这波鱼雷攻击。这一次，日军没能复制 1 个小时前通过关键时刻命中以打乱盟军阵型的好运气，射出的全部 92 条鱼雷尽数落空。

在日军鱼雷齐射的同时，双方的驱逐舰正在做殊死搏斗。受命发起突击的 2 艘英国驱逐舰与前来阻击的日本驱逐舰展开了激烈的战斗，"伊莱克特拉"号冲出烟幕后迎头撞上田中分队，随即开火。该舰的火力相当准确，几次齐射后便命中了"神通"号，这枚炮弹造成了"神通"号上 1 死 4 伤。随后该舰又与"朝云"号展开炮战，1 发炮弹在 5000 码上命中了后者的轮机舱，使这艘

128

■ 为"伊莱克特拉"号重创的日本驱逐舰"朝云"号，此时这艘船还大限未至。"朝云"号在两年半后的1944年10月25日，跟随着西村祥治一起踏入苏里高海峡的鬼门关，毁于美国老式战列舰的炮火之下。

■ 在18：00前后，被"休斯敦"号重巡洋舰追打的"那柯"号巡洋舰。西村祥治少将正搭乘该舰。

驱逐舰当即失去动力停了下来①。而这枚炮弹同时也造成了"朝云"号轮机舱内4死（一说5死）19伤。此外，该舰还声称命中了"时津风"号1发。

但是被重创的"朝云"号很快为自己翻了本："伊莱克特拉"号首先被"朝云"号命中舰桥下方，随后另1发炮弹直接射入了"伊莱克特拉"号左舷的2号锅炉，将舱内的锅炉炸了个稀烂，使得"伊莱克特拉"号同样失去了动力。

这边"伊莱克特拉"号和"朝云"号激战正酣，那边突击中的"遭遇"号于18：00至18：10间与"峰云"号也展开了炮战。"遭遇"号的战果不及"伊莱克特拉"号，"峰云"号受轻损，船上4人挂了彩。"峰云"号没有与"遭遇"号过分纠缠，而是直接驶向失去动力的"伊莱克特拉"号以鱼雷将其了结。

"伊莱克特拉"号残破的身躯熬不住"长矛"鱼雷的打击，于18：16沉没。这艘在过去不到一年的时间里转战南北，先后目击了皇家海军"胡德"号、"反击"号和"威尔士亲王"号等3艘主力舰沉没②的小小驱逐舰终于长眠海底。

①也有说法认为"朝云"号是被"埃克塞特"号和"威特·德·威斯"号击中的。在这一轮交战中，可以确定"威特·德·威斯"自己的1枚深弹不慎坠落，对该舰造成了损坏。
②"伊莱克特拉"号因此被戏称为"扫帚星"，而类似的传闻也并未因它的沉没而终结，同样被投入了这场发生在爪哇海上搏杀的日本海军"雪风"号驱逐舰，将会把"扫帚星"的名号继承下去，发扬光大……

■ 美国驱逐舰"约翰·爱德华兹"号，该舰的舰长是爪哇海战中最重要的"围观群众"之一，其战后提交的报告为还原该次海战的全貌提供了非常宝贵的信息。

次日清晨，隶属美国海军的SS38号潜艇扫荡了这片飘满残骸的海域，救起了"伊莱克特拉"号幸存的 54 名船员。

盟军主力这边，联络方面的问题也使得当前糟糕的形势雪上加霜。据"爱德华兹"号的舰长回忆当时他先后收到了"反击""取消反击""放烟幕"的命令，弄得他无所适从。正在盟军舰队各方焦头烂额的同时，"休斯敦"号仍在向"那柯"号射击，并终于在 17：56 对日舰形成跨射。然而就在"休斯敦"号的射控官倍受鼓舞的瞬间，2 枚炮弹再度命中该舰——虽然都是哑弹。

最终，位于盟军舰队末尾的美军驱逐舰收到了署名杜尔曼将军的明确的指令："掩护（受损舰艇）撤退。"做出撤退决定的原因并不清楚，也许是因为随着天色渐晚，能见度已经降低到 15 英里，一直与敌舰队激烈交火但毫无胜算的杜尔曼少将感到了骑虎难下的窘迫，打算借此机会摆脱日本舰队，利用夜幕的掩护，向 2 个小时前驶离了战场的日军运输船发动奇袭。

在美国人看来，完成这一命令的最好方式是主动发起攻击。

18：10，美驱逐舰在指挥官宾福德（Binford）中校的指挥下准备发动鱼雷突击。18：22 至 18：27 间，4 艘驱逐舰冒着日军的阻击炮火，在 10000 码（一说 14000 码至 15000 码）距离上先后将全部 24 枚鱼雷集中射向了担当日本舰队核心的重巡洋舰"那智"号和"羽黑"号。结果不难预料，这 24 枚鱼雷全部失的——反正在这么远的距离上，美国人也没指望能获得什么战果。不过在此前后，盟军巡洋舰方面终于有了这次战斗中唯一可以核实的命中记录："羽黑"号的水上飞机弹射器被来自于"珀斯"号的 1 发炮弹命中，然而这次命中对日舰来说无关痛痒。4 艘美军驱逐舰发射完鱼雷后于 18：30 返回队列与舰队主力汇合。此时天色已晚，高木发现泗水灯塔在望，担心闯入雷区，因此决定向北航行进行重整。盟军同时也失去了目标。爪哇海战第二阶段就此结束。

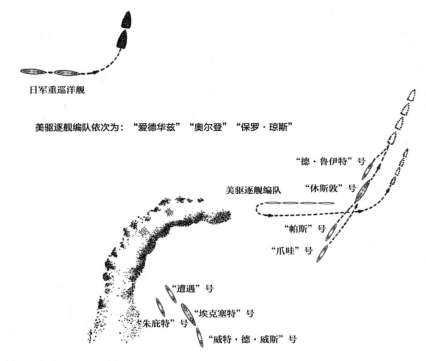

■ 美国驱逐舰的鱼雷攻击（18：22）。

■ 掩护英国重巡洋舰"埃克塞特"号向泗水撤退的荷兰驱逐舰"威特·德·威斯"号，该舰因此无缘之后的大战，暂时保全了自身。然而，随着东印度群岛的殖民地军全面溃败，该舰终在几天后自行凿沉。

这场进行了 2 个多小时的海战中，日军共消耗了 1573 枚 203 毫米炮弹、191 枚 140 毫米炮弹和 131 枚（一说 135 枚）鱼雷，击沉盟军 2 艘驱逐舰，重创 1 艘重巡洋舰，己方仅有"朝云"号受重创，其他各舰受轻伤但不影响后续战斗。而盟军方面，弹药已所剩不多，驱逐舰的燃油也即将耗尽，所有美军驱逐舰已经没有鱼雷，在舰队对战上基本失去了用武之地。由于"威特·德·威斯"号正同"埃克塞特"号一同返回泗水，当前兵力对比对盟军更加不利。

→ 爪哇海在燃烧 ←

尽管形势令人绝望，但是杜尔曼不想放弃——这毕竟是为了保卫荷兰人自己的殖民地，荷兰人若不放手一搏，除了上帝没有别人能帮忙了。18：30 过后不久，他再次打出"跟随我"的信号，带领剩余的盟军舰只重返战场。盟军队列依次为"德·鲁伊特"号、"休斯敦"号、"珀斯"号和"爪哇"号，"朱庇特"号和"遭遇"号在左作为侧卫，4 艘美国驱逐舰分布在右方和后方，航向西北。

为了搞清楚奇袭作战的主要对象——日本运输船的行踪，杜尔曼致电海夫里奇将军："敌军向西撤退，敌运输船队在哪里呢？"此刻他的算盘是设法绕过高木雄武的掩护舰队，直接打击日军运输船队。

不幸的是，从这天上午就一直在盟军上空晃悠的日军侦察机仍然没有离去。尽管天色已晚，能见度下降，但是日军侦察机依靠不时投下照明弹竭力保持着对盟军舰队的监视。正因为此，高木依然能不断得到盟军位置的报告，并从这些报告中推断出杜尔曼的意图。而心念运输船安危的高木武雄此刻也正率领舰队向西北航行，打算与己方运输船队汇合，以防被杜尔曼浑水摸鱼。

18：46，3 个小时前弹射自"神通"号的舰载水上侦察机报告说盟军舰队正试图"杀回马枪"。敏感的高木立即命令各舰准备夜战。不过此时他的舰队正处于激战之后的松散状态，各舰四散于附近海域，不成队形。

田中濑三麾下的舰艇此刻正以驱逐舰队为单位分散在偏北的位置上。先前发起鱼雷突击的第 7 驱逐舰中队不久前才刚同旗舰"神通"号汇合，而第

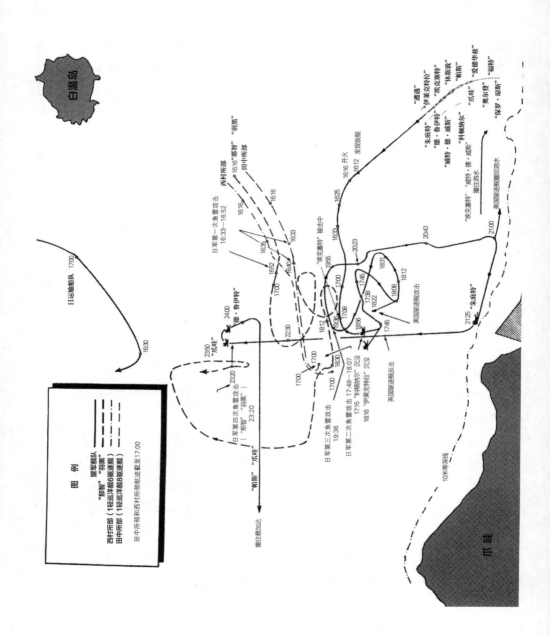

■ 1942年2月27日爪哇海战过程示意图。

16 和第 24 驱逐舰中队此刻正忙于重新装填鱼雷，直到 19:07 才赶来与旗舰"神通"号汇合。第 9 驱逐舰中队的"朝云"号和"峰云"号都是带伤坚持战斗，因此被高木下令加入运输船队。

而高木武雄本人麾下直辖的重巡洋舰队在 18:57 的时候曾被迫停航，以便回收早先弹射出去的已经耗尽燃料的 5 架水上飞机，一时也无法投入作战，甚至无法移动。

西村祥志麾下的第 4 水雷战队情况略好。虽然驱逐舰多半也正忙于鱼雷装填，但队形还比较整齐，各驱逐舰中队也未分散。由于此前侦察机指出盟军正直冲向日军运输船队，因此 19:04 西村命令船队立刻转向迎敌。

19:22，当第 5 战队完成回收时，日军瞭望哨已经发现杜尔曼的舰队出现在东南方向 13000 码外。

战斗再度拉开。序幕始于 19:32，"那柯"号报告目击了十余次炮口焰的闪光，这正是盟军发射的照明弹。随即，小降落伞吊着照明弹将这一海域照得通亮。

■ 27日19:00前后，在作战海域冒险停航回收水上侦察机的"羽黑"号。虽然事出有因，但在这种情况下让军舰停航以回收舰载机是否值得，实在是值得商榷的（这是一张模拟照片，实际为1936年"羽黑"号在黄海训练时的照片）。

为了给第 5 战队直属的 2 艘重巡洋舰争取启动时间，田中濑三未及收拢第 2 水雷战队的全部舰艇，立刻冲至盟军舰队与第 5 战队之间的海域应战。

19：33，"珀斯"号和"休斯敦"号发现逼近的田中分队，于是先后开火，可惜落点偏近。"神通"号自知不是对方巡洋舰的对手，所以在 21000 码距离上发射了 4 枚鱼雷。发射鱼雷的闪光使得"珀斯"号的舰长沃勒上校（Waller）意识到了对手的意图，他随即命令该舰于 19：36 向

■ "珀斯"号舰长沃勒上校，他的机智使"珀斯"号逃过了灭顶之灾。

右做了一个 60 度的急转弯。田中的头脑也很清醒，知道拖住时间就算是完成任务，眼见盟军转向，便见好就收地再次施放烟幕，于是双方又失去联系。在这次短暂的战斗中，盟军遗憾地没能发现远方有一艘没有发动、几乎是死靶的日军重巡洋舰。虽然"那智"号曾于 19：37 开火射击，但是既没有命中敌舰，也没有引起盟军的注意。

20：00 前后，杜尔曼决定尝试先向东然后转向南航行靠近海岸，以此欺骗日军，从而迂回打击日军运输船队。一个小时后，盟军到达爪哇北岸 20 米等深线水区，随后盟军主力右转向西航行，而 4 艘美国驱逐舰则在宾福德的指挥下返回泗水——它们的燃油和鱼雷都已耗尽，根据杜尔曼此前的指示，在这种情况下它们可以返航。为了向旗舰解释这一决定，宾福德不得不先向岸上电台发报，而后再由后者转发给杜尔曼。自从"休斯敦"号的无线电系统损坏之后，盟军驱逐舰只能用这一类办法来和旗舰联络。此后杜尔曼收到了宾福德的报告，并命令后者立即率队前往雅加达（Jakata，旧称 Batavia）补充鱼雷。宾福德拒绝了这一要求，理由很简单：驱逐舰需要补充燃料。

21：23，"朱庇特"号毫无征兆地发生了爆炸。该舰迅速失去动力并于 4 小时后沉没。爆炸的准确原因无从考证，估计该舰撞上了 26 日至 27 日夜间荷兰海军在附近布设的水雷。

尽管实力被进一步削弱，但是杜尔曼毫不动摇。21：25，剩余的盟军舰只

■ 于27日21：23离奇爆炸的英国驱逐舰"朱庇特"号。事后推测，可能是其无意触发了前一天荷兰海军布设的水雷。

转向北继续求战——这一行动被莫里森形容为"自杀攻击"。22 时，舰队发现了还在海上挣扎着的"科顿纳尔"号的幸存者。杜尔曼派出手头最后的驱逐舰——"遭遇"号去营救他们，自己则率领仅剩的 4 艘巡洋舰继续向北做着最后的努力。"遭遇"号共救起了"科顿纳尔"号全部 150 名船员中的 113 人①，此后该舰独自返回泗水。

盘旋在盟军上空的那架来自"神通"号的侦察机于 21：20 返航，由"那柯"号的侦察机接班，后者于 22：00 返航。至此，高木终于失去了对敌舰位置的单向透明——但是，对于盟军来说已经太晚了。为了防备杜尔曼再杀回马枪，此后高木带领第 5 战队和两个水雷战队向南索敌前进。

高木的预感准确无误。在皎洁的月光下，日军瞭望哨于 23：02 再次发现了东东南方位 16000 码外的目标，毫无疑问这是盟军的舰只。高木随即掉头取与盟军平行航向。23：10，盟军发现了敌舰，随即开火作最后一搏，日军直到 11 分钟后才开始还击。双方的炮火都断断续续——双方都面临同样的困境：弹药不足、船员疲劳，唯有勉力坚持到最后而已。

1942 年 2 月 27 日 23：32，盟军在爪哇海上的悲剧达到了高潮。10 分钟前，联合舰队第 5 战队的"那智"号重巡洋舰和"羽黑"号重巡洋舰在 14000 码外

---

① 一说"科顿纳尔"号共 153 人，其中 94 人被"遭遇"号救起。

■ 担任荷属东印度殖民地舰队旗舰的"德·鲁伊特"号。

先后分别打出 8 条和 4 条鱼雷,其中"羽黑"号所发射的一枚命中了"德·鲁伊特"号轻巡洋舰。这一次致命的命中引爆了该舰的弹药库,爆炸引起的大火照亮了漆黑的夜空。"德·鲁伊特"号很快失去了动力,大火迅速蔓延全船,火势完全无法控制。舰上的 40 毫米高射炮弹药又被大火引爆,四下横飞的弹片肆无忌惮地"收割"着人命。在挣扎了大约 3 个小时后,"德·鲁伊特"号带着盟军指挥官杜尔曼将军与 344 名船员沉入了大海。据紧随其后的澳大利亚海军"珀斯"号轻巡洋舰上的船员回忆,"德·鲁伊特"号"在可怕的爆炸和灼热的热浪中变成了一个火球",为此"珀斯"号不得不紧急向左转,惊险万分地避过了"德·鲁伊特"号的残骸。紧跟在"珀斯"号之后的美国海军"休斯敦"号重巡洋舰则几乎一头撞上了前者。23:34,盟军队列最后的"爪哇"号又被"那智"号发射的一枚鱼雷命中,该舰很快步了旗舰的后尘,512 名船员随"爪哇"号一起永远留在了爪哇海。值得一提的是,"德·鲁伊特"号和"爪哇"号的船员阵亡率分别达到了惊人的 70% 和 96%。

　　讽刺的是,23:52,盟军终于再次得到了关于日军运输船队位置的准确情报。

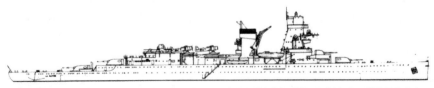

■ "德·鲁伊特"号侧视线图。该舰是荷兰海军最强大的作战舰艇,其毁灭可被视为旧荷兰的终结。

■ 停泊在泗水港的"爪哇"号巡洋舰，拍摄时间为1937年年中。

这是一架 18：50 起飞的荷兰飞机，它于 22：35 发现了目标，该机曾在 19：55 前后发现杜尔曼编队。无论如何，这份情报来得太晚了。在情报到达之前，"德·鲁伊特"号已经化作了爪哇海上巨大的火炬，熊熊的火光仿佛昭示着盟军在东印度最后的悲惨结局。

现在，"珀斯"号的舰长沃勒上校成为舰队指挥官。他命令目睹了这幕惨剧的"珀斯"号和"休斯敦"号向西南方向的丹戎不碌港撤退（一说这是杜尔曼将军最后的命令）。日军方面则错误地以为盟军正向东南方向撤退，于是本着"宜将剩勇追穷寇，不可沽名学霸王"的精神进行了追击。尽管双方都估计当夜仍将爆发遭遇战，并彻夜保持了战斗值班，但是双方就此南辕北辙地脱离了接触，悲剧性的爪哇海战终于落下了帷幕。

在这场长达 7 个小时的漫长战斗中，日军共发射了 1619 发 203 毫米炮弹、221 枚 140 毫米炮弹和约 150 枚鱼雷，确定命中的只有 4 发（一说 5 发）203 毫米炮弹和 3 枚鱼雷。此外日军还发射了 515 枚 127 毫米炮弹。盟军方面，重型舰只仅"珀斯"号有 1 发确定命中。双方的命中率都低得出奇，撇开运气因素之外，主要原因乃是在整场战斗中双方主力都一直保持在远距离交火。

就战果而言，日军仅有"朝云"号被重创，其余各舰仅受轻伤，对比盟军损失可谓大获全胜。盟军的"德·鲁伊特"号、"爪哇"号、"科顿纳尔"号、"伊莱克特拉"号和"朱庇特"号沉没；"埃克塞特"号受重伤，在当天傍晚时分便在"威特·德·威斯"号的护送下返回泗水；"休斯敦"号受轻伤。

在最后的悲剧到来之前，幸存的盟军驱逐舰已经先后向泗水返航。

⟶ 转进与坚守 ⟵

28日，日军第48师团在格拉干登陆，2艘盟军巡洋舰"珀斯"号和"休斯敦"号则在13：30进入丹戎不碌港。令人哭笑不得的是，这一次盟军空军倒算是配合，使得两艘巡洋舰在前往丹戎不碌港途中得到了来自雅加达的盟军战斗机的掩护。

西突击舰队离开后，丹戎不碌港一派灰败景象。

一位"珀斯"号的船员回忆道：当时该港死气沉沉，对早已在27日长达7个半小时的艰苦海战和彻夜值班中累得精疲力竭的船员来说，这副惨淡的光景对他们士气的打击是无法估量的。"休斯敦"号的情况也不好，主炮的连续射击带来的震动对该舰产生了不小的影响。沃勒上校在该港向海夫里奇将

■ 掉队后独自返港的荷兰驱逐舰"艾弗森"号，该舰未能参加27日的绝望战斗，可谓"幸运"，然而躲得过初一躲不过十五，几天后该舰亦随荷属东印度的其他残舰一起自沉。

军报告了爪哇海战的经过。

两艘巡洋舰抵达丹戎不碌港后不久，荷兰驱逐舰"艾弗森"号也于 28 日 14 时抵达了这里。该舰在前一天的转进行动中遇到暴风，从而与其他舰只失去联系，因此未能和盟军西突击舰队主力一起突破巽他海峡，被迫独自返回丹戎不碌港。

在前一天的海战中，双方都消耗了大量弹药，此时"珀斯"号还剩余 160 发 6 英寸炮弹，"休斯敦"则尚有 300 发 8 英寸炮弹。此外它们还急需补给燃料。然而他们在丹戎不碌港只能找到 1000 吨燃料，这还是荷兰人留给自己的小金库。经过交涉，"珀斯"号终于补充了 300 吨燃料（约占其油舱容量的一半），"休斯敦"号则补充了刚够驶抵澳大利亚的燃料。至于主炮弹药，在该港是一发都没有。聊胜于无，"珀斯"号好歹得到了一些 4 英寸炮弹。

尽管经历了惨痛的失败，荷兰人依然绝望地坚信爪哇岛是可以守住的。当然，这倒不必硬解读为殖民者拒不吐出赃物的吝啬。因为在东印度的荷兰军队中，上至海夫里奇将军，下至普通水手，许多人都出生在东印度群岛，这里对他们而言就代表着家。就现实条件来说，荷兰陆军还掌握着约 2 个师的兵力，这使得孤注一掷的荷兰人仍旧有本钱幻想日军的失败。守护家园的愿望，加上虽渺茫但尚存的希望，促使海夫里奇将军最终命令丹戎不碌港内的 3 艘盟军舰只驶向芝拉扎继续作战，他无意退却。

不过，其他盟军成员可远没有荷兰人这么乐观。

早在 2 月 15 日新加坡陷落之时，英国人就率先判断东印度已经完蛋了。25 日分兵之后，海夫里奇将军手下的舰队就日趋单薄。还在杜尔曼被击败之前，运送 P-40 战斗机的美国海军"兰利"号（Langley）航空母舰就在芝拉扎以南 50 英里处被日军航空母舰击沉。从 27 日爪哇海战中险退的幸存者们在返回泗水之后便各自盘算起自己的出路。考虑到巴厘海峡（Bali Strait）太浅不适合"埃克塞特"号通行，而龙目海峡（Lombok Strait）两岸又被日军占据，以重伤的"埃克塞特"号可怜的速度根本无力在白天突破，帕里瑟少将便命令该舰和驱逐舰"遭遇"号、"波普"号及"威特·德·威斯"号一起经由巽他海峡转进。另一方面，宾福德中校强烈要求率领他的驱逐舰分队经由巴厘海峡转进澳大利亚，他的要求在 28 日下午得到了满足。

140

对于丹戎不碌港内的 3 艘盟军舰只来说，要从丹戎不碌港前往芝拉扎，他们有两条路可以选择。从地图上看，丹戎不碌港与芝拉扎分别位于爪哇岛的南北两侧，因此一条路是经由东边的龙目海峡、万隆海峡，另一条路是经由西边的巽他海峡。28 日下午 15：00，盟军空中侦察报告日军的西爪哇入侵部队正位于丹戎不碌港以北约为 10 小时航程位置。此外，巽他海峡畅通无阻，没有日军出没。于是，巽他海峡就成了这 3 艘盟军舰只的选择。

不幸的是，这份对路线选择起决定性作用的关键情报恰恰是一份错误情报。当原显三郎率西爪哇入侵部队逼近目标

■ 出生于东印度群岛（印度尼西亚群岛）的海夫里奇。虽然3年半后他将代表荷兰签署对日投降书一雪前耻，但现在他得经历一段落魄岁月。

时，恰有 7 艘运输船在"由良"号和 2 艘驱逐舰的护送下离队前往西爪哇中部，计划在厄勒威丹（Eratan Wetan）登陆。盟军空中侦察发现的正是这支分队。侦察机错误地估计了这支分队的实力，报告这支部队包括 10 艘运输船，2 艘巡洋舰和 3 艘驱逐舰，正在雅加达以北 50 英里处向东航行。既然日军看起来无意封堵巽他海峡，"珀斯"号的舰长沃勒和"休斯敦"号的舰长阿尔伯特·罗克斯上校（Albert H. Rooks）便决定取道巽他海峡前往芝拉扎，毕竟以他们现在的状态，指望去袭击日军登陆舰队实在是一种幻想[1]。

28 日傍晚 19：00，"珀斯"号和"休斯敦"号起航了。"艾弗森"号则在等候命令确认，因此直到 20：45 才出发。在两艘巡洋舰上，经历了前一天血战的官兵们普遍怀着一种庆幸的心情："谢天谢地，我们终于要离开爪哇海了。"

他们还不知道，在巽他海峡，等待他们的会是什么。

---

① 莫里森在《两洋战争》中认为这两艘盟军巡洋舰出动的原因是为了阻止日军西爪哇入侵部队的登陆。考虑到盟军的实力以及地理位置，笔者倾向于相信盟军的实际目的是前往芝拉扎。

此时，原显三郎的船队已经抵达巽他海峡入口处的圣尼古拉斯角（St. Nicholas Point）。6 艘运输船在日军第 12 驱逐舰中队及 4 艘隶属于第 22 驱逐舰中队的驱逐舰护送下，进入海峡前往默拉克。日军舰队主力则在万丹湾下锚。

这支日本舰队的序列如下：

原显三郎的旗舰："名取"号轻巡洋舰。

由崎山释夫大佐指挥的第 7 战队第 2 分队，下辖 2 艘重巡洋舰"最上"号（旗舰）、"三隈"号和 1 艘驱逐舰"敷波"号。该分队位于万丹湾以北约 20 英里处。

由庄司喜一郎大佐指挥的第 11 驱逐舰中队，下辖 3 艘驱逐舰"白雪"号（旗舰）、"初雪"号和"吹雪"号。

由野间口兼知大佐指挥的第 5 驱逐舰中队，下辖 3 艘驱逐舰"春风"号（旗舰）、"旗风"号和"朝风"号。该驱逐舰中队和第 11 驱逐舰中队主力与"名取"号一同在登陆区巡逻。"吹雪"号则在登陆区东侧巡逻，警戒盟军最可能来袭的方向。

由小川莛喜大佐指挥的第 12 驱逐舰中队，下辖 2 艘驱逐舰"白云"号（旗舰）和"丛云"号。该驱逐舰中队在海峡内。

以上合计 2 艘重巡洋舰、1 艘轻巡洋舰、9 艘驱逐舰。此外日军第 7 战队的另外 2 艘重巡洋舰——"三隈"和"最上"的姊妹舰"铃谷"号和"熊野"号也在附近。毫无疑问，这将是一场不相匹敌的战斗。

当夜风清月朗，海面平静，能见度良好。日军第 16 军指挥官今村将军的副官曾在这个"宁静"的夜晚不无得意地说："全军上下颇觉得有些失望，看起来这次登陆行动将兵不血刃地获得成功。"虽然当天下午日军空中侦察发回的情报显示在雅加达附近发现了盟军船只，他的自信未免有些言之过早，不过这种感觉却在日军上下传播开来——开战以来一路的高歌猛进、捷报频传给他们的自我感觉实在是太好了。

➡ 巽他海峡夜战——血腥的后续 ⬅

双方都没有预料到当晚会有战斗。然而，双方都要失望了。不过，对于日军来说，战斗突临带来的只是惊讶，而对盟军来说则是灾难。后者正怀着庆幸的心情，驶向宿命的终点。

22：39，"吹雪"号率先发现约11000码外有两艘不明船只正从东方接近。该舰立刻向原显三郎报告了这一情况，此时"名取"号和第11驱逐舰中队主力正位于圣尼古拉斯角以北8英里处。9分钟后，"名取"号也发现远处东东南方向18500码外出现2个不明轮廓。率先发现不速之客的"吹雪"号立即转向巴比岛（Babi Island）尾随入侵者。22：59，原显三郎认定来者为盟军舰只，于是命令重巡分队与第5驱逐舰中队立刻南下与他汇合。他向日军舰队通报的作战计划如下："考虑到敌舰在看到我军巡洋舰之后可能会选择回避作战，从而使我们失去一个击沉他们的大好机会，有鉴于此，我决定利用'名取'号为诱饵，将敌舰从运输船那里吸引到开阔海区。之后一旦敌舰开火，我们就和第7战队一起反击了结他们。"

在"珀斯"号上，该舰领航员曾在其经过巴比岛以南2500码处时记录道："海情平静，几乎没有风，满月，无云，能见度约6至7英里。"其后的"休斯敦"号的记录则显示当时两舰的速度大约为22节。23：00左右，两舰发现前方有一些不明船只。鉴于情报显示日军无意封锁巽他海峡，两位盟军舰长都判断那是荷兰巡逻船只。当接近到5英里时，沃勒上校命人发出验证信号。不明船只用绿色信号灯发出了令盟军莫名其妙的信号，之后立刻放烟幕遁走，沃勒上校恍悟原来碰上的竟是敌舰。他顾不上怨天尤人，立刻下令两舰转向北。23：15，两艘盟军巡洋舰率先向敌舰开火。

被发现的日军舰只是"春风"号驱逐舰，在几分钟前该舰曾报告发现"珀

■ 轻巡洋舰"名取"号，属"长良"级，是第一次世界大战以后日本海军批量建造用来充当"水雷舰队"旗舰的5500吨级轻巡洋舰中的一条。

■ 日本海军的旧式驱逐舰"旗风"号，该舰与僚舰"春风"号被突然杀至的盟军舰队打个措手不及。

斯"号轻巡洋舰。

跟在"休斯敦"号后面约 3000 码处的"吹雪"号跟着盟军舰只转向。23：14，该舰认为已无隐藏身份之必要，遂在转向过程中一口气打出了 9 条九〇式鱼雷和 16 发炮弹，距离约为 2700 码。事后该舰报告命中鱼雷 1 条。

虽然原显三郎打算拿座舰当诱饵钓鱼，不过沃勒上校并没有上钩。盟军巡洋舰转了个圈之后继续向运输船方向驶去，这使得原显三郎大感意外，遂在 23：15 放弃了原计划，转而命令第 5 和第 11 驱逐舰中队前去冲击敌舰，同时令第 12 驱逐舰中队向主力靠拢。

在登陆区域，之前那位对"兵不血刃地登陆"颇感"遗憾"的副官被其声称的所谓"震耳欲聋的炮响"吓了一跳，高叫着"在我方锚地北东北方位 16千米处，两艘战列舰正在不停地发射巨炮"。

在盟军巡洋舰上，瞭望员不断报告发现了更多的敌方舰只在掩护锚地——这些舰只包括第 5 驱逐舰中队的"春风"号、"旗风"号以及一些扫雷舰，可能包括"名取"号和第 11 驱逐舰中队，另外"休斯敦"号也可能发现了身后的"吹雪"号。不过，甚至直至此时，一些盟军指挥官还没有意识到他们撞上的是日军入侵舰队主力。事后"珀斯"号的报告显示："无法估计我们遇上的敌方是哪一部分。在整个过程中大量驱逐舰从各个方向向我们开火，此外还有一位舰桥上的军官声称看见大量挤在一起的船只，估计是运输船。"

"春风"号正一路拉着烟幕向西北方向转进，不过这阵烟幕反倒把正在向北疾进的同队兄弟"旗风"号暴露了出来。后者用 120 毫米主炮向盟军开火，沃勒则应以向东转向。23：26，一发炮弹在"珀斯"号的前烟囱处爆炸。这发炮弹打飞了"珀斯"号的一艘救生船，此外还对左舷的乒乓炮以及信号桥楼甲板造成了一定破坏，但是总体而言该舰的作战性能并没有因此受到影响。23：38，鉴于潘姜岛（Pandjang Island）距离盟军距离过近，沃勒上校下令转向东北方向以避免搁浅。

截至此时，战斗已经进行了 20 多分钟，双方打得颇为热闹，但是都没有获得什么像样的战果。然而对于盟军舰队来说，不幸即将开始，因为此时日军的包围圈已经完成。一方面，盟军舰队已经离开日军担心的登陆区；另一方面，在"旗风"号成功转进后，第 5 驱逐舰中队已经在圣尼古拉斯角北东北方向 11000 码处集结。与此同时，第 12 驱逐舰中队正从西方赶来；两艘重巡洋舰已在圣尼古拉斯角东北方向转向东开始测距，一旦本方驱逐舰完成攻击，重巡的 203 毫米主炮就将"发言"。

收紧绞索

日军的最后攻击由"白雪"号和"初雪"号发起。两舰一马当先，冒着盟军猛烈的炮火疾进，于 23：40 抵近至 4000 码距离上各自向南打出 9 条九〇式鱼雷，随后迅速放烟幕转进。在攻击过程中它们遭到了盟军炮火的阻截，"珀斯"号的一发 6 英寸炮弹命中了"白雪"号的舰桥，造成 1 死 11 伤（一说 1 死 8 伤）。

两艘盟军巡洋舰转向圣尼古拉斯角以东，此时他们位于日军运输船东北大约几千码的位置。"珀斯"号在此过程中曾发射过 4 枚鱼雷，不过该舰的幸存者战后无法确定鱼雷的目标——反正四面八方都是敌人，手上能搞到什么武器就只管打出去。"休斯敦"号的记录用一句话描述了这一时间的战斗："战斗成为一场混战——我舰向各个方向开火，交战距离从未远于 5000 码。"不过，从日方的记录来看，此时盟军的火力主要集中在日军战舰而不是运输船身上。

第二个发动攻击的是第 5 驱逐舰中队。不过，这次攻击同样并不顺利，他们也遭到了盟军火力的阻截。首先"春风"号被几次击中，舰桥、引擎室和舵都遭到不同程度的损失，人员方面 3 死 5 伤，该舰就此退出了攻击行列；随后"朝风"号转向北西北航向，在 23：43 向东南方向的盟军发射了 6 条鱼雷，距离约为 4000 码；"旗风"号则被盟军近失弹造成的巨大水柱挡住了视线，没有发射鱼雷。

■（以上两幅图）正在发射鱼雷的日本驱逐舰，由于列装年代的关系，太平洋战争爆发时并非所有日本水面舰艇都配备了"长矛"，九〇式533毫米鱼雷在一些老式巡洋舰和驱逐舰上仍是标准武器。（模拟照片）

最后，23：44，"名取"号向"珀斯"号发射了29发炮弹和4条鱼雷，作为这一轮鱼雷攒射的终结。射击完成后，原显三郎于23：46放出烟幕转向北，同时命令各驱逐舰中队集结并装填鱼雷，准备下一轮攻击。

在这一轮鱼雷攒射中，日军先后共计发射了28条鱼雷。这些鱼雷于23：48前后逐一接近目标，它们造成了盟军一定程度的混乱。当时"珀斯"的4座主炮炮塔各自独立射击，4英寸副炮则在发射照明弹。船员回忆"当时我们也不知道究竟在射击什么"。"休斯敦"号的情况也差不多。好在这28条鱼雷全部脱靶，日军无一战果。

与此同时，日方轻型舰只已经暂时离开了战场，两艘由轻巡改造的"重巡"即将成为战场的主角。"三隈"号舰长崎山釈夫大佐早就等得不耐烦了。两艘重巡以鱼雷齐射开场，开始了他们的表演。不过，这个开场并不顺利："三隈"号在打出第一条鱼雷之后，原计划第三条发射的鱼雷滑到了原计划第二条发射的鱼雷上。这一事故导致"三隈"号的鱼雷发射耽搁了片刻，直到3分钟后故障被排除。而后"最上"号和"三隈"号各自对12000码外的盟军巡洋舰完成了一次6条鱼雷齐射。

两艘重巡登场之后，"珀斯"号和"休斯敦"号迅速将火力集中到它们身上，但遗憾的是大部分炮弹都落在两艘日舰前方。据崎山釈夫大佐估计，由于日军两艘重巡洋舰安装有扫雷器，扫雷器引起的舰首波使得盟军高估了日舰的速度，从而导致盟军的火控不甚准确。不久之后，由于距离巴比岛过近，两艘日舰转向180度航向西。23：52，日舰完成转向后打开探照灯锁定盟军舰只，

■ 《伦敦海军协定》失效后，155毫米主炮换装203毫米主炮，从轻巡变身"重巡"的"三隈"号。

■ 配备5个三联装155毫米主炮炮塔，身份还是轻巡洋舰时代的"最上"号。照片拍摄于1935年该舰服役之初。

引导主炮炮击。

此前的23：51前后，"珀斯"号的水兵舱又被命中一发，此发炮弹来源不明，好在不影响作战性能，何况到这时候也没人会留意住舱的情况了。4分钟后，"休斯敦"号终于取得了命中：该舰的一发8英寸炮弹命中了"最上"号，造成6死13伤（日方记录没有显示伤亡）。此后不久，"三隈"号的配电系统出现故障，造成该舰的探照灯一度熄灭，该舰也因此暂时停止了炮击。

然而这也仅是盟军的回光返照。此刻，正在航向圣尼古拉斯角的盟军巡洋舰面临了另一个严重的问题——弹药不足。"珀斯"号的主炮炮弹已经消耗殆尽，只剩下训练弹可供发射；"休斯敦"号的情况要稍好一些，该舰的后主炮弹药库内还剩有部分炮弹，该舰的水兵们排成人链，用人力将260磅主炮炮弹从后弹药库向前主炮传递。

弹药的窘迫不但影响了两舰向两艘日军重巡洋舰的反击，同时也使得日军驱逐舰得以更从容地发动鱼雷攻击。很快，"春风"号和"旗风"号又靠了上来，准备进行第二次鱼雷射击。"春风"号于23：56、"旗风"号在23：

■ 皇家澳大利亚海军轻巡洋舰"珀斯"号。1942年2月28日子夜，这艘舰将迎来它最后的时刻。

■ 日军特型驱逐舰"白云"号（"吹雪"级）。

58，分别对东南方向 4000 码外的盟军巡洋舰发射了 5 条和 6 条 533 毫米鱼雷。发射完毕后，"春风"号和"旗风"号分别转向北方和西方。

在此期间，盟军东北 10000 码外的"最上"号于 23：57 也发射了 6 条"长矛"鱼雷，同时"三隈"号报告电路故障已经修复，可以再次对盟军发动攻击。于是 2 艘日军重巡洋舰在 10000 码距离上继续炮击。第 12 驱逐舰中队的"白云"号和"丛云"号于 24：00 从圣尼古拉斯角匆匆赶来，在 5000 码的距离上各自向东南东方位的盟军巡洋舰发射了 9 条九〇式鱼雷。同时，"三隈"号[①]还从 9000 码的距离上向"休斯敦"号射击。混战中，一发炮弹击伤了"敷波"号，使其速度降为 24 节。

日军的第二波登陆

从 23：14"吹雪"号进行了整场海战中第一次鱼雷发射开始，到 23：50 两艘日军重巡洋舰完成第一次鱼雷齐射为止，在这半个多小时内，日军一共

---

① 与日方记录不同，美方判断这是正在航向北方同时装填鱼雷的"名取"号。

发射了 49 条鱼雷。尽管此前"吹雪"号曾报告命中 1 条,但实际上截至此时两艘盟军巡洋舰所遭受的损伤都是来自于炮击。不过,盟军的这种好运气很快就要终结了。从 23:56 开始至 24:00 止,日军在 4 分钟内接连打出了 35 条鱼雷,由于此时盟军已经陷于无力干扰日舰只发射鱼雷的窘境,这种高密度的雷阵最终给盟军舰只带来了灭顶之灾。尽管沃勒上校命令两舰全速向圣尼古拉斯角以西航行,试图强行突破海峡,进行最后一搏,但是这对于盟军来说,已经太迟了。

3 月 1 日 00:05,一条鱼雷击中了"珀斯"号的前引擎室,引擎室内大部分成员都在爆炸中阵亡,仅有一名黑人船员幸存。这条鱼雷也使得该舰速度大减。日美双方的记录都认为这条鱼雷来自"春风"号。2 分钟后,另一条鱼雷又在该舰右舷舰桥下方部位爆炸(来源不明),此后又有 2 条鱼雷分别命中了前弹药库和"珀斯"号 X 炮塔下方,美方认为鱼雷来自"白云"号和"丛云"号。由于"珀斯"号弹药已经告罄,日军驱逐舰便大胆地冲上前用舰炮肆意扫射无助的澳大利亚船员。00:12,"珀斯"号向左舷翻沉,舰长沃勒上校和 351 名船员阵亡;其余 335 名幸存者中,有 103 人没有活到战争结束。

现在,只剩下"休斯敦"号孤军奋战了。尽管日方声称该舰此前已经被击中(来自 23:52 前后两艘日军重巡的炮击),且有些美方材料显示该舰此时已经严重倾斜,但是从该舰自己的记录来看,直至此时该舰还奇迹般地毫发无伤。舰长罗克斯上校发现西去的航路已经被日军挡住,"休斯敦"号已经无望冲出包围圈,于是下令转向,冲向日军运输船队进行攻击。

00:10,该舰的好运气结束了。一发炮弹命中了该舰的后引擎室,引爆了那里的蒸汽管线,后引擎室内的全部成员当场殉职。和"珀斯"号一样,在遭到第一次严重打击之后,沉重的打击便接二连三地落在了该舰身上。此后该舰的受损记录完全可以用混乱来形容:一发炮弹在首楼爆炸,引燃了油漆储藏室;另一发炮弹把军官室打了个对穿;一条鱼雷击中了主绘图室,绘图室成员在逃生时又遇上了横飞的弹片从而全部阵亡。"休斯敦"号的两座主炮塔从此只能各自为战。某些美方资料声称,在此后日军曾一度无意照亮了己方船只,"休斯敦"号的炮手们乘机取得了击伤 3 艘驱逐舰并击沉 1 艘扫雷艇的战绩,不过除了确有 1 艘扫雷艇沉没外,这一战果并没有得到日方

■ 1942年2月28日—3月1日巽他海峡之战过程示意图。

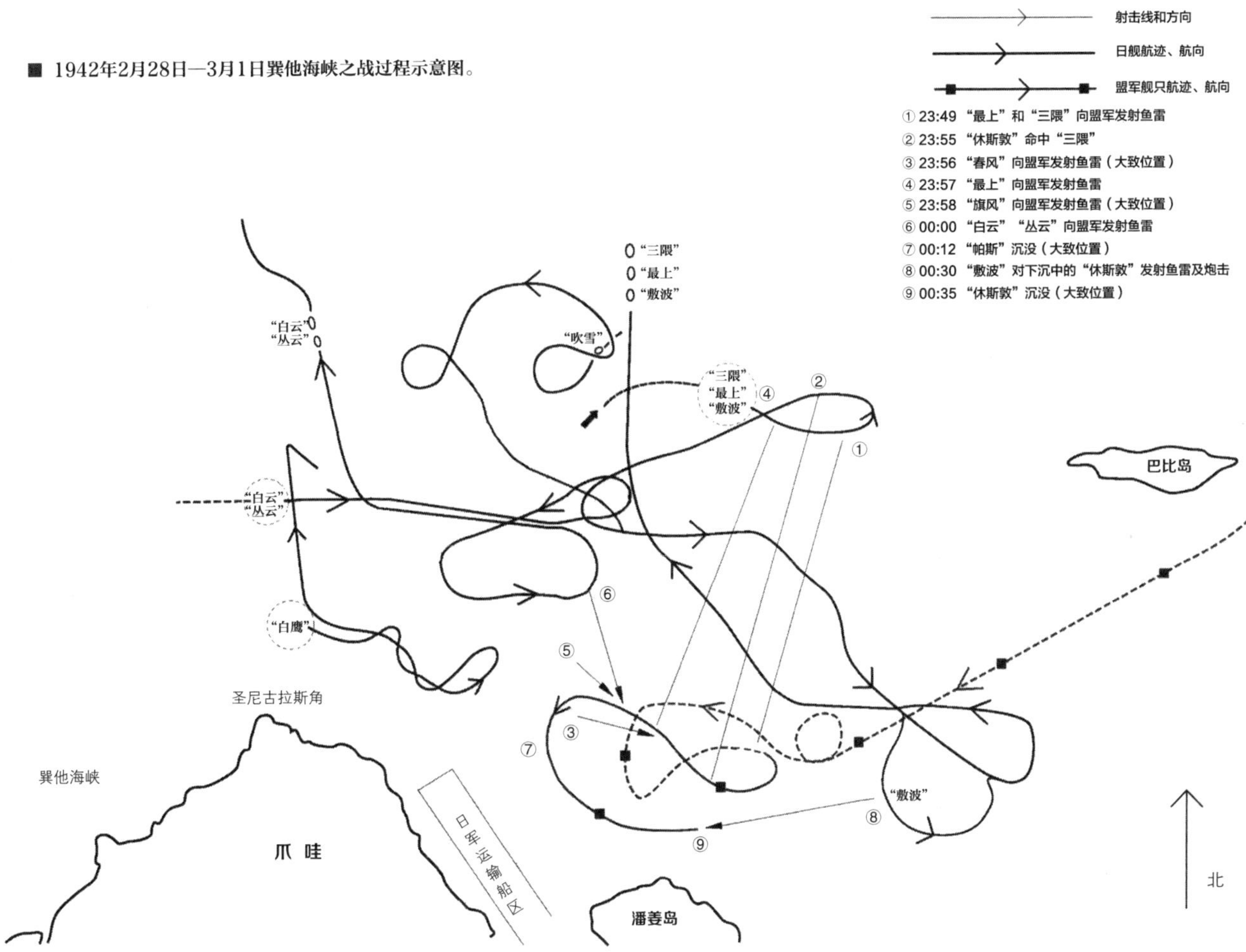

图例：
— 射击线和方向
→ 日舰航迹、航向
→■ 盟军舰只航迹、航向

① 23:49 "最上"和"三隈"向盟军发射鱼雷
② 23:55 "休斯敦"命中"三隈"
③ 23:56 "春风"向盟军发射鱼雷（大致位置）
④ 23:57 "最上"向盟军发射鱼雷（大致位置）
⑤ 23:58 "旗风"向盟军发射鱼雷
⑥ 00:00 "白云"向盟军发射鱼雷
⑦ 00:12 "帕斯"沉没（大致位置）
⑧ 00:30 "敷波"对下沉中的"休斯敦"发射鱼雷及炮击
⑨ 00:35 "休斯敦"沉没（大致位置）

北

巴比岛

"帕斯"○
"休斯敦"○

"敷波"

潘妻岛

"三隈"○
"最上"○
"敷波"○

"吹雪"

"三隈"
"最上"
"敷波"

"白云"○
"丛云"○

"白云"
"丛云"

"白鹰"

日军登陆地区

圣尼古拉斯角

爪哇

巽他海峡

150

■ 巽他海峡上露出水面的"珀斯"号残骸。照片拍摄于1942年3月1日晨间。

记录的支持。此后，正当2号主炮塔在装填第28发炮弹时，炮塔正面被命中①。尽管在两天的战斗中"休斯敦"号对于哑弹已经见惯不怪，但是这次命中引发的火灾最终迫使罗克斯舰长下令向主炮弹药库注水，从而使得该舰的全部主炮退出了战斗。此后，又有3条鱼雷（数据来源不明，该舰自己的记录为右舷2条，左舷1条）"锦上添花"。与"珀斯"号的遭遇类似，日军驱逐舰再次冲上前来用小口径武器向"休斯敦"号的上层建筑疯狂扫射。从日军地图来看，日军布雷舰"白鹰"号也参与了对"休斯敦"号的扫射行动。虽然"休斯敦"号的主炮已经无法使用，但是该舰的单装5英寸副炮组和机枪射手们一直坚守岗位直到弹药全部耗尽。

在"三隈"号的舰桥上，日方记录如下："我们在00：20开火，大约2发炮弹在6500码的距离上命中了敌舰。我们继续开火，不过3分钟后由于离岸太近，我舰被迫转向。转向完成后我舰继续射击，敌舰舰桥爆炸，火光冲天。所有人都怀着无比激动的心情欣赏着这一胜利的场面。"

00：30（一说00：25），正站在一座机枪旁的罗克斯上校被横飞的弹片夺去了生命。此时日军重巡的203h毫米炮已经停止了表演，日军驱逐舰"敷波"号冲了上来集中火力射击"休斯敦"号的后甲板和左舷机库——那里正聚集

———————

① 有美方记录这是一发哑弹。日方记录显示这是23：52前后两艘日军重巡洋舰射击击中的。这里取美方"休斯敦"号记录的时间为准。

■ 战后被打捞、修复后展出的"珀斯"号的双联装4英寸副炮炮组以及鱼雷，这些东西现在保存在达尔文港。

着大量从船舱里逃出的幸存者。此后"敷波"号又向"休斯敦"号发射了 1 条鱼雷，彻底了结了这艘已经无法挽救的巡洋舰。

最后，也不知究竟是谁，又具体在何时下达了弃船的命令，有说这是罗克斯上校在 00：25 下达的，也有说这是罗克斯上校阵亡后，由副舰长大卫·罗伯茨中校（David Roberts）下达的。00：35 前后，"休斯敦"号的船尾高高翘起，随即沉入了海底。该舰的 1061 名乘员中只有 368 人幸存，其中有 76 人在战俘营中死亡。

巽他海峡夜战就这样接近了终结。除了正在苏门答腊西海岸航行的皇家澳大利亚"霍巴特"号巡洋舰曾收到一封告知了"珀斯"号最终命运的电报外，盟军方面再也没有收到关于两舰最后时刻的任何消息。

在两艘巡洋舰之后，于 2 月 28 日 20：45 从丹戎不碌港出发的荷兰海军驱逐舰"艾弗森"也没有逃脱悲惨的命运。该舰在出发几小时后发现前方的天空已经被火光照亮，舰长德瓦利斯据此判断先行的两艘盟军巡洋舰正在与日舰交战，因此决定绕道向北，沿苏门答腊海岸前进试图绕开日军封锁线突破巽他海峡。不幸的是，01：30（一说 02：00）后该舰与日舰遭遇了。这是日军第 12 驱逐舰中队的"白云"号和"丛云"号，当时两舰正高速返回它们先前的巡逻位置。其中一艘发射了照明弹，并对"艾弗森"号进行了一次全舰齐射。"艾弗森"号立即转向以躲避打击，这次转向使得该舰一度与日舰脱离了接触。

但是很快，日军的舰炮命中了该舰舰尾并引燃了大火。该舰最终在塞布库·贝萨尔岛（Sebuku Besar）抢滩，有说法认为这是舰长为避免后弹药舱进水而做出的决定，但是最终该舰的后弹药舱还是在燃烧了几个小时后发生爆炸。其时该舰的状况并不适合夜战：该舰从1941年12月1日才开始服役，船员们缺乏训练，火控系统在此前的战斗中受损，而3个锅炉中也只有2个可用。该舰共计32人阵亡，其余成员在岛上待了几天之后被日军发现，随后进了战俘营。

这场血腥的战斗中，盟军方面2艘巡洋舰和1艘驱逐舰全军覆灭，日军方面1艘扫雷艇沉没（35死9伤），"三隈"号重巡洋舰、"白雪"号和"敷波"号驱逐舰受轻伤，"春风"号驱逐舰受中等损伤。此外，运输船"左苍丸"号、"蓬莱丸"号和"龙野丸"号以及特设船只"龙城丸"号[①]沉没或搁浅。这些船只的损失迫使大量的日本陆军官兵和水手们跳海逃生。

对于日军方面4艘陆军船只和扫雷艇的损失，史学界存在着一定争议。在日方记录中，这5艘船只都是在3月1日00：05分被"最上"号于2月28日23：57发射的6条鱼雷命中击沉，其中扫雷艇W2号直接被一条鱼雷撕成了两截。不过从6发5中的记录来看，即便是固定靶，"最上"号的运气也实在太好了些。也有记录认为，扫雷艇是给"吹雪"号发射的鱼雷击沉的——虽然"吹雪"号的确曾报告命中1条鱼雷[②]，不过这个解释有些离奇——仅约10000码的航程，"吹雪"号发射的鱼雷能用近一个小时来完成？

不过，莫里森则在《两洋战争》的相关章节中对此提出异议。他认为4艘日军陆军船只的损失是2艘盟军巡洋舰的战果。他根据以下两点否定了"最上鱼雷"说：一、日军重巡洋舰距离陆军船只太远，鱼雷不可能命中；二、当时潘姜岛位于"最上"号和陆军船只之间，就算"最上"号发射的鱼雷没有命中两艘盟军巡洋舰，也不可能打中陆军舰船。至于那艘扫雷艇，则应该是"休斯敦"号的战绩。

从美日双方的地图来看，"最上"号和陆军船只的距离大概在15000码。

---

① "左苍丸"号排水量7149吨；"蓬莱丸"号排水量9162吨；"龙野丸"号排水量6960吨；"龙城丸"号排水量8160吨，又名"神州丸"号，是日本陆军建造的登陆舰一类的船只。该舰当时装载着日军第16军指挥部。

② 关于"吹雪"号的命中记录，笔者倾向于"误报"之说，很可能是日军发射的鱼雷中途自爆了。

以长矛鱼雷 48 节的速度，在 8 分钟内完成这段距离的确有一定困难。从日方地图来看，"最上"号和盟军巡洋舰间的连线延长线也的确经过潘姜岛边沿。由此看来，莫里森的质疑是有道理的。

不过，从另一方面看来，这 5 艘船只也不像是盟军方面鱼雷的战绩。首先，在整场海战中，盟军方面只有"珀斯"号发射过 4 条鱼雷，幸存者不能肯定这 4 条鱼雷的目标。如果说"最上"号 6 发 5 中的战绩属于运气好，那么"珀斯"号 4 发 4 中的成绩则属于运气好过中六合彩。其次，"珀斯"发射鱼雷是在 2 月 28 日 23：40，根据双方地图，此时该舰距离陆军船只大约是 5000 码。考虑到后者被命中的时间是 3 月 1 日 00：05，除非盟军使用的鱼雷时速还不到 10 节，否则这段距离相对 25 分钟的航程来说就太短了。

从其他日舰（各驱逐舰和"名取"号轻巡洋舰）发射鱼雷的时间和方向来看，他们似乎也没有自摆乌龙的机会（各舰发射鱼雷时间参见本文后"附表2：日军在巽他海峡夜战中发射鱼雷统计简表"）。

考虑到以上因素，可以认为，简单地将这 5 艘船只的损失全部归因于日军鱼雷是有失妥当的。鉴于混战中盟军曾向各个方向开火，笔者认为这其中应该有"休斯敦"号舰炮的部分战果。

原显三郎将军在总结这次海战时写道："由于密集的射击和巨大的水柱带来的观测困难，夜间作战时判断战场形势以及舰炮和鱼雷造成的战果是非常困难的。我们在报告中试图就炮击和雷击的效率做初步判断。判断的结论对激励战斗精神是有利的，但是同时也影响了指挥官在今后战斗中的判断。"他也指出在战斗中有几次己方的驱逐舰差点被 2 艘重巡发射的鱼雷击中，强调"这使得我们感到很危险"。

尽管 2 艘盟军巡洋舰，尤其是"休斯敦"号重巡洋舰坚持战斗到底的精神令人肃然起敬，但是这对荷属东印度的局势来说是事无补。不过，如果帕里瑟少将没有在 27 日命令盟军西突击舰队转进锡兰，而是留在丹戎不碌港，在 28 日与"珀斯"号和"休斯敦"号汇合后于当夜一同突破巽他海峡，或许能给日军西爪哇入侵部队造成更沉重的打击，也许 2 艘盟军巡洋舰也有可能与西突击舰队一同突破海峡。毕竟从兵力上来看，这种情况下双方的差距要小得多（注意在此情况下，日军另外 2 艘重巡"铃谷"号和"熊野"号也可能投入战斗）。但是，即使如此，盟军也不可能获得海峡的控制权，因为南云忠一中将指挥的机动部队正在印度洋徘徊。

異他海峡之战就这样结束了。这无疑是悲惨的爪哇海战后一个血腥的后续，然而更可悲的是，这并不是悲剧的终结。

⊶ 最终的悲剧 ⊷

28 日 17：00，宾福德中校率领麾下的 4 艘美国驱逐舰驶离泗水。3 月 1 日凌晨 02：00，它们排成纵列，以 20 节的速度冲进了最窄处仅有 1 英里宽的巴厘海峡。为了避免在皎洁的月光下显露侧影，冲进海峡之后宾福德中校下令驱逐舰们贴着爪哇海岸行驶，并提速至 25 节。全体船员精神高度紧张，他们并不指望碰上"日本人恰好不在"这般好事。

约半小时后，"爱德华兹"号的瞭望员报告左舷 8000 码外发现一艘不明船只。该船航向与盟军平行，此后又发现了更多船只。

■ 日本海军的"初春"级驱逐舰"子日"号。

■ 美国驱逐舰"约翰·爱德华兹"号，照片摄于 1942 年 9 月，此时该舰与其他 3 艘僚舰早已驶抵澳洲。

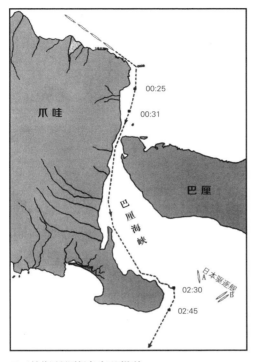

■ 4艘美军驱逐舰突破巴厘海峡。

这正是在巴厘海峡巡逻的日军第 21 驱逐舰中队。该中队由清水利夫大佐指挥，共有 4 艘驱逐舰，分别是"初春"号（旗舰）、"子日"号、"若叶"号和"初霜"号。

几分钟后，日方向美方发出了验证信号，后者当然无法回答。日舰随即在 6000 码的距离上开火，4 艘美军驱逐舰一面以 27 节的速度继续南下，一面猛烈还击。在短短 7 分钟的炮战中，"爱德华兹"号一口气打出了 240 发炮弹——该舰一共也就 4 门 4 英寸炮。不过，尽管火力很猛，准头却颇差。第 21 驱逐舰中队的成绩也好不到哪儿去，美方船员估计这是因为他们和自己一样疲劳——对美方来说这无疑很幸运，这使得他们避免了"艾弗森"号的命运。

02：33，美军率先停火，几分钟后失去目标的日舰也停止了射击。但是日军并没有放弃追击。02：50，日舰再次开火盲射，指望碰碰运气，或者诱使美军暴露自己。逃命要紧的美军当然没有闲工夫招呼日军，闷头一路冲过爪哇岛最南端，进入了广阔的印度洋。一无所获的日军也停止了追击并返航。3 月 4 日 16：45，4 艘美军驱逐舰终于抵达了安全地带——澳大利亚的弗里曼特尔（Fremantle）。

不过此时，他们已经是爪哇海战盟军参战成员中仅存的幸存者了。

28 日 19：00，"埃克塞特"号在"遭遇"号和"波普"号的护航下，驶离了泗水港。荷兰驱逐舰"威特·德·威斯"号留在了泗水港，该舰既没能及时召集船员，也没能及时收到确认命令。

经过紧急修理，"埃克塞特"号的最高速度达到 16 节。不过，该舰没有 4 艘美国驱逐舰那样的好运气：它一出航就被日军侦察机盯上了。正在格拉干掩护登陆行动的高木雄武及时得到了这一情报。此外，在北方，日军第 3 舰队指挥官高桥伊望中将也收到了这一情报，他随即率领重巡洋舰"足柄"号、"妙高"号以及驱逐舰"曙"号和"雷"号挡在了"埃克塞特"以北。

包围圈就此形成，提前注定"埃克塞特"号无路可逃——它甚至看不到巽他海峡。

2 月 28 日至 3 月 1 日夜间，"埃克塞特"号一路向北航行。其间，该舰曾截获一条无线电报，显示巽他海峡入口处正在进行激战——这正是前文所述的巽他海峡夜战。但是，"埃克塞特"号的舰长高登上校（Gordon）并没有据此重新考虑行动。

3 月 1 日的早晨天气晴朗，浪不大，"埃克塞特"号位于婆罗洲以南约 60 英里处，东经 110 度位置。自从泗水出发以来，盟军编队没有遇到任何敌舰，这使得编队上下都对冲过巽他海峡表示乐观。

但是这种乐观很快便被打得粉碎。07：50，瞭望员报告西南方向发现桅杆，这种时候碰上的显然不可能是自己人。没错，高木带着"那智"号、"羽黑"号以及第 24 驱逐舰中队的"山风"号和"江风"号来了。

"埃克塞特"号随即转向，希望利用日光隐藏身形。虽然这一想法落空，但是由于高木的巡洋舰在此前的爪哇海战中几乎耗尽了弹药，所以高木并不

■ 重巡洋舰"妙高"号，日本海军"十八罗汉"（18 艘重巡洋舰）之一，即便是完好无损的"埃克塞特"与之单舰对阵，恐怕也不是对手。

急于进攻，而仅仅是在水平线上远远地监视着。"埃克塞特"号无奈之下，只得被迫右转，之后再折向西，暂时摆脱了高木。

09：35，更可怕的消息降临了：瞭望员报告西北方向出现桅杆——这正是高桥中将的舰队。高登转向北，高桥紧跟不放。绝望笼罩着"埃克塞特"号编队。

日军驱逐舰率先靠了上来。10：10，"遭遇"号和"波普"号用前主炮向靠上来的"曙"号及"雷"号开火。日舰并没有马上大打出手的意思，而是转向并用尾炮还击，双方都没有取得命中。

此时，高木的舰队又重新出现在西南方向。

包围圈缩紧

"埃克塞特"号被迫折向东，此时经过轮机部门的努力，该舰有 4 个锅炉可以使用，使得最高速度提高到 23 节——但是，这还远远不够，它的对手能跑 35 节。

10：20，高桥中将的重巡洋舰在 25000 码距离上开火，并且放出侦察机修正弹着。"埃克塞特"号随即还击，但是由于火控系统故障，该舰最初的齐射偏出许多。在此后的战斗中，"足柄"号和"妙高"号在"埃克塞特"号左舷18000 码距离上肆意开火，"那智"号和"羽黑"号则在"埃克塞特"号右舷同样距离上保持威慑。"雷"号和"曙"号跟在盟军编队后面，而"山风"号和"江风"号则位于"那智"号与"雷"号之间的位置，日军大致形成了三面包围的态势。"遭遇"号与"波普"号待在"埃克塞特"号左舷。发现日军射击逐渐靠近之后，"波普"号和"遭遇"号先后释放了烟幕希望掩护"埃克塞特"号。此后"波普"号处于"埃克塞特"号船尾位置，而"遭遇"号则位于"埃克塞特"号左舷 3000 码外。

尽管双方都还没有取得命中，但优势无疑在日军一方。"埃克塞特"号大约只有 1/5 的弹药，"遭遇"号的鱼雷已经耗尽，"波普"号还有 12 条鱼雷。盟军现在只能指望上帝站在自己一边，保佑己方能幸运地命中对手以摆脱纠缠。

11：00，"埃克塞特"号向"足柄"号发射了鱼雷，"波普"号跟着在7000 码距离上也发射了 2 条鱼雷。"足柄"号原地转了一个圈，轻松躲过了这次攻击。11：15，此前一直沉默的"那智"号和"羽黑"号终于在 17000 码距离上开火。

在水柱和烟雾的掩护下，"波普"号先是向"足柄"号发射了4条鱼雷，随后绕过"埃克塞特"号将剩下的全部鱼雷贡献给了"那智"号。该舰舰长事后回忆："所有敌舰都在坚定地接近，我方所有船只都同时遭到若干艘敌舰的射击。'埃克塞特'号不断地做'Z'字机动，轮流向敌舰射击。在这种情况下，我们释放的烟幕只能部分遮掩它。"

"雷"号和"曙"号又冲了上来，"遭遇"号和"波普"号在"埃克塞特"号的4英寸副炮的支援下还击。趁此机会日军又开始了鱼雷攒射: 11：19"江风"号先发射了2条，"那智"号和"羽黑"号在11：20和11：22各自发射4条，"山风"号于11：21也发射了4条。在此期间，11：20，1发致命的203毫米炮弹命中了"埃克塞特"号。和27日命中该舰的那发炮弹一样，这发炮弹同样在锅炉舱爆炸。"埃克塞特"号迅速起火，速度降到4节，所有机械设备逐渐失灵。

游戏接近终点

眼见"埃克塞特"号已经无法挽回，高登上校命令两艘驱逐舰各自逃生。然而最靠近日军的"遭遇"号已经来不及完成这一命令，继"埃克塞特"号之后，成了日舰重点关照的对象。11：35，该舰的水管和润滑系统被破坏，引擎很快无法使用，舰长被迫下令自沉。"波普"号运气还算不错，该舰一路狂奔，于12：00躲进一团积雨云暂时脱离了危险，至此该舰在战斗中一共发射了345发4英寸炮弹。

11：45，"那智"号和"羽黑"号停止了射击。为了加速"埃克塞特"号的沉没，高登舰长下令注水。在该舰船员弃船过程中，"雷"号发射的1条九〇式鱼雷命中了该舰。12：00，"埃克塞特"号沉没，5分钟后，"遭遇"号追随"埃克塞特"号而去。

在为时约100分钟的战斗中，"足柄"号和"妙高"号共发射了1171发203毫米炮弹，"那智"号、"羽黑"号则各自消耗了170发和118发（一说各188发）。此外日军还发射了24条（一说25条）鱼雷，仅命中1条。651名"埃克塞特"号的船员和149名"遭遇"号的船员被日军救起。

■ 美国驱逐舰"波普"号，该舰与"约翰·爱德华兹"号等同属第一次世界大战之后大批建造的四烟囱的平甲板型驱逐舰。该舰虽从日本水面舰艇的攻击中逃脱，但未能从日军航空兵的轰炸中幸免。

■ 日本海军的零式水上侦察机，该机能投掷炸弹。泗水外海的战斗中，一直对杜尔曼舰队实施空中监视的也是这种飞机。

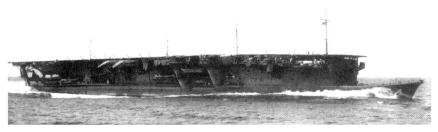

■ 轻型舰队航空母舰"龙骧"号。该舰在战争初期被投入南洋作战，发挥了巨大作用。

躲进雨区的"波普"号忙着整理弹药、维修损伤，又于12：30前后躲进第二团积雨云。舰长打算先向婆罗洲航行，然后转向南并在夜间通过龙目海峡。但是，该舰向东北方向冲出积雨云之后，不久便被日水机母舰"千岁"号放出的一架零式水上侦察机发现了。13：00前后，10架零式水上侦察机先后用132磅炸弹逐次对该舰进行了轰炸。该舰先用3英寸高炮还击，该炮在发射了75发之后便发生故障无法使用。日军投下的炸弹虽然没有直接命中，但是一发近失弹的弹片破坏了该舰的测距仪并造成2人受伤，另一发近失弹则把该舰炸出了一个洞，并破坏了该舰的左推进器。13：35，由"龙骧"号起飞的6架九七式舰载轰炸机赶到战场，向这艘驱逐舰投掷了6枚550磅炸弹和24枚132磅炸弹。尽管"波普"号奇迹般地躲过了所有炸弹，但是该舰已经无法挽救，于是舰长下令自沉。不久之后"足柄"号和"妙高"号匆匆赶到战场，在1两舰的注视下，盟军在爪哇海上的最后一艘战舰——"波普"号于14：20沉没了。全舰151名成员除1人外，均于2天后被一艘日军驱逐舰救起。巧合的是，该舰的船长与"波普"号的枪炮长在战前是同学，也许是因为这一层关系，俘虏们受到的待遇不算太坏。所有幸存者中，27人后来死于战俘营。

伴随着舰只的逐一损失，盟军在3月1日迎来了最后的崩溃：当日英国皇家海军少将帕里瑟和美国海军少将格拉斯福特（Glassford）要求海夫里奇将军更改在芝拉扎继续作战的命令。这一要求被拒绝后，帕里瑟声称他将命令所有皇家海军战舰向锡兰撤退。不过，格拉斯福特则表示他将继续接受海夫里奇将军的指挥作战。在同一日，美国海军依然向爪哇派出了增援——尽管这只是一种徒劳。海夫里奇命令所有船只从芝拉扎撤退，并于3月2日亲自也前往科伦坡（Colombo）。

3月2日至8日间，留在爪哇海各港口内的残余荷兰海军舰只——"威特·德·威斯"号、"班克特"号驱逐舰，以及4艘潜艇、4艘布雷艇、2艘扫雷艇、18艘辅助扫雷艇先后自沉。此外，荷兰海军还有1艘布雷艇、4艘扫雷艇在此期间先后被击沉。

至此，盟军海军在爪哇海不复存在。

→"敞篷马车"的沉没 ←

3月1日15：46，印度洋上，搭载着"兰利"号航空母舰幸存者的油船"派克斯"号（Pecos）被南云忠一的机动部队击沉，233 名幸存者事后被己方驱逐舰救起。15：58，机动部队的"比睿"号战列巡洋舰发现了搭载着 26 名陆军飞行员和机器的"埃德沙尔"号（Edsall）驱逐舰——后者原应驶往芝拉扎，途中接到了"派克斯"号的求救信号前往救援，不料就此自投罗网。"筑摩"号重巡洋舰于 16：02 率先开火，在印度洋上闲得发慌的战列巡洋舰"比睿"号和"雾岛"号也于 16：17 加入战斗，开始放炮仗过瘾，此后"利根"号重巡洋舰于 16：45 也投入战斗。尽管"埃德沙尔"号凭借出色的驾驶技术和烟幕掩护一度躲开了所有炮弹，但是该舰分别于 16：54 和 17：05 被"比睿"号和"利根"号命中，并遭到 17 架九九式舰载轰炸机从 16：57 开始的轰炸。17：31，"埃德沙尔"号驱逐舰沉没。为此，日军共射击了 297 发 356 毫米炮弹、844 发 203 毫米炮弹、132 发 155 毫米炮弹和 62 发 127 毫米炮弹。值得一提的是，40 名"埃德沙尔"号的船员被救起，但是大部分在被押送到肯达里之后便于当地被斩首，没有人活着看到战争结束。

另一个方向上，近藤的舰队一路横扫，先后击沉了 1 艘荷兰船只和 1 艘英国辅助扫雷艇，并俘获 1 艘荷兰蒸汽船。3月2日，根据侦察机的报告，"摩耶"号重巡洋舰、"岚"号和"野分"号驱逐舰一同于 17：43 击沉了英国驱逐舰"要塞"号（Stronghold）。在这场持续约 1 小时 15 分的战斗中"摩耶"号发射了 635 发 203 毫米弹。根据同一份情报一路索敌前进的"爱宕"号和"高雄"号重巡洋舰于 20：36 发现了美国驱逐舰"皮尔斯伯里"号（Pillsbury）。战斗从 20：55 开始持续了 7 分钟，最终"皮尔斯伯里"号在芝拉扎东南 550 英里处沉没。为此"爱宕"号发射了 54 发 203 毫米弹，"高雄"号发射了 112 发（一说两舰共发射 171 发）。3月3日晨，老炮艇"阿什维尔"号（Asheville）被驱逐舰"岚"号和"野分"号击沉。"阿什维尔"号有 1 名船员被救起，但是他没有活到战后。美国扫雷艇"威普威尔"号（Whippoorwill）和武装快艇"伊莎贝尔"号（Isabel）收到了"阿什维尔"号最后的电报，但是这两艘舰只根

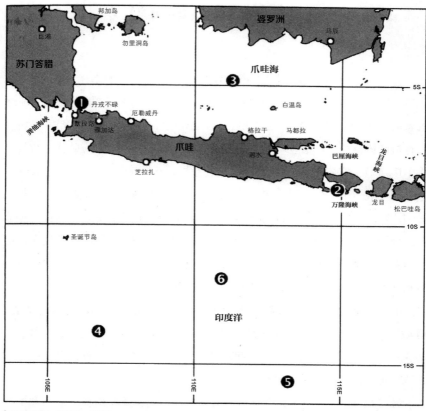

① 巽他海峡之战，2月28日—3月1日
② 巴厘海峡之战，3月1日
③ 南婆罗洲之战，3月1日
④ "埃德沙尔"号被击沉，3月2日
⑤ "皮尔斯伯里"号被击沉，3月2日
⑥ "阿什维尔"号被击沉，3月3日

■ 爪哇海战后的局势。

本无力前往救援。

3月4日晨，在芝拉扎东南280英里处，近藤麾下的"爱宕"号、"高雄"号、"摩耶"号、"岚"号和"野分"号又消灭了一支由澳大利亚单桅帆船"雅拉"号（Yarra）护卫的船队。

3月5日，日军舰队空袭芝拉扎，将该港彻底摧毁，并击沉了港内剩余的17艘船只。3月1日从芝拉扎撤退的其余船只中，有13艘成功地躲过了日军舰队的围追堵截，计有美国驱逐舰"威普尔"号（Whipple）、"帕罗特"号、炮艇"图尔萨"号（Tulsa）、武装快艇"伊莎贝尔"号、货船"海妖"号（Sea Witch），澳大利亚单桅帆船"瓦里勾"号（Warrego）、驱潜艇 6 艘，以及荷兰商船 1 艘。其中"威普尔"号曾与"埃德沙尔"号一同打捞起"兰利"号的幸存者。

3 月 7 日，日军该舰队又炮击了圣诞节岛（Christmas Island）。次日，荷属东印度政府被迫与日军举行和谈，前者决定无条件投降。当 3 月 9 日近藤舰队返回肯达里时，东印度的敌对行动已经停止了。

尽管机动部队（航母特混舰队）在印度洋上一路横冲直撞、摧枯拉朽，甚至连像样的抵抗都没有遇上，但是获得的战果与该舰队的实力相比，仍是不成比例。当日海军的偏师在爪哇海上与顽强的杜尔曼率领的盟军主力苦苦纠缠时，强大的机动部队却在印度洋上清闲度日，这不能不说是一种失误。究其原因，还是由于日军情报不准，加上战果灌水，使得日军对于盟军的实力做出了错误的判断。当然，在一路高歌猛进的 1942 年 2 月，全盛时期的日本联合舰队面对七拼八凑而成的 ABDA 联合舰队仍握有压倒性的优势，即便有此错误，也不至于影响战局。但是当战争拖延下去，尤其是当美国强大的工业实力开始发挥威力时，这种错误就将造成严重的后果。

除此之外，从 2 月 27 日开始的一系列交战的记录来看，日军的命中率并不令人满意。尽管战前日本海军进行了长期艰苦的训练，试图提高舰炮和鱼雷的命中率，但是实战的命中率依然不高。当然，远距离交战的命中率本来也十分有限。但是从弹药消耗记录，尤其是爪哇海战第一阶段和击沉"埃德沙尔"号的战斗看来，日军重型舰只实在有胡乱挥霍炮弹的嫌疑。

爪哇悲剧落幕

2 个月后，1942 年 5 月 6 日，温奈特将军（Wainwright）率科雷吉多（Corregidor）守军投降，日军在太平洋上的胜利就此达到顶点。

很快，他们就将面对第一次挫折——珊瑚海，1942 年 5 月 8 日；中途岛，1942 年 6 月 4 日。

附表 1：日军在爪哇海战中发射鱼雷统计简表

舰名	攻击时间／数目（第一轮）	攻击时间／数目（第二轮）	攻击时间／数目（第三轮）	攻击时间／数目（第四轮）
那智		17：54/8		23：22/8
羽黑	16：52/8	17：48/8		23：23/4
神通	16：35/4	17：54/4	19：33/4	
时津风		17：58/8		
天津风		17：57/8		
雪风		17：57/8		
初风		17：58/8		
山风		18：00/8		
江风		18：02/8		
涟				
潮				
那柯	16：34/4	17：50/4		
朝云	16：40/3	18：07/4		
峰云	16：42/4（一说 8）			
村雨	16：45/4	18：04/4		
五月雨	16：45/4	18：04/4		
夕立	16：45/4	18：04/4		
春雨	16：45/4	18：04/4		

附表 2：日军在巽他海峡夜战中发射鱼雷统计简表

舰名	攻击时间（第一轮）	攻击时间（第二轮）	攻击时间（第三轮）	数目	距离（码）
吹雪	23：14			9	3000
初雪	23：40			9	南，4000
白雪	23：40			9	南，4000
朝风	23：43			6	东南，4000
名取	23：44			4	东南，不明
三隈	23：49			6	12000
最上	23：49			6	12000
春风		23：56		5	东南，4200
最上		23：57		6	西南，10000
旗风		23：58		6	东南，4200
白云		24：00		9	东东南，5000
丛云		24：00		9	东东南，5000
敷波			01：30（3月1日）	1	西，不明

附表 3：东印度盟军主要舰只结局

舰名	国籍	舰级	结局
兰利	美国	航空母舰	2 月 27 日在芝拉扎以南被击沉
埃克塞特	英国	重巡洋舰	爪哇海战中被重创，最高航速降为 23 节。3 月 1 日中午在婆罗洲以南海战中被击沉
休斯敦	美国	重巡洋舰	2 月 4 日在望加锡附近海域遇日军空袭中度损伤，爪哇海战中轻伤。3 月 1 日凌晨在巽他海峡之战中被击沉
德·鲁伊特	荷兰	轻巡洋舰	2 月 4 日在望加锡附近海域遇日军空袭轻伤，后在爪哇海战中被击沉
特罗姆普	荷兰	轻巡洋舰	2 月 19 日—20 夜间的万隆海峡之战中被重创，被迫前往澳大利亚修理
爪哇	荷兰	轻巡洋舰	2 月 19 日—20 日夜间的万隆海峡之战中轻伤，后于爪哇海战中被击沉
珀斯	澳大利亚	轻巡洋舰	3 月 1 日凌晨在巽他海峡之战中被击沉
霍巴特	澳大利亚	轻巡洋舰	2 月 27 日经巽他海峡前往锡兰
龙	英国	轻巡洋舰	2 月 27 日经巽他海峡前往锡兰
达那厄	英国	轻巡洋舰	2 月 27 日经巽他海峡前往锡兰
马波海德	美国	轻巡洋舰	2 月 4 日在望加锡附近海域遇日军空袭中度损伤，此后前往锡兰维修
博伊西	美国	轻巡洋舰	1 月 21 日触礁，后前往锡兰修理
威特·德·威斯	荷兰	驱逐舰	3 月 2 日于泗水被日军航空兵击沉
科顿纳尔	荷兰	驱逐舰	爪哇海战中被击沉
艾弗森	荷兰	驱逐舰	3 月 1 日在巽他海峡之战中被迫搁浅
范·格恩特	荷兰	驱逐舰	2 月 14 日加斯帕尔海峡之战中搁浅被迫放弃
皮特·海英	荷兰	驱逐舰	2 月 19 日—20 日夜间的万隆海峡之战中被击沉
班克特	荷兰	驱逐舰	2 月 24 日在泗水被日军航空兵重创，3 月 2 日于泗水被日军航空兵击沉
约翰·爱德华兹	美国	驱逐舰	3 月 4 日抵达弗里曼特尔
奥尔登	美国	驱逐舰	3 月 4 日抵达弗里曼特尔
约翰·福特	美国	驱逐舰	3 月 4 日抵达弗里曼特尔
保罗·琼斯	美国	驱逐舰	3 月 4 日抵达弗里曼特尔

舰名	国籍	舰级	结局
波普	美国	驱逐舰	3 月 1 日在婆罗洲以南海战中被击沉
斯图亚特	美国	驱逐舰	2 月 19 日—20 日夜间的万隆海峡夜战中中度损伤，此后在泗水修理。后被日军俘获继续使用
巴克	美国	驱逐舰	2 月 14 日加斯帕尔海峡之战中被炸伤，返回澳大利亚修理
布尔默	美国	驱逐舰	2 月 14 日加斯帕尔海峡之战中被炸伤，返回澳大利亚修理
埃德沙尔	美国	驱逐舰	3 月 1 日在芝拉扎以南被击沉
帕罗特	美国	驱逐舰	2 月 19 日—20 日夜间的万隆海峡夜战中轻伤，后于 3 月 1 日从芝拉扎成功撤退
皮尔斯伯里	美国	驱逐舰	3 月 2 日在芝拉扎东南 550 英里处被击沉
威普尔	美国	驱逐舰	3 月 1 日从芝拉扎成功撤退
佩里	美国	驱逐舰	1 月 27 日在从菲律宾撤退途中在西里伯斯海遭遇日军受伤，后于 2 月 19 日日军对澳大利亚达尔文港的空袭中被击沉
伊莱克特拉	英国	驱逐舰	爪哇海战中被击沉
朱庇特	英国	驱逐舰	爪哇海战中误触己方（荷兰）布设的水雷沉没
遭遇	英国	驱逐舰	3 月 1 日在婆罗洲以南海战中被击沉
斯科特	英国	驱逐舰	2 月 27 日经巽他海峡前往锡兰
特尼德斯	英国	驱逐舰	2 月 27 日经巽他海峡前往锡兰
要塞	英国	驱逐舰	3 月 2 日在芝拉扎以南被击沉

决战瓜达尔卡纳尔
1942 年美日巡洋舰编队战记

作者：清浪、星尘

1942 年 8 月，肆虐的战火已经在太平洋地区燃烧了 8 个月，从战略态势上看，日本帝国大规模的进攻已经停滞，双方开始进入相持阶段。在这样的大背景下，美国海军开始尝试发动第一次战略反攻，即展开以登陆并攻占瓜达尔卡纳尔岛为核心的"瞭望台"作战行动。美军的这次战略反击最终导致了日美双方长达 7 个月的激烈交战（从 1942 年 8 月至 1943 年 3 月），并一直持续到日军最终撤离瓜岛才结束。在这 7 个月的交战中，美日双方一共展开了 7 次激烈的海上交锋，其中除了"东所罗门海战"（日方称"第二次所罗门海战"）及"圣克鲁斯大海战"（日方称"南太平洋海战"）属特混舰队对决外，其余 5 次激战的主角均为双方的水面舰艇部队。

太平洋战争爆发前，美日双方的海军战略均设想未来决定太平洋战区制海权的战斗一定是爆发在西太平洋某处的以战列舰交战为核心的舰队决战（为此，日本海军还精心设计了所谓的"九段击"作战方案）。然而，随着航空力量的崛起，上述的战争假设完全成了泡影。战争一开始，美国海军的主力舰部队就被日本的航空力量打瘫在珍珠港内。而日军的主力舰部队虽然没有遭受损失，但一向精于算计的日本人为了能在最后关头打出所谓的"王牌"，也将多数战列舰龟缩于内海，成了一支真正的"柱岛舰队"。双方在海上拼杀的主角都换成了以航空母舰为核心的航母特混舰队（日方称"机动部队"），经过"珊瑚海海战"和具有决定性意义的"中途岛海战"后，美日双方的战斗焦点转移到了南太平洋地区。随着美军在瓜达尔卡纳尔岛的登陆，双方又一次开始集结航空战斗力量，准备展开新一轮的对决。但此时的美日海军却又都面临着航母数量不足的问题——日方在中途岛损失了 4 艘舰队航空母舰，在珊瑚海损失了 1 艘轻型航空母舰；美方在珊瑚海和中途岛各损失了 1 艘舰队航空母舰——这决定了航空母舰只能用于关键性的战斗。加上瓜岛海区水道狭窄、海况复杂，不利于战列舰频繁展开战斗行动（尤其是在夜间），因此双方以巡洋舰编队为核心的水面舰艇部队意外地成为激战的主角。

在争夺瓜达尔卡纳尔岛附近制海权的 5 次水面舰艇交战中，有 2 次是双方巡洋舰编队的对决（剩余的三次也有巡洋舰参加），即 1942 年 8 月 9 日爆发的"萨沃岛海战"（日方称"第一次所罗门海战"）及 10 月 11 日展开的"埃斯佩兰斯角海战"（日方称"萨沃岛海战"）。其中，"萨沃岛海战"堪称美军自"珍珠港事件"以来最惨痛的失败，4艘重型巡洋舰在日军如疾风骤雨的攻势下被悉数击沉，唯一值得庆幸的是运输船队没有遭受日军舰队的攻击；不过，在2个月后爆发的"埃斯佩兰斯角海战"中，美军报了一箭之仇：斯科特将军指挥的美第64特混舰队（TF64）击沉了日本重巡洋舰"古鹰"号及驱逐舰"吹雪"号，并击毙了日编队指挥官五藤存知海军少将，取得了"埃斯佩兰斯角海战"的胜利。

在这两场海上交锋中，双方并没有真正地分出胜负。单从战果上看，美军的损失要超过日军，日军似乎取得了战术上的胜利。但从另一个角度上看，美军积累了夜间战斗的经验，并开始逐步克服对日军夜战威力的恐惧，为最终夺取瓜岛制海权打下了基础。

⇥ 条约束缚下的巡洋舰 ⇤
美日两国巡洋舰的发展演进史

在谈及美日两国巡洋舰的发展演进史之前，有必要先对当时的历史背景做一个简要的介绍。事实上，美日两国在瓜达尔卡纳尔海域进行海上激战的主角（条约型巡洋舰）的诞生都和两个重要的海军军备条约有着密切的关系。

1918年11月，第一次世界大战的战火已然熄灭，但是各国对提升自身国防实力，进一步强化海军军备的热情却丝毫没有减退。从大西洋两岸到太平洋之滨，各海上强国的造船厂订单不断，日夜开工，大家都想多弄几艘"马汉的宠儿"（主力舰）来加强自身的实力。然而，由于主力舰的建造和维护费用极其高昂，这种需要依靠斥巨资来维持的军备竞赛在战争结束后显然已经成为各国沉重的财政负担。为了避免军备竞赛的进一步升级及各国经济的大崩溃，美国召集了当时世界上的另外四个海上强国（英国、日本、法国、意大利）在华盛顿召开军备限制会议，并最终于1922年2月签订了为期15年的《限制海军军备力量条约》，即著名的《华盛顿海军条约》。条约的核心内容是对各国海军能够拥有的主力舰和航空母舰吨位数及性能做出限定。美英日海上三强能够保有的主力舰之比及航空母舰总吨位数之比均为5：5：3。其中，

■ 华盛顿海军会议会场。　　　　　　　　　　■ 美国海军造船厂拆卸主力舰。

条约第四条规定美国和英国均可保留 525000 吨的主力舰，而日本则可以保留 315000 吨；第十一条则规定美国和英国分别可以保留 135000 吨的航空母舰，而日本可以保留的吨位为 81000 吨。

　　本来条约还想对巡洋舰的保有及建造做出相关规定，但是由于英国的强烈反对[①]只好作罢。不过，各国还是在条约中规定不得建造、获取，或为本条约其他签约国建造超过 10000 吨的作战舰艇（第十一条），以及除主力舰外其余舰只的主炮口径不得超过 203 毫米（第十二条）。上述措施实际上是给未来的巡洋舰的设计建造施加了最初的枷锁，也可以算是美日两国与英国在巡洋舰问题上达成的暂时性妥协。实际上，美日两国海军预设的主战场均在宽广的太平洋海区，因此两国海军也都迫切需要大吨位、重火力的新式巡洋舰[②]。因此，在条约签订后，各海上强国的船厂均纷纷开足马力准备设计建造各种新式巡洋舰。这样一来，新一轮的造舰军备竞赛又即将展开，只不过建造的主要内容从主力舰换成了新式巡洋舰。

　　为了解决这个新出现的问题，各海军强国于 1927 年在瑞士日内瓦再次召开会议试图寻找解决办法，然而一通争执之后，各与会国代表不欢而散，会议无果而终。

---

　　① 这主要是由于英国拥有大量的海外殖民地和遍布各大洋的海上航线，因此需要大量航速较快且续航力较大的巡洋舰来维护英国的海上权益。
　　② 在条约签订前各国海军曾装备过三种巡洋舰，即装甲巡洋舰（后演化为战列巡洋舰）、防护巡洋舰及轻巡洋舰，一战结束后，各海军强国实际上均只建造战列巡洋舰和轻巡洋舰了。

不过事情在 3 年后出现了转机。由于种
种原因（主要是经济原因），英国海军终于
决定同意对巡洋舰的建造做出限制，因此在
1930 年 4 月签订的《限制和削减海军军备
条约》（《伦敦海军条约》）中出现了对巡
洋舰进行限制的条款，其中第十五条对于巡
洋舰进行了精确定义并做出了如下分类：排
水量超过 1850 吨（但不超过 10000 吨），
或者主炮口径超过 130 毫米的军舰为巡洋
舰。其中 A 型巡洋舰（美国称之为重型巡洋
舰，日本称之为一等巡洋舰或甲型巡洋舰）

■ 反映英王乔治五世欢迎伦敦海军会
议各与会国代表的宣传画。

主炮口径超过 152 毫米（但不超过 203 毫米）；B 型巡洋舰（美国称之为轻型
巡洋舰，日本称之为二等巡洋舰或乙型巡洋舰）主炮口径不超过 152 毫米。第
十六条则规定：A 型巡洋舰总吨位美国不得超过 18 万吨，英国不得超过 14.6
万吨，日本不得超过 10.8 万吨；B 型巡洋舰总吨位上限则分别为：美国 14.35
万吨、英国 19.2 万吨、日本 10 万吨。至此，各国未来建造条约型巡洋舰的具
体规程正式出炉了。

美日两国条约型巡洋舰保有量限制表

	A 型巡洋舰（万吨）	B 型巡洋舰（万吨）	总计（万吨）
日本海军	10.8	10	20.8
美国海军	18	14.35	32.35

1935 年 12 月召开的第二次伦敦海军会议又对关于限制巡洋舰的条款进行
了补充与细化，将 B 型巡洋舰的标准排水量限定为不超过 8000 吨[1]。不过由
于后来日本宣布退出裁军会议，实际上只有美国、英国及法国最终接受了这
项新限制。

---

① 经过美国政府的争取，其建造的"布鲁克林"级巡洋舰不受此限。

为期 15 年的《华盛顿海军条约》及后续的《伦敦海军条约》在各国条约型巡洋舰的建造发展史上留下了浓墨重彩的一笔，也对各国巡洋舰的设计风格和最终性能产生了无可估量的巨大影响。

→ 巡洋舰物语 ←
日本帝国海军重巡洋舰建造与发展史

条约型巡洋舰的基石："夕张"号

日本帝国海军在第二次世界大战期间共拥有"古鹰"级等共计六级 18 艘重巡洋舰，这些舰艇的设计建造无一例外地受到了一艘试验性巡洋舰的影响，这艘巡洋舰就是号称日本海军条约型巡洋舰基石的"夕张"号巡洋舰。

1907 年，在日俄战争中取得完胜的日本政府制定了新的国防政策，决定把实力急剧增长中的美国确定为新的主要假想敌。但由于日本与美国在国力上存在着巨大的差距，日本海军无法拥有和美国海军相等的力量。要想击败这一比此前的露西亚国（日本称俄国为露西亚国）强悍数倍的敌手，日本人就必须依靠合适的战略战术，在局部地区以不弱于美国海军攻击舰队的实力与敌展开决战。于是，日本海军决定照搬在日本海大海战中的经验，试图在日本近海动用全部力量，与劳师远征的美国海军进行一次大决战（日本海军认为如果主动攻击实力超强的美国海军无异于以卵击石）来决定战争的胜负，并将这种一战决定胜负的战略思想为"迎击决战"。此后的十多年间，这种决战思想一直支配着日本海军，其巡洋舰的发展同样以满足"迎击决战"的需求为基本方向。

为了满足"迎击决战"的需求，日本海军在 1917 年通过的"八四舰队计划"案中，列入了建造 8 艘 5500 吨级巡洋舰（"球磨"级 5 艘、"长良"级 3 艘）的预案。但由于此时的日本已经被大批建造主力舰所需的高额财政预算搞得不堪重负，因此日本海军决定从辅助舰艇上入手，尝试建造一艘试验性的 3100 吨级小型巡洋舰（本舰原先是作为"长良"级巡洋舰中的一艘开造的，预定名"绫濑"号，后因 3100 吨级小型巡洋舰计划案通过才改预定名为"夕张"

号）。如果试验成功则可以取代同样需要大批建造的 5500 吨级巡洋舰，还可以将省下来的预算贴补到建造主力舰所需的空缺中去（预计建造一艘 3100 吨级可比建造一艘 5500 吨级节约 600 万日元），可谓两全其美之策。

不过由于种种原因（主要是经济原因），试验性巡洋舰的设计工作直到 1920 年才正式展开。设计师是日后将长期影响日本海军舰艇建造的两位性格迥异的人物，第一位是时任舰政本部第四部计划主任的平贺让博士，另一位是其助手，日后被称之为"造船鬼才"的藤本喜久雄。平贺让博士作为传统派的造船官，设计风格偏向于保守稳重，深受英式风格的影响，对新技术的应用不是非常热衷，另外，其一贯坚持理性原则与个人信念，不仅在面对军令部过分要求时据理力争，与造兵（火炮、鱼雷研发制造）、造机（动力系统研发制造）、电气等其他部门的沟通中也不轻易妥协，因此树敌颇众，有"平贺不让"之称；而藤本喜久雄却持激进求新之风格，敢于使用很多未经充分验证的新式技术，一定程度上促进了日本海军造船技术的发展革新，但对于军令部的相关要求则缺乏足够的勇气和魄力予以回绝，往往是妥协了事，为其设计的舰艇埋下了不少隐患。这样的组合肯定免不了矛盾和争吵，乃至上升为斗争，致二人最终决裂，但此时，在设计"夕张"号的问题上，两人的配合还算默契。另外，由于"夕张"号是试验性巡洋舰，因此，藤本喜久雄力主的创新风格得到了更多的体现。

由于"夕张"号的设计排水量只有 3141 吨，平贺让与腾本都非常清楚，在此等吨位限制下，要同时兼顾航行能力、攻击能力和防御能力这三大舰船基本性能指标是毫无可能的，必须有所侧重，有所牺牲。结合"迎击决战"的需求，二人决定以牺牲防御能力（弹药库只采用较薄的高张力钢（HT）而非 NVNC 装甲板进行防护，舵机室更是防护全无）为代价来满足航行能力（航行能力中主要侧重于高航速，这样方便舰船的快速集结及向敌舰队发起高速突击）与攻击能力（以实现"一击必胜"）。为了实现既定目标，两人大胆采用了很多新技术（这些新技术日后都普遍用在了日本各型重巡洋舰的设计建造上）：首先是创造性地利用主装甲带和水平装甲作为承力结构的一部分来减轻舰体的结构重量，以便节余出更多的吨位分配给武器系统和动力系统，这一举措最终获得了成功，其舰体的结构重量占排水量的比重从 5500 吨级的

■ "夕张"号轻型巡洋舰,1923年7月于佐世堡海军工厂竣工,标准排水量2890吨,航速35.5节,是带有试验性质的轻型巡洋舰。

38% 下降到 31.2%;其次,采用"屈曲"式的烟囱,将甲板上烟囱的数量减少为 1 座(5500 吨级多为 3 座)以降低重心和减少排烟对舰桥的影响;最后,采用了较为高大的上层建筑,以便容纳更多的作战人员;另外,采用了大悬弧舰首,以提高适航性。同时,在二人的努力下,这艘试验性巡洋舰达到了和5500 吨级轻巡相同的舷侧炮雷齐射能力(6 门三年式 140 毫米 50 倍径主炮及 2 座八年式双联装 610 毫米鱼雷发射管全部沿中心线配置,并第一次在巡洋舰上采用了双联装主炮塔) 及几乎相同的航速(8 座舰本式锅炉与 3 座三菱·帕森斯式主机组成的动力系统的输出功率达到 57900 马力,使得本舰拥有了 35.5 节的最高航速)。

　　"夕张"号试验性巡洋舰在舰型、武备布置等方面与日本海军此前装备的 5500 吨级巡洋舰完全不同,以不到前者 70% 的排水量实现了与之接近的性

"夕张"号性能参数表(完工时)

排水量	3560 吨(标准)
主尺寸	全长:138.9 米;全宽:12 米;吃水:3.6 米
轮机与锅炉	三菱·帕森斯式蒸汽轮机 3 台,舰本式重油专烧锅炉 8 座
输出功率	57900 马力
最大航速与续航力	35.5 节,3310 海里 /14 节
武备	三年式 140 毫米 50 倍径主炮 6 门, 八年式 610 毫米鱼雷发射管 2 座,三年式 76 毫米 40 倍径高炮 1 门,7.7 毫米高射机枪 2 挺,深水炸弹投放轨 2 座
定员	328 人

能，甚至在面对比 5500 吨级更大吨位的巡洋舰时也丝毫不落下风（如英国海军装备的 5780 吨级 D 型巡洋舰）。同时，大量较为新颖的技术得到了实验，并被继承到了后续的重巡洋舰上，平贺让、藤本喜久雄两位设计师也从中为日后设计重巡洋舰积累了大量工作经验。因此，"夕张"号这艘日本海军中排水量最小的巡洋舰，当之无愧地成为日后条约型巡洋舰的基石。

最初的重巡洋舰："古鹰"级与"青叶"级

日本帝国海军最初的重巡洋舰事实上在《华盛顿海军条约》签订之前就已经开工建造了，作为最初的"先行者"，这批巡洋舰（共建 4 艘）可以细分为二级，即"古鹰"级与"青叶"级。

1920 年 9 月，日本海军制定了《八八舰队辅助舰艇建造计划》，计划开工 5500 吨级中型巡洋舰 8 艘（"川内"级）、8000 吨级大型巡洋舰 4 艘。预计各型舰将统一装备三年式 140 毫米 50 倍径火炮，并强化侦察和通信能力。但此时英国已经拥有了装备 7 门 7.5 英寸 45 倍径主炮的"霍金斯"级巡洋舰，另据情报显示，美国设计的"奥马哈"级轻巡洋舰更是配备了 12 门 6 英寸 53 倍径舰炮。这两级巡洋舰从性能上看可谓一举压倒了日本海军此前装备的 5500 吨级巡洋舰。据此，一贯将自己放在弱势地位又拼命想获取可以抗衡美英资本的日本海军再次施展出看家路数，力图以单舰优势挫败美英。于是 8000 吨级大型巡洋舰新造计划案被否决，海军要求设计部门必须拿出能够压倒美英同类型舰船的新方案。为此，平贺让博士依据建造"夕张"号所获得的经验于同年 11 月份重新拿出了标准排水量 7100 吨，配备 200 毫米 50 倍径单装炮 6 门的侦察巡洋舰方案（"奥马哈"级单舷齐射时可用的 6 英寸火炮数量为 8 门，沿中线布置了 6 座单装 200 毫米炮的"古鹰"级在火力上完全可以压倒"奥马哈"级），并获得了首肯，这就是"古鹰"级重巡洋舰的最初计划案。由于 1921 年内"川内"级已经开工了 3 艘，7100 吨级侦察巡洋舰方案获得通过后，"川内"级的最后一艘"加古"号改为按 7100 吨级方案建造，同时再增建一艘新舰"古鹰"号。

"古鹰"级完工时装备有 6 门三年式 200 毫米 50 倍径主炮，安装在 6 个 A 型单装炮塔中，火炮最大射程超过 20 千米；两舷另配备 3 座十二式双联装

610 毫米鱼雷发射管（具备再装填能力），堪称当时世界上火力最强的侦察巡洋舰之一。另外，平贺让为"古鹰"级配备了由 4 台舰本式蒸汽轮机、10 座舰本式重油专烧锅炉、2 座舰本式煤油混烧锅炉组成的总功率为 102000 马力的动力系统，使得本级舰具备了 34.6 节的最高航速。不过，"古鹰"级同样也存在整体防护薄弱的缺陷（这与本级舰设计时预想对抗的目标有关），在 12 ~ 15 千米的距离上仅能抵御 152 毫米炮弹的直击（"古鹰"级主装甲带 76 毫米，水平装甲 32 ~ 34 毫米，主炮塔装甲 25 毫米）。

"古鹰"级共建 2 艘，首舰"古鹰"号于 1922 年 12 月 5 日在三菱重工长崎船厂开工，1925 年 2 月 25 日下水，1926 年 3 月 31 日竣工；二号舰"加古"号于 1922 年 11 月 17 日在川崎重工神户船厂开工，1925 年 4 月 10 日下水，1926 年 7 月 20 日竣工。"海军假日"结束后，"古鹰"级两度进行了现代化改装：单装 200 毫米主炮换为新式的 203 毫米舰炮（安装在 3 座 E2 型双联装炮塔中）；中层甲板上的 6 座双联装十二式固定式鱼雷发射管被 2 座四联装九二式鱼雷

■ "古鹰"号重型巡洋舰（现代化改装前），其为"古鹰"级首舰，1926 年 3 月于三菱重工长崎船厂竣工，标准排水量 7950 吨，航速 34.6 节，是日本帝国海军建造的第一级重型巡洋舰。

■ 完成现代改装后的"古鹰"号，后方为"衣笠"号巡洋舰。

发射管取代，可以发射威力巨大的九三式氧气鱼雷；同时为了增强防空能力，将老式的三年式 80 毫米 40 倍径高射炮更换为十年式 120 毫米 45 倍径高射炮，并加装了 8 门 25 毫米高射机关炮和 4 挺九三式 13 毫米高射机枪；最后，舰上的飞机弹射器和舰载机也一并得到了更新。由于武器重量增加，最高航速降低到了 32.9 节。

"古鹰"级巡洋舰号称日本帝国海军重巡洋舰的开山之作，其具备的高航速、轻防护、重火力的特点也被后续各型日本重巡洋舰所承袭。

与"古鹰"级巡洋舰情况相类似的"青叶"级原本是作为古鹰级三、四号舰而列入建造计划的。但由于"古鹰"级装备的单装 200 毫米火炮已经暴露出射速低的缺陷（实战射速仅 2 ~ 3 发 / 分），于是"古鹰"级三、四号舰的设计案被藤本喜久雄紧急更改，主炮变更为 3 座三年式双联装 200 毫米 50 倍径主炮（安装在 3 座 C 型双联装炮塔中），火炮最大仰角提升至 40 度，射程

■ 1927 年竣工初，正在试航中的"青叶"号。

■ "青叶"号重型巡洋舰（现代化改装后）。竣工后的"青叶"级重巡洋舰经过了两次现代化改装，第一次在 1928 年，第二次在 1930 年，主炮口径增加到 203 毫米，火控设备全部更新，同时换装了可发射九三式氧气鱼雷的四联装九二式 610 毫米鱼雷发射管，随即投入了激烈的太平洋战争。

增加到 26.7 千米，射速也有所提升；高炮口径则增大到 120 毫米。由于炮塔重量增加，标准排水量也从古鹰级的 7100 吨增加到 8300 吨。值得一提的是，"青叶"级两舰在完工时就配备了航空设备，可搭载水上飞机执行侦察和火炮校射任务。不过完工时两舰的飞机使用方式比较落后（与轻巡洋舰"球磨"级的使用方法类似），起飞时需要用吊车将飞机吊放到水面上完成起飞准备，因此，其航空作业受天气影响很大。为了解决这一问题，1928 年改装时，两舰成为日本海军中最早装备弹射器的重巡洋舰（装备吴式一型弹射器）。

"青叶"号于 1924 年 1 月 23 日在三菱重工长崎船厂开工，1926 年 9 月 25 日下水，1927 年 9 月 20 日竣工；"衣笠"号于 1924 年 10 月 24 日在川崎重工神户船厂开工，1926 年 10 月 24 日下水，1927 年 9 月 30 日竣工。两舰完工后与 2 艘"古鹰"级合编为第 6 战队。

与"古鹰"级一样，"青叶"级在完工后同样进行了现代化改装（1928年第一次改装，1930 年第二次改装）：主炮口径增加到 203 毫米，火控设备全部更新，换装可发射九三式氧气鱼雷的四联装九二式 610 毫米鱼雷发射管，随即投入了激烈的太平洋战争。

"古鹰"级与"青叶"级性能参数表（完工时）

排水量	（"古鹰"级）7950 吨（标准）；（"青叶"级）8300 吨（标准）
主尺寸	（"古鹰"级）全长：185.2 米；全宽：16.6 米；吃水：5.6 米
	（"青叶"级）全长：185.2 米；全宽：15.8 米；吃水：5.7 米
轮机与锅炉	舰本式蒸汽轮机 4 台，舰本式重油专烧锅炉 10 座，舰本式煤油混烧锅炉 2 座
输出功率	102000 马力
最大航速与续航力	34.6 节，7000 海里 /14 节
武备	（"古鹰"级）三年式 200 毫米 50 倍径主炮 6 门，十二式双联装 610 毫米鱼雷发射管 6 座，三年式 76 毫米 40 倍径高炮 4 门； （"青叶"级）三年式 200 毫米 50 倍径主炮 6 门，十二式双联装 610 毫米鱼雷发射管 6 座，十年式 120 毫米 45 倍径高炮 4 门，留式 7.7 毫米高射机枪 2 挺
舰载机	水侦 2 架，弹射器 1 座
定员	（"古鹰"级）631 人；（"青叶"级）647 人

10000 吨级重巡洋舰："妙高"级

《华盛顿海军条约》签订后，新式巡洋舰的技术参数被限制为吨位 10000 吨以下、主炮口径不超过 203 毫米。由于主力舰建造暂停，各海军强国纷纷转入新型巡洋舰建造竞赛。在主力舰吨位上未能取得对美七成比例的日本海军尤其重视新型巡洋舰的建造。在吸取了"青叶"级及"夕张"号的建造经验后，日本海军决定在 1924—1925 年度开工建造 4 艘全新的 10000 吨级巡洋舰（4 艘舰均列入 1923 年度海军军备补充计划，这也是日本海军的第一批条约型巡洋舰），这就是"妙高"级巡洋舰的起源。军令部最初要求新巡洋舰必须至少装备 8 门 200 毫米主炮（4 座双联主炮塔，前 3 后 1，前部 3 座炮塔呈金字塔式配置）、4 门 120 毫米高炮及 8 具 610 毫米鱼雷发射管。

1923 年，在平贺让博士的指导之下，藤本喜久雄完成了"妙高"级的初步设计，新舰标注排水量 10000 吨；装备 10 门三年式 200 毫米 50 倍径主炮（平贺让认为 8 门 200 毫米主炮不足以对抗美英同级别舰船，于是决定在舰尾追加 1 座双联装炮塔，10 门火炮安装在 5 座 D 型双联装炮塔中，前 3 后 2，前部 3 座炮塔呈金字塔式配置，后部 2 座炮塔呈背负式配置，此配置被后续的"高雄"级所沿用）；由 4 台舰本式蒸汽轮机、12 座舰本式重油专烧锅炉（总功率达 130000 马力）组成的动力系统，可以使新式巡洋舰达到 35.5 节的航速并具备 10000 海里 /14 节的续航力；防护方面，新舰型的防护性能同样没有被忽视，较此前的"青叶"级有了进一步的强化（按抵御 200 毫米口径炮弹的标准设计），主装甲带厚度达到 102 毫米，水平装甲厚度为 35 毫米。至于军令部要求的鱼雷兵装则在平贺让甚为坚决的反对[1]下被取消。

在完成了"妙高"级的基础设计后，平贺让博士赴欧考察，藤本喜久雄暂时接管了舰政本部第四部。军令部借此机会，再次对藤本喜久雄施压，要求在舰上安装鱼雷发射管。迫于压力，此前被平贺让"枪毙"的鱼雷兵装"复活"了。藤本顺从了海军的意愿，修改了设计案，增加了 4 组布置在中甲板的三联

---

[1] 平贺让认为在以炮战为主要任务的巡洋舰上加装鱼雷发射管是非常危险的事情，因为军舰一旦被击中，鱼雷发射管中的鱼雷发生殉爆后会给本舰造成进一步的破坏（从后来战时的情况来看，平贺让的预见是非常正确的，日本海军的 18 艘重巡洋舰中有 5 艘就是因为鱼雷殉爆导致重创或沉没的），另外加装鱼雷兵装也会增大排水量，导致无法满足条约规定的排水量不得超过 10000 吨的限制。

■ 1929年海试状态的"妙高"号。

■ "妙高"号重型巡洋舰（现代化改装前），照片中的"妙高"号正在进行海试，可见高速航行时激起的浪花。

装一二式鱼雷发射管，同时将原计划中的 4 门十年式 120 毫米 45 倍径高射炮增加为 6 门。这些设计变更使得"妙高"级的排水量增加了 500 吨之多，并突破了条约关于巡洋舰吨位方面的限制。①

1928—1929 年，4 艘"妙高"级巡洋舰相继完工，组成了第 5 战队，成为日本海军"渐减邀击作战"中的夜战部队主力。1932—1936 年各舰进行第一次现代化改装，加高了前部烟囱，换用三角形后桅，更新了航空设备（配备吴式二号三型火药弹射器）。"海军假日"结束后，自 1938 年起，"妙高"级各舰再度进行了现代化改装，主炮口径由 200 毫米增加到 203 毫米，炮弹重量增至 125 千克，射程增加到 29000 米，并更换了鱼雷发射管和对空武器（此前的 6 门单装十年式 120 毫米 /45 倍径高炮被更换为 4 座双联装八九式 127 毫米 40 倍径高炮）。另外，为解决炮弹散布过大的问题，各主炮塔内还加装了九八式射击延迟装置。由于武器和防护加重，航速和燃料搭载量有所下降。

① 此项变更也最终导致了平贺让与藤本喜久雄的彻底决裂，由于藤本喜久雄私自变更设计案，平贺让归国后一气之下辞去了舰政本部第四部主任的职务，转任海军技术研究委员会主任。

"妙高"级性能参数表（完工时）

排水量	10902 吨（标准）
主尺寸	全长：203.8 米；全宽：19 米；吃水：6.23 米
轮机与锅炉	舰本式蒸汽轮机 4 台，舰本式重油专烧锅炉 12 座
输出功率	130000 马力
最大航速与续航力	35.2 节，7000 海里 /14 节
武备	三年式 203 毫米 50 倍径主炮 10 门，十二式 610 毫米鱼雷发射管 4 座，十年式 120 毫米 45 倍径高炮 6 门，留式 7.7 毫米高射机枪 2 挺
舰载机	水侦 2 架，弹射器 1 座
定员	704 人

太平洋战争爆发后，"妙高"级四舰作为日军巡洋舰部队中的主力舰只，奔波于各战场（南太平洋、中太平洋、北太平洋战区均可见其身影）。不过，除"妙高"号外，剩余 3 艘本级舰都没能坚持到战争结束，唯一幸存的"妙高"号在 1944 年 12 月 12 日被潜艇击伤后一直搁置在新加坡，并于 1946 年 7 月与 2 艘潜艇一起被英军凿沉于马六甲海峡。

世界最强条约型重巡："高雄"级

在完成了"妙高"级的设计案之后，为了取得对美国同级别巡洋舰的进一步优势，日本海军开始了 10000 吨级重巡洋舰第二批次的设计规划工作。由于海军此前装备的"金刚"级战列巡洋舰被改造成了高速战列舰，因此 10000 吨级重巡洋舰第二批次的一个重要使命就是接替"金刚"级担任夜战部队（第二舰队）的旗舰。对此，军令部特别要求设计部门必须在舰桥内增加额外空间以容纳旗舰设施，同时对新舰的防御能力、航空侦察能力及防空作战能力亦提出了较高的要求（要强于此前的"妙高"级）。这就是"高雄"级巡洋舰诞生的大背景，此后日本海军上下便齐心协力开启了打造号称"世界最强条约型重巡"的征程。

自 1925 年起，由江崎延吉负责，藤本喜久雄进行指导的设计团队开始了

"高雄"级的基本设计工作。江崎—藤本团队为新舰设计了异常高大雄伟的舰桥（共计10层，远远望去甚至会让人误以为本级舰为战列舰，但也同时带来了重心升高、舰艇横向稳定性不足的弊端），其内部空间为"妙高"级的3倍，观测能力与指挥能力非常优秀，具备了担任舰队旗舰的能力。同时，针对"妙高"级防御区域较大的问题，本级舰采取了集中防御的模式，将前后主炮塔的间距缩小了8.5米以缩短主装甲带的长度，并将主装甲带的厚度由"妙高"级的102毫米增加至127毫米，对于舰桥的关键部位也使用16毫米的装甲板加以保护，可以抵御敌机关炮的扫射及破片杀伤。火力方面，为了加强防空能力，特别配置了10门最大仰角为70度的三年式二号203毫米50倍径主炮（配置于5座E型双联装炮塔中，配置方式同"妙高"级）可以实现对空射击（由于主炮具备了对空射击能力，十年式120毫米45倍径高射炮的数量由"妙高"级的6门降低到4门），经测试，射击效果良好。但由于炮塔回旋速度和火炮俯仰速度低下，加之缺乏有效的火控指挥系统，其在实战中所起的作用相当有限。作为夜战部队的旗舰，"高雄"级的鱼雷战能力同样被提到了较高的高度，4座由电动机驱动的八九式双联装鱼雷发射管以每舷2座的方式被配置于上甲板上①。全舰共携带24条九〇式压缩空气动力鱼雷，并配有鱼雷快速再装填装置。由于得到了美国海军强化重巡洋舰航空能力的情报，日本海军特别要求"高雄"级必须配备比此前的巡洋舰更为强有力的航空兵装，于是舰上又安装了2座吴式二号三型火药弹射器及配套的3架水上飞机和机库。

4艘"高雄"级重巡洋舰是作为第五至第八号大型巡洋舰而被列入1927年造舰计划的(一至四号为"妙高"级)，单舰造价2837万日元。其中首舰"高雄"号和二号舰"爱宕"号于1927年4月分别于横须贺海军工厂和吴海军工厂开工，三号舰"摩耶"号和四号舰"鸟海"号则分别于1928年在川崎神户造船厂和三菱长崎船厂开工。

完工后的4艘"高雄"级重巡洋舰被统一编成了第4战队，并于战前及战争中接受了多次改造。改装的要点包括：缩小舰桥尺寸（将竣工时的10层舰

---

① "高雄"级是日本海军中最早将鱼雷发射管配置于上甲板的重巡洋舰，目的是为了减少鱼雷在战斗中殉爆后给军舰带来的损害。

■ 竣工之初，海试状态的高雄级"摩耶"号巡洋舰。

■ "高雄"号重型巡洋舰（现代化改装前）。"高雄"级重型巡洋舰共建4艘，是"妙高"级的后续型，配备有巨大的舰桥，可以担任夜战部队的旗舰。

桥缩小为 8 层以提高稳定性）、更换新式鱼雷发射管（除"鸟海"号外，其余 3 舰均先后换装了可以发射九三式氧气鱼雷的九二式四联装鱼雷发射管）及防空火力强化工事（将十年式 120 毫米 45 倍径高射炮更换为八九式 127 毫米 40 倍径高射炮，并逐步增加了九六式 25 毫米 60 倍径高射机关炮的数量）等。

太平洋战争爆发后，同属第 4 战队的"高雄"级 4 舰却经常分散行动。各舰在太平洋战争初期，尤其是 1942 年的历次水面战斗中取得了一些较为突出的战绩。其中，"鸟海"号作为三川军一中将指挥的第八舰队旗舰于"萨沃岛海战"中率领 7 艘舰艇击沉盟军 4 艘重巡洋舰，取得大捷。"爱宕"号与"高雄"号则于 1942 年 11 月 14 日爆发的"第三次所罗门海战"中合力击伤了美战列舰"南达科他"号，但两舰也被美舰击伤并撤出战场。

1944 年 10 月，4 艘"高雄"级跟随栗田舰队参加了"莱特湾海战"。这一次，在战争中一直侥幸生存下来的"高雄"级 4 舰遭遇了 3 沉 1 伤的悲剧。其中，"爱宕"号与"摩耶"号于 23 日清晨被美军潜艇击沉；"鸟海"号则在 2 天后遭空袭重创，被迫由己方驱逐舰击沉。重伤的"高雄"号则被日军一直搁置在新加坡，并在战后被英军凿沉于马六甲海峡。

"高雄"级性能参数表（完工时）

排水量	11490 吨（标准）
主尺寸	全长：203.8 米；全宽：19 米；吃水：6.1 米
轮机与锅炉	舰本式蒸汽轮机 4 台，舰本式重油专烧锅炉 12 座
输出功率	130000 马力
最大航速与续航力	35.3 节，8000 海里 /14 节
武备	三年式 203 毫米 50 倍径主炮 10 门，八九式 610 毫米鱼雷发射管 4 座，十年式 120 毫米 45 倍径高炮 4 门，昆式 40 毫米 62 倍径高射机关炮 2 门
舰载机	水侦 3 架，弹射器 2 座
定员	760 人

轻巡变重巡："最上"级

由于已经拥有了"古鹰"级、"青叶"级、"妙高"级、"高雄"级共计 4 级 12 艘重巡洋舰。因此，条约分配给日本海军 10.8 万吨的重巡洋舰吨位限额已经被全部用完，日本海军将不能再兴建任何重巡洋舰了。不过，由于轻巡洋舰吨位距条约规定的限额尚差 2035 吨，在此情况下，日本人以其部分 3500 吨和 5500 吨级轻巡需要替换为由，要求预支限额 48920 吨，加上原先的余额便可以继续建造总吨位为 50955 吨的轻巡洋舰。通过游说，其余签约国同意了日本的要求，于是在 1931 年，日本海军于"丸一"舰艇补充计划中列入了 4 艘 8500 吨级和 2 艘 8450 吨级大型轻巡洋舰的建造案。不过由于经济原因，只有 4 艘 8500 吨级获得批准，这些舰船按照轻巡洋舰命名规则（以河川名命名）分别被命名为："最上"号、"三隈"号、"铃谷"号与"熊野"号。1931—1934 年，各舰相继开工。

由"造船鬼才"藤本喜久雄设计的"最上"级拥有和"高雄"级类似的高大舰桥和 5 座三联装炮塔（前 3 后 2，配置方式类似于"高雄"级，这也是日本海军中最早采用三联装炮塔的军舰），配备 15 门三年式 155 毫米 60 倍径主炮，在同时代的轻巡洋舰中火力异常强大。实际上，这些炮塔的单重与 203 毫米双联装炮塔是一样的，一旦条约失效，可随时更换为 203 毫米主炮，成为重巡洋舰。因此本级舰也被西方海军列强称为"惊人的违约舰"。不过"最上"级也并非没有缺陷的完美品,与此前日本海军装备的重巡洋舰一样,本级舰由于在有限的排水吨位下堆积了过多的武备,导致舰体结构强度偏低且复原性不足。1935年10月发生的"第四舰队事件"使完工不久的"最上"号和"三隈"号全部受损,不得不进行结构补强工事,威而不稳的舰桥也被大大缩小。尚未完成的"铃谷"号与"熊野"号则直接按改良方案建造,因此也有部分资料称此二舰属于"铃谷"级。"海军假日"结束后,4艘"最上"级将主炮统一更换为5座双联装203毫米50倍径舰炮,正式"变身"为重巡洋舰。

太平洋战争爆发时的4艘"最上"级均隶属于日本海军第二舰队下辖的第7战队,被用于马来亚和荷属东印度方面作战。1942年2月28日深夜,"最上"号与"三隈"号在巴达维亚以西的万丹湾遭遇从"泗水海战"中撤退的美国重巡洋舰"休斯敦"号和澳大利亚轻巡洋舰"珀斯"号,两舰立即合力以压倒性的火力将盟军舰艇全部歼灭。此后,4艘"最上"级巡洋舰又参加了"中途岛海战",计划用于为登陆部队提供炮击支援。但由于日机动部队被美特混舰队重创,联合舰队司令长官山本五十六不得不中止作战,下令撤退。撤退途中,"最上"号先是与姊妹舰"三隈"号相撞,后又被大批美机集中攻击导致舰体

■ 1935年完工时试航状态的"最上"号巡洋舰。当时安装有155毫米主炮,被定义为轻巡洋舰。

■ "最上"号轻型巡洋舰(现代化改装前),"最上"级轻型巡洋舰共建4艘,拥有15门155毫米口径主炮,装备在5座三联装炮塔内,较同时代的轻型巡洋舰相比具有明显的火力优势。

"最上"级性能参数表（完工时）

排水量	11200 吨（标准）
主尺寸	全长：200.6 米；全宽：20.2 ~ 20.6 米；吃水：6.2 米
轮机与锅炉	舰本式蒸汽轮机 4 台，舰本式重油专烧锅炉 8 ~ 10 座
输出功率	152000 马力
最大航速与续航力	35 节，8000 海里 /14 节
武备	三年式 155 毫米 60 倍径主炮 15 门，九〇式 610 毫米鱼雷发射管 4 座，八九式 127 毫米 40 倍径高炮 8 门，九六式 25 毫米高射机关炮 8 门，九三式 13 毫米高射机枪 8 挺
舰载机	水侦 3 架，弹射器 2 座
定员	874 ~ 944 人

重创，只能以低速退往本土[①]；而"三隈"号则在美机的数波空袭后燃起大火，最终沉没于中途岛西北 600 海里处，成为战争中战沉的第一艘日本重巡。"中途岛海战"结束后，"铃谷"号与"熊野"号参加了瓜岛争夺战，承担过炮击亨德森机场的任务，但战果不佳。此后两舰加装了大量防空武器，参加了"马里亚纳海战"。1944 年 10 月，"莱特湾海战"爆发，"最上"级巡洋舰中剩余的"最上"号、"铃谷"号和"熊野"号全部参加了战斗。最终，三舰全部于此役中战沉，结束了该级舰显赫一时的海上生涯。

载机重巡："利根"级

当"最上"级四号舰"熊野"号于 1934 年开工后，"丸一"舰艇补充计划中因财政紧张而被迫推迟的 8450 吨级大型轻巡洋舰建造案也重新被提上了日程，并列入了"丸二"舰艇补充计划中。为了掩人耳目，新舰与"最上"级一样被刻意伪装成轻巡洋舰，主炮采用了符合条约规定的三年式 155 毫米火炮（必要时可以立即换装为与"高雄"级相同的 203 毫米主炮），舰名也按照轻巡洋舰命名规则被定名为"利根"号和"筑摩"号。

---

① 后来该舰于 1942 年底在佐世保工厂进行大规模改装，成为可搭载 11 架水上飞机的航空巡洋舰。

在"利根"级的建造过程中,舰政本部也同时在对"超级战列舰"——"大和"级的设计方案展开论证。根据经验,主力舰前主炮使用率为70%,而后主炮只有30%。如果将主炮全部布置在军舰前部则可以集中火力、减少弹着散布,同时也有助于缩短重点防护区域,可谓一举三得,故此前英国"纳尔逊"级战列舰和法国"敦刻尔克"级战列巡洋舰均采用了此种配置方式。为了进一步检验此种配置方式的有效性,以便决定将来是否用于"大和"级上,1936年,舰政本部第四部的设计人员将施工中的2艘"利根"级的舰桥、烟囱、飞机弹射器等整体后移,而将主炮塔全部移至舰桥之前,数量则较"最上"级减少1座(呈金字塔式配置,其中2座炮口向前,另2座向后)。另外在面积显著扩大的后甲板安装了2座吴式二号火药弹射器,可弹射全舰携带的6架水上飞机,具备较强的航空作战能力。实践中,"利根"级各主炮塔的射界不同,其中的2座只有另2座的1/3,且因炮塔布置得过于集中,容易损坏,因此这种将全主炮前置的配置方式日后再未应用到任何日本战舰上。

1936年底,随着"海军假日"的结束,《伦敦海军条约》彻底失效。"利根"级上为了掩人耳目的三联装155毫米主炮也顺理成章地更换为4座双联装203毫米主炮,与"最上"级一样被"升级"为重巡洋舰。

完工后的"利根"号与"筑摩"号两舰被编入第8战队,于珍珠港作战中充当南云机动部队的航空侦察力量。12月7日晨,两舰派出侦察机对珍珠港进行了航空侦察。此后的1942年6月,两舰均参加了"中途岛海战",由于"利根"号弹射器发生故障,只能推迟弹射水上侦察机,意外错过了发现美军航母编队的机会。此役,自美军航空母舰上起飞的"无畏"式俯冲轰炸机突袭了南云机动部队,击沉了日军的4艘航母。"中途岛海战"结束后,两舰又先后参与

■ "利根"号重型巡洋舰(现代化改装后),"利根"级重型巡洋舰共建2艘,具备较强的航空侦查能力,其后甲板配置二座吴式二型弹射器,全舰可携带6架水上飞机,是日本海军各级重型巡洋舰中载机量最大的一级。

"利根"级性能参数表（完工时）

排水量	11213 吨（标准）
主尺寸	全长：201.6 米；全宽：19.4 米；吃水：6.23 米
轮机与锅炉	舰本式蒸汽轮机 4 台，舰本式重油专烧锅炉 8 座
输出功率	152000 马力
最大航速与续航力	35 节，12000 海里 /14 节
武备	三年式 203 毫米 50 倍径主炮 8 门，九〇式 610 毫米鱼雷发射管 4 座，八九式 127 毫米 40 倍径高炮 8 门，九六式 25 毫米高射机关炮 8 门，九三式 13 毫米高射机枪 8 挺
舰载机	水侦 6 架，弹射器 2 座
定员	869 人

了"瓜岛争夺战""马里亚纳海战""莱特湾海战"等一系列著名海上战役。其中，"筑摩"号于 1944 年 10 月 25 日在萨马岛海域被美机击伤后自沉；而"利根"号虽侥幸逃回本土，但于 1945 年 7 月的吴港大空袭中被美机击伤后沉底，又于 1947 年浮起后被解体。

→ 锻造美利坚之剑 ←
美利坚合众国海军"条约型巡洋舰"的诞生与发展

初期的探索："彭萨科拉"级与"北安普敦"级

　　自世界五大海军强国签订《华盛顿海军条约》后，主力舰的建造竞赛暂时停滞了下来，各国纷纷开始将注意力集中到了建造尚未受到数量限制的条约型巡洋舰上，美国海军自然也不例外。1922 年 12 月，美国海军发布了一个雄心勃勃的造舰计划，提出要新建 10 艘 10000 吨级巡洋舰及 16 艘"奥马哈"级轻巡洋舰。不过雄心归雄心，现实归现实，条约型巡洋舰的建造之路从一开始就崎岖异常。由于当时的美国沉溺于相信所谓的"条约带来的和平"，因此，对海军建设毫无热情的美国第 30 任总统柯立芝直到 1924 年 12 月才同意拨付用于建造首批 2 艘 10000 吨级巡洋舰的预算，用于美国海军第一级条约型巡洋舰的建造。这级巡洋舰就是后来被称为美国海军重巡洋舰开山之作的"彭萨科拉"级。

在"彭萨科拉"级设计之初，美国海军总委员会就为新巡洋舰的设计思路定了调。依据总委员会的设想：美国海军的条约型巡洋舰必须具备高航速、大续航力、凶猛的火力及优秀的侦查搜索能力等特点。其中高航速与大续航力是为了能在日本挑起战火后掩护主力部队长途西进迎击；凶猛的火力是为了替代战列舰完成一些难度不高但风险较大的打击任务；优秀的侦查搜索能力则是充当舰队前卫的必备条件。

依照这个设想，美国海军在 1923 年针对"彭萨科拉"级的最初设计案为新舰配备了 12 门 8 英寸主炮，同时将最高航速设定为 35 节。与此同时，防护能力则被有选择性地忽略掉了（弹药库装甲厚度仅为 19.1 毫米，炮塔装甲及司令塔装甲厚度也仅有 31.8 毫米）。后来，因为意识到新舰的防御能力过于低下，1925 年获得批准的最终方案中将主炮门数削减到 10 门，最高航速也下降到 32 节，这样就节省出了 1090 吨的吨位来加强装甲。

"彭萨科拉"级共建 2 艘，依美国海军军舰命名习惯，均以城市命名。其中，以佛罗里达州属彭萨科拉市命名的"彭萨科拉"号于 1926 年 10 月 27 日在纽约海军船厂开工，1930 年 2 月 6 日完工；以犹他州的州府盐湖城市命名的"盐湖城"号则同样于纽约海军船厂开工，1930 年 12 月 11 日完工。需要特别说明的是，两舰最初被分类为"轻巡洋舰"（编号分别为：CL-24 及 CL-25），1931 年 7 月才被重分类为"重巡洋舰"。

竣工时的"彭萨科拉"级巡洋舰标准排水量 9097 吨，舰长 178.3 米，宽 19.9 米，吃水 5.9 米，人员编制 631 人。采用平甲板船型，尖艏，巡洋舰型艉，首舷弧不明显，舰体修长，长宽比达到 9：1，这都是为了提高航速而采取的措施，所以该级舰的耐波性能不是很好。军舰动力系统由 8 座重油锅炉和 4 台帕森斯式蒸汽轮机组成，最大功率 107000 马力，4 轴推进，最高航速 32.5 节，载重油 2116 吨，15 节时续航力 10000 海里。

由于受到条约关于巡洋舰标准排水量不得超过 10000 吨的限制，本级舰不得不像前文所述的那样，在火力和防护上做出取舍。因此，该舰配备了 10

门 MK9 型 8 英寸 55 倍径舰炮。10 门火炮被布置于 2 座双联装和 2 座三联装 MK14 型炮塔中,以背负式呈前 2 后 2 配置,由 MK18 型射击控制装置指挥,此炮是为了对抗日本海军配备的三年式 200 毫米舰炮而研制开发的。主炮最大射程 29100 米,压倒了三年式;穿甲弹重量 118 千克,也超过了三年式使用的 110 千克炮弹。只是该炮的射击散布比较大,影响了作战效能。因此,"彭萨科拉"级不得不在防护性能上做出牺牲,其采取了重点防护的设计理念,对于机舱和弹药库等重要部位集中布置了 64 毫米和 102 毫米的装甲,而艏艉等部位不设装甲。另外,为了在有限的吨位内充分实现水下防御,在机舱和弹药库外部追加设置了一层燃料舱。

■ 舾装状态下的"彭萨科拉"号后主炮塔。

■ "彭萨科拉"号重型巡洋舰,本舰是号称美国海军条约型巡洋舰"开山鼻祖"的"彭萨科拉"级首舰,其具备美国条约型巡洋舰的所有典型特征。

"彭萨科拉"级性能参数表（完工时）

排水量	9097 吨（标准）
主尺寸	全长：178.3 米；全宽：19.9 米；吃水：5.9 米
轮机与锅炉	帕森斯式蒸汽轮机 4 台，怀特—福斯特式重油焚烧锅炉 8 座
输出功率	107000 马力
最大航速与续航力	32.5 节，10000 海里 /15 节
武备	Mk9 型 8 英寸 55 倍径主炮 10 门，Mk14 型 21 英寸鱼雷发射管 2 座，Mk10 型 5 英寸 25 倍径高炮 4 门，M2 型 0.5 英寸高射机枪 8 挺
舰载机	水侦 4 架，弹射器 2 座
定员	631 人

完工后的"彭萨科拉"级两舰增加了吨位以加强防护能力，并于战争期间多次接受了防空强化改装（换装瑞典产博福斯高射机关炮及瑞士产厄利孔高射机关炮，并不断增加武器数量）和雷达及电子设备更新，战斗力有了较大的提升。

太平洋战争结束后，"彭萨科拉"级首舰"彭萨科拉"号于 1946 年 8 月 26 日退役，1948 年 11 月 10 日注销舰籍，并作为靶船被击沉于华盛顿州水域，二战中该舰共获得 13 枚战役之星奖章；姊妹舰"盐湖城"号则于 1946 年 8 月 29 日退役，1948 年 5 月 25 日作为靶船被击沉于加利福尼亚州西南水域，同年 6 月 18 日注销舰籍，二战中该舰共获得 11 枚战役之星奖章。

时间的车轮转到 1926 年，日本相较于美国在条约型巡洋舰的建造上已成领先之势，无论是在数量还是在质量上，美国海军已经明显落后于其潜在的"敌人"。为了扭转颓势，美国不得不于 1927 年决定建造 6 艘"彭萨科拉"级巡洋舰的后继舰以应对日本的挑战，这级后继舰就是日后号称美国海军第二批条约型巡洋舰的"北安普敦"级重巡洋舰。

"北安普敦"级巡洋舰的设计始于 1926 年 3 月 24 日，主要设计直接改进自"彭萨科拉"级。舰体由平甲板型改为艏楼舰型，以增强抗浪能力；舰艉部分也得到了相应的延长并修改了水线下的形状，以减小航行阻力；同时，舵的位置也相应移动，以改善操纵性能。由于这些改进使得船体结构部分增重，而为了不违反条约关于巡洋舰吨位的限制，又采取了诸如使用轻型舰体结构等一系列减重措施（这种在设计上充分尊重条约规定的举动倒是与日本人处心积虑地寻求突破条约限制的行为形成了鲜明的对比）。针对"彭萨科拉"级防护力过于低下的弊端，本级舰特别进行了加强，用于防御的吨位由"彭萨科拉"的 1090 吨增加到了 1275 吨。增加的吨位使得主装甲带的厚度增加到 76 毫米，同时司令塔的防护水平也得到了提升，最厚处达 38 毫米（已经压倒了日本海军同时期巡洋舰的司令塔防护水平）。同时，由于采用了锅炉舱和轮机舱交替布置的方式，动力系统的防护性与安全性得到增强。火力方面，主炮布局最早计划采用 4 座双联装炮塔的方案。这在当时是一个合情合理的布局，火炮可按炮组的形式以一定间隔齐射，因此被许多国家的海军所采用。但是由于"彭萨科拉"级的 4 座主炮塔配置方案在实践中并不让人满意，因此最终还是改为 9 门 Mk9 型火炮配置于 3 座炮塔之内（前 2 后 1 呈背负式配置），这个配置模式后来也成为美国重巡洋舰配置的标准模式；防空火力方面，完工时的"北安普敦"级也与"彭萨科拉"级基本一致，配置了 4 门 Mk10 型 5 英寸 25 倍径高射炮和 8 挺 "勃朗宁" M2 式高射机枪；鱼雷武器方面则配备了 2 座 MK14 型三联装 21 英寸鱼雷发射管。

另外，相对于"彭萨科拉"级只能露天停放水上飞机的弊端，本级舰在后部烟囱附近设置了水上飞机机库及 1 台吊车（可以调运飞机和小艇），航空作业能力得到显著提升。火控系统方面也与"彭萨科拉"级不同，本级舰首次采用了备份系统，只有在测绘室被完全破坏时火控系统才会失效，而测绘室则被布置于舰体之内并附有装甲防护。

"北安普敦"级共建 6 艘（1930—1931 年间相继完工），分别以马萨诸塞州北安普敦市、宾夕法尼亚州切斯特市、肯塔基州路易斯维尔市、伊利诺伊州芝加哥市、德克萨斯州休斯敦市和佐治亚州奥古斯塔市命名。前 3 艘按分队旗舰建造，后 3 艘按舰队旗舰建造（扩大了司令塔内部的空间）。各舰完工后在太平洋战争初期均表现积极，其中，"北安普敦"号、"休斯敦"号及"芝加哥"号战沉（前两舰于 1942 年沉没，后者则于 1943 年战沉），其余三舰则于战后相继被解体，结束了不平凡的军旅生涯。

■ "北安普敦"号重型巡洋舰，本舰是美国海军第二批次条约型巡洋舰的首舰，于1942年11月29日在塔萨法隆加海战中战沉。

■ 舾装中的"北安普敦"号。

"北安普敦"级性能参数表（完工时）

排水量	9006 吨（标准）
主尺寸	全长：183 米；全宽：20.1 米；吃水：5.0 米
轮机与锅炉	帕森斯式蒸汽轮机 4 台，怀特—福斯特式重油焚烧锅炉 8 座
输出功率	107000 马力
最大航速与续航力	32.5 节，10000 海里 /15 节
武备	Mk9 型 8 英寸 55 倍径主炮 10 门，Mk14 型 21 英寸鱼雷发射管 2 座，Mk10 型 5 英寸 25 倍径高炮 4 门，M2 型 0.5 英寸高射机枪 8 挺
舰载机	水侦 4 架，弹射器 2 座
定员	617 人

不断改进："波特兰"级

1927 年，为了能在条约型巡洋舰的数量上向英国海军看齐[1]，美国海军决定于 1929 年度开工建造 5 艘"北安普敦"级的后续型巡洋舰。此后这 5 艘军舰被分为两批建造，第一批即是在"北安普敦"级基础上改进而来的"波特兰"级。由于之前建造的"彭萨科拉"级和"北安普敦"级的标准排水量均低于《华盛顿海军条约》关于巡洋舰吨位的限制，所以新舰将有较前两级更多的吨位可以利用。为了彻底摘掉"彭萨科拉"级和"北安普敦"级防护薄弱[2]的帽子，美国海军要求把这些吨位都用来加强防护。因此，从某种意义上说，本级舰就是"北安普敦"级的装甲强化型。

由于脱胎于"北安普敦"级，"波特兰"级的舰型与"北安普敦"级基本一致，只是为了扩大舰内的空间，舰体延长了 2.9 米。另外，前后桅被缩小，后部射击指挥所也被移至后部上层建筑之上。本级中的"印第安纳波利斯"号是作为舰队旗舰设计的，因此舰桥结构被进一步扩大，前后甲板室也进行了扩充，以容纳更多的人员。得益于此，太平洋战争爆发后，"印第安纳波利斯"号曾

---

[1] 当时英国海军在建和完工的条约型巡洋舰有 13 艘，而美国海军仅有 8 艘开工在建。

[2] 尤其是"彭萨科拉"级的防护能力非常低下，一些持批评意见的海军人士甚至讥讽其是在"鸡蛋壳一般的船体上安装了重锤一般的火力"，借以嘲笑"彭萨科拉"级在火力和防护上的极度不平衡。

经担任美海军第 5 巡洋舰分队旗舰，指挥官是大名鼎鼎的雷蒙德·斯普鲁恩斯。

完工时的"波特兰"级标准排水量达到 10258 吨，超过"彭萨科拉"级和"北安普敦"级 1000 吨以上。诸多改进使得该级舰的复原性能超过了前两级，火炮射击时更加稳定，而且舰内空间的增加使得居住条件得以明显改善。

"波特兰"级的武器装备、航空设备、火控设备与"北安普敦"级也基本相同，但完工时没有装备鱼雷发射管[①]，节省下来的重量则被用来加强防空能力，Mk10 型 5 英寸 25 倍径高射炮从"北安普敦"级的 4 门增加到 8 门，另配有"勃朗宁"M2 式高射机枪 8 挺。轮机设备也沿用了"北安普敦"级的配置，由 8 座重油锅炉（"波特兰"号为亚罗式，"印第安纳波利斯"号则为怀特—福斯特式）和 4 台帕森斯式蒸汽轮机组成的动力系统最大功率 107000 马力，军舰最高航速 32.5 节[②]，载重油 2125 吨，15 节时续航力 10000 海里。

如前所述，本级舰与"北安普敦"级最大的区别便是加强了防护能力：加强了水平防护和弹药库防护，两者分别由厚达 50 毫米和 147 毫米的装甲板加以保护（已经超过了同时期的日本巡洋舰相关部位的防护水平）；同时，细化了轮机舱附近的燃料舱配置，进一步强化了水下防御；此外，还在锅炉舱设置了纵向防水隔壁，以避免一发炮弹造成的进水同时灌入两个轮机舱——但是这样的设计也带来了一个弊端，即一旦一侧过快进水，容易导致军舰大幅度横倾。

"波特兰"级共建 2 艘，首舰"波特兰"号于 1930 年 2 月 17 日在马萨诸塞州昆西市伯利恒造船厂开工，1933 年 2 月 23 日完工，1946 年 7 月 12 日退役，1959 年 3 月 1 日注销舰籍，同年 10 月 6 日舰体出售，二战中该舰共获得 16 枚战役之星奖章；二号舰"印第安纳波利斯"号于 1930 年 5 月 31 日在新泽西州卡姆登市纽约造船公司开工，1932 年 11 月 15 日完工，1945 年 7 月 30 日在从提尼安岛前往菲律宾的途中（此前该舰刚完成向提尼安岛输送原子弹配件的任务）被日军"伊 –58"号潜艇击沉于北纬 12 度 02 分、东经 134 度 48 分水域，全舰仅 316 人生还，二战中该舰共获得 10 枚战役之星奖章。

---

① 自此，鱼雷发射管一度在美国海军的各型巡洋舰上绝迹，直到开工兴建"亚特兰大"级轻型巡洋舰时才再次短暂"复活"。
② 虽然排水量增加且输出功率不变，但由于舰体延长提高了长宽比，最大航速仍可达到"北安普敦"级的水平。

■ "波特兰"号重型巡洋舰，本舰是"波特兰"级重型巡洋舰首舰，较此前级别的"北安普敦"级进一步强化了防护能力，强调火力与防护的平衡。

■ 舾装阶段的"波特兰"号重巡洋舰。

"波特兰"级性能参数表（完工时）

排水量	10258 吨（标准）
主尺寸	全长：185.9 米；全宽：20.1 米；吃水：6.4 米
轮机与锅炉	帕森斯式蒸汽轮机 4 台，亚罗式 / 怀特—福斯特式重油焚烧锅炉 8 座
输出功率	107000 马力
最大航速与续航力	32.5 节，13000 海里 /15 节
武备	Mk9 型 8 英寸 55 倍径主炮 10 门，Mk10 型 5 英寸 25 倍径高炮 8 门，M2 型 0.5 英寸高射机枪 8 挺
舰载机	水侦 4 架，弹射器 2 座
定员	807/917 人

趋于完善的重型巡洋舰："新奥尔良"级

　　"新奥尔良"级重巡洋舰是美国海军于1931—1934年间建造的最后一级条约型巡洋舰，也是美海军所有条约型巡洋舰中性能最均衡的一级，被后人称之为"美国海军的最佳条约型重巡"。说到"新奥尔良"级的诞生，就不得不再次提到"北安普敦"级的后续型建造计划。如前所述，5艘"北安普敦"级的后续型被分成了两批建造，除了成为"波特兰"级的"波特兰"号与"印第安纳波利斯"号以外，剩余的3艘编号为"CA-32""CA-34"及"CA-36"的巡洋舰则成为"阿斯托里亚"级①。

　　"新奥尔良"级重巡洋舰修正了此前"北安普敦"级巡洋舰所存在的相关问题，力求在有限的吨位内实现火力、防护、速度之间的有效平衡。为了能实现这一目标，也为了探索在未来无条约时代该如何建造舰船的问题，美国海军在本级舰上试验了很多新技术，所以，"新奥尔良"级又被细分为由"新奥尔良"号、"阿斯托里亚"号、"明尼阿波利斯"号组成的Ⅰ型；包含"塔斯卡卢萨"号及"旧金山"号的Ⅱ型；及包括"昆西"号与"文森斯"号的Ⅲ型。

　　完工时的"新奥尔良"级重巡洋舰全长179.2米，全宽18.8米，吃水5.9米，标准排水量10136吨。由8座巴伯考克·威尔考克斯公司生产的重油焚烧锅炉和4台威斯汀豪斯式蒸汽轮机组成的动力系统最大功率107000马力，军舰最高航速32.5节，载重油2183吨，10节时续航力14000海里。防护方面则较"波特兰"级有了进一步的强化，用在防护上的吨位占到了全舰排水量的15%，超过了"波特兰"级的6%。其中，主装甲带厚度为127毫米（由于较"波特兰"级缩短了舰长，防护区域也一并得以缩短，因此防护效果较前级更佳），水平装甲厚度则达50毫米，弹药库侧面的防护装甲板也有102毫米。值得一提的是，本级舰对炮塔和座圈防护进行了大幅强化，以期对抗敌军203毫米炮弹的轰击。其中，主炮塔正面厚度达到了前所未有的203毫米，侧面和顶部分别为70毫米和25毫米，座圈厚度则为127毫米（"旧金山"号为165毫米），整体防护能力远超同时期日本重巡洋舰炮塔的防护水平。火力方面，"新奥尔良"级

---

　　①即后来的"新奥尔良"级。"阿斯托里亚"级首舰"阿斯托里亚"号沉没后，本级舰正式更名为"新奥尔良"级。

重巡洋舰则没有装备此前"波特兰"级装备的老式 Mk9 型舰炮，而是改为装备新式的三联装 8 英寸 55 倍径舰炮（其中，"新奥尔良"号装备 Mk14 型、"明尼阿波利斯"号装备 Mk15 型、剩余各舰装备 Mk12 型。其中，Mk15 型与 Mk12 型可实现各炮独立俯仰）。新式 8 英寸 55 倍径舰炮配置在 3 座三联装炮塔内（前 2 后 1 呈背负式配置）由 Mk31 型火控装置引导射击，火炮初速 853 米 / 秒，可将 118 千克的穿甲弹抛射到 28987 米距离上，并可在 9144 米的距离上击穿 127 毫米的舷侧装甲带。防空火力方面则与"波特兰"级一致，配有 8 门 Mk10 型 5 英寸 25 倍径高射炮及 8 挺 M2"勃朗宁"式高射机枪。

"新奥尔良"级共建 7 艘，多数在第二次世界大战中活跃于太平洋战场。其中，"阿斯托里亚"号、"昆西"号、"文森斯"号在 1942 年 8 月 9 日爆发的萨沃岛海战中被日军三川军一中将率领的巡洋舰编队击沉；二号舰"新奥尔良"号及三号舰"明尼阿波利斯"号则先后参加了 1942 年 11 月爆发的塔萨法隆加海战及 1944 年 10 月爆发的莱特湾海战，并均于 1959 年退出现役；五号舰"旧金山"号则是"新奥尔良"级各舰中表现最为突出的一艘，二战期间共获得 17 枚战役之星奖章，其于 1942 年被编入第 64 特混编队，参加了 10 月 11 日爆发的埃斯佩兰斯角海战，与友舰协同击沉了日本重型巡洋舰"古

■ 重巡洋舰"新奥尔良"号。其设计已经日趋完善。

■ "新奥尔良"号重型巡洋舰，本舰属于"新奥尔良"级，在火力、防护、速度三项主要性能指标上达到了较好的平衡。

"新奥尔良"级性能参数表（完工时）

排水量	10136 吨（标准）
主尺寸	全长：179.2 米；全宽：18.8 米；吃水：5.9 米
轮机与锅炉	西屋蒸汽轮机 4 台，巴伯考克·威尔考克斯式重油焚烧锅炉 8 座
输出功率	107000 马力
最大航速与续航力	32.5 节，14000 海里 /10 节
武备	Mk14/15/12 型 8 英寸 55 倍径主炮 9 门，Mk10 型 5 英寸 25 倍径高炮 8 门，M2 型 0.5 英寸高射机枪 8 挺
舰载机	水侦 4 架，弹射器 2 座
定员	708 人

鹰"号和驱逐舰"吹雪"号并重创日重型巡洋舰"青叶"号，一举打破了日军"夜战不败"的神话；四号舰"塔斯卡卢萨"号则是"新奥尔良"级各舰中唯一没有参加过太平洋战争的舰艇，其服役于大西洋舰队，主要执行巡逻、护航、运输等任务，于战后 1959 年退出现役。

强悍的轻型巡洋舰："布鲁克林"级

1930 年 4 月，各国于伦敦签署《限制和削减海军军备条约》后，有关条约型巡洋舰的建造也和主力舰一样受到了限制。依据条约规定，美国海军保有的 A 型巡洋舰总吨位不得超过 18 万吨，这显然不足以对抗日益扩张的他国海军力量。于是美国海军不得不转向建造装备 6 英寸主炮的新式轻型巡洋舰，以弥补重巡力量的不足，在这样的大背景下，"布鲁克林"级巡洋舰诞生了。

由于本级舰是为了弥补重巡力量的不足而设计建造的，因此最初的设计方案特别强调本级舰的速度和巡航性能不得低于重巡洋舰，火力上也要尽量接近。在最初的 6 种预选方案中，从 3 座四联装炮塔加 1 座三联装炮塔的重炮舰方案，到只装备 2 座 6 英寸三联装炮塔，排水量仅 6000 吨的轻量级方案都有。1931 年初最终选定的方案是排水量 9600 吨，装备 4 座三联装炮塔，装甲防护同"新奥尔良"级的方案。该方案被列入了 1933 年的造舰计划并由国会通过。此后，该设计方案又依据现实做出了种种调整，加装了 Mk1 型四联装 1.1 英寸 75 倍径高射机关炮以增强对空火力，并第一次将飞机弹射器移至舰艉（此前的美国海军各级条约型巡洋舰均将弹射器布置在舰体中部），装甲防护上也做出了一些改动。但是，变动最大的则是主炮配置方面，由于日本人建造了装备多达 15 门 155 毫米 60 倍径主炮的"最上"级轻型巡洋舰，美国人的神经被强烈地刺激了，于是，"布鲁克林"级的主炮塔也被增加为 5 座（前 3 后 2，前部 3 座炮塔呈金字塔式配置，后部 2 座炮塔呈背负式配置），全舰

■ "布鲁克林"号轻型巡洋舰，本舰系"布鲁克林"级轻型巡洋舰首舰，其配备的 15 门 6 英寸口径主炮可以凭借较高的射速在短时间内向敌舰倾泻大量的"弹雨"。

■ 建造中的"布鲁克林"号巡洋舰。

■ 呈金字塔形构成的布鲁克林级前主炮群，赋予了该舰不亚于日本海军"最上"级的对舰火力，在美式轻巡洋舰序列里首屈一指。

共搭载 15 门 Mk16 型 6 英寸 47 倍径舰炮，此炮最大战斗射速高达 10 发 / 分，美国海军期望其可以在短时间内以密集的火力对抗敌军装备了 203 毫米舰炮的重巡洋舰。

竣工时的"布鲁克林"级巡洋舰标准排水量 9767 吨，采用平甲板船型，舰长 185 米，宽 19 米，吃水 6.9 米，人员编制 868 人。军舰动力系统由 8 座重油锅炉和 4 台帕森斯式蒸汽轮机组成，最大功率 100000 马力，最高航速 32.5 节，载重油 1982 吨，15 节时续航力 10000 海里。

"布鲁克林"级共建 7 艘，1933 年订购 4 艘，1934 年再次订购 3 艘。所有舰艇均在 1936—1938 年间建造完成。第二次世界大战爆发后，"布鲁克林"级各舰始终战斗在战争最前线，历经数次恶战，但均幸运地全身而退。二战后，拥有强悍火力和优秀性价比的"布鲁克林"级成为国际军火市场上的抢手货，除"萨凡纳"号和"火奴努鲁"号之外，剩余各舰全部被南美国家购入以充实本国海军实力。特别值得一提的是历经多次改装的"菲尼克斯"号，该舰被阿根廷海军购入并更名为"贝尔格拉诺海军上将"号，在 1982 年因马岛危机而爆发的战争中重新披挂上阵，可惜时过境迁，已经显出老态的"贝尔格拉诺海军上将"号在首次交锋中即被英国皇家海军"征服者"号核潜艇击沉，阵亡水兵超过 1000 人，给本级舰抹上了最后一丝悲剧色彩。

"布鲁克林"级性能参数表（完工时）

排水量	9767 吨（标准）
主尺寸	全长：185 米；全宽：19 米；吃水：6.9 米
轮机与锅炉	帕森斯式蒸汽轮机 4 台，巴伯考克·威尔考克斯式重油焚烧锅炉 8 座
输出功率	100000 马力
最大航速与续航力	32.5 节，10000 海里 /15 节
武备	Mk16 型 6 英寸 47 倍径主炮 15 门，Mk10 型 5 英寸 25 倍径高炮 8 门，M2 型 0.5 英寸高射机枪 8 挺
舰载机	水侦 4 架，弹射器 2 座
定员	868 人

→水兵之力←
美日两国巡洋舰编队水兵素质

月月火水木金金：猛训练锻造的日本水兵

由于未能在华盛顿会议上实现保有相当于美国海军七成战力的预先目标，日本海军高层认为只有加强水兵训练，才能弥补战力上的不足。于是自 20 世纪 20 年代起，日本海军开始推行所谓的"月月火水木金金"特别训练日程[1]，即把星期日当星期一，把星期六当星期五，不停地展开高强度训练[2]，其中又以夜战训练为最，被视为决战决胜的关键战法。特别是在性情刚猛的加藤宽治海军中将就任联合舰队司令长官期间，猛训练之风更是达到了顶点。海军不但设置了很多甚至比战时情境还严酷的演习科目，而且每个科目的训练时间往往长达一周，并特意放在北部浪涛汹涌的海域进行，广大官兵多苦不堪言。

战前日本海军的训练从当年的 12 月 1 日开始，至次年的 4 月为单舰和战队训练阶段，此后的 5 月为舰队合练阶段。10 月初，训练达到高潮，联合舰队全体分为代表日本的"青军"和代表假想敌国（美国）的"赤军"展开对抗，这就是著名的"联合舰队秋季大演习"，也是检验此前训练成绩的"大考"。在这种没日没夜挑战极限的训练中，广大官兵身心极度疲劳，事故便在所难免，其中具有代表性的是 1927 年 8 月发生的"美保关事件"。当时，联合舰队在美保关港附近的日本海海域进行夜战训练，由于能见度极差，舰队做剧烈机动时，轻巡洋舰"神通"号及"那珂"号分别与驱逐舰"蕨"号和"苇"号相撞，导致了舰船 1 沉 3 伤（"蕨"号沉没、"神通"号舰艏损坏、"那珂"号舰艉损坏、"苇"号船体受创）、119 人死亡的悲剧。然而，加藤宽治中将却认为："模拟战争的训练中，牺牲是难免的。"当时的风气也使他本人没有受到任何追究，反而在 2 年后升任军令部总长。

---

[1] 日本人将星期日到星期六分别用古典占星中的"七曜"来表示。星期日到星期六分别为"日，月，火，水，木，金，土"，其中日曜日和土曜日是通常意义上的休息日。
[2] 日本词作家高桥俊策、曲作家江口夜诗还专门为此创作了歌曲"月月火水木金金"，其中第三段言："心如烈火猛训练，旗帜飞扬猎猎新，罄軄孕育国兴旺，海军健儿上舰艇，月月火水木金金。"可见日本海军已经将猛训练完全看成了克敌制胜的法宝。

在这样年复一年的高强度训练下，日本海军积累了丰富的经验，强化了战斗技能。当太平洋战争爆发时，日本海军是带着极度自信投入战争的，当时的日本海军高层普遍认为一艘日本巡洋舰的综合战斗力4倍于美英的同类战舰。支撑他们如此自信的依据除了优良的光学兵器及大威力的氧气鱼雷外，就是通过日日夜夜猛训练锻造出来的日本水兵。事实上，在太平洋战争初期的水面战斗[1]及瓜达尔卡纳尔争夺战中的部分海上战斗中，经过严苛训练的日本水兵也确实体现出了较强的实力。

再来看看日本海军的兵制。在联合舰队内部，最可依仗的力量就是精英的水兵队伍。至1942年，日本海军共拥有34769名军官和394599名水兵。这些水兵中有一部分是服役期为3年的义务兵（征兵），另一部分则是服役期为5年的志愿兵。显然，以"技术骨干"为目标的志愿兵是水兵队伍中的"顶梁柱"[2]，战前，志愿兵与义务兵的比例约为1：2，而在战时这一比例进一步提升为1：1。当然，这并不意味着日本海军的下层士兵在舰队中拥有多么崇高的地位。相反，在军舰上，士兵们除了要忍受恶劣的居住环境[3]外，还要承受来自下士官甚至是士官（即军官）的残酷体罚和言语侮辱，这在日本海军甚至是整个日本军队中都是司空见惯的事情。从某种程度上说，下层水兵在军舰上需要做的事情就是忍耐与服从。

与高素质的水兵队伍相配套，日本海军还拥有一支精英的军官队伍。所有军官不论是基层士官还是高级将领，多数都毕业于广岛县的江田岛海军兵学校。作为世界三大海军学校之一，坐落于古鹰山下的这所海军学校号称"日本海军军官的摇篮"。当时在日本，要想进入这所学校，难度之大完全可以用"过五关斩六将"来形容。以1937年为例，240名学员是从7100多名报考者中层层遴选出来的。不过，进入学校之后，这240名学员的学习、生活一点儿

---

① 如1942年2月间于荷属东印度爆发的一系列水面战斗中，日本舰队均以轻微的损失换取了巨大的战果。

② 这些志愿兵在服役的过程中大多参加了术科学校的进修，很多人都熟练掌握了与岗位相关的一门或几门技能，有些甚至日后转为了下士官（即兵曹）。另外，志愿兵在待遇上较义务兵也高出一截，每月有18日元的额外津贴。

③ 日本海军中的各型舰艇在设计建造时向来以追求最大战斗力为目标，而居住舒适性通常是最被轻视的指标之一。

也不轻松，他们都要在教官和高年级生的毒打辱骂下，完成严苛的体能训练和繁重的学习任务，以便让自己被锻造成一名具有坚忍毅力和旺盛战斗意志的帝国海军军官。

综上所述，日本海军在战前锻造出的少而精的官兵队伍在开战初期确实发挥了强大的威力。他们与具备强大攻击力的舰艇结合在一起使，得日本海军在战争第一阶段所向披靡，取得了较为辉煌的战果。但是随着太平洋战争转为残酷的消耗战后，日本海军不得不面对官兵素质持续下降的不利局面。

巡洋舰的操纵者：服役于巡洋舰上的美国水兵

与常人印象中的潇洒与刺激不同，老水手眼中的舰上生活是杂糅了艰苦、忍耐、恐惧与紧张的大杂烩，这点在巡洋舰上表现得尤为突出：闷热、拥挤不堪且空气污浊的舱室[1]，狭小的盥洗室，仅能果腹的水兵餐[2]……无不考验着水兵们的意志力与忍耐力。

与重视日常勤务和对外礼节及人际关系的战列舰[3]不同，自小就服役于巡洋舰上的老水手们更像是一个团结紧密的战斗集体，长年紧张且严苛的战备训练使得他们的战斗技能基本达到了炉火纯青的地步。由于美国海军的巡洋舰是以舰炮为唯一打击手段的舰艇，因此火炮射击训练就成为水兵们日常训练生活中最重要的内容之一。日复一日的训练，使得舰员们对火炮的操作流程早已烂熟于心，以至于一名退役的巡洋舰舰员在战后回忆5英寸25倍径高射炮的操作方法时，思路依旧十分清晰：

……俯仰手依据射控装置传来的射击参数将火炮调整至合适的仰角，同时回旋手将炮座调整到合适的方位。此时，引信装定手则依据射控装置传来的信息或是炮长的命令开始调整引信装定装置（可同时为3发炮弹装定引信）的参数……稍后，第三装填手取出一发炮弹传递给第二装填手，第二装填手则将炮弹倒插入引信装定装置中完成引信装定，接着第一装填手取出装定完成的炮弹

---

[1] 在瓜岛地区作战的巡洋舰上的环境更是恶劣，水兵们戏称自己的舱室是"瓜达尔卡纳尔汽车旅馆"。
[2] 这是与军官餐相对比的结果，不过与日本海军的水兵相比，美国水兵们的伙食还算过得去。
[3] 战列舰属于主力舰，也代表着海军的门面，所以舰容的整洁程度和水兵及军官的言行举止就显得非常重要，尤其是担负出访任务时。

放入火炮弹槽中，最后炮长使用推杆将炮弹推入以完成整个装填过程。此时，炮闩将自动关闭，火炮进入待发状态，只要射击命令一下达就可以立即开火，随后则是后座与抛壳……整个射击过程依次连贯重复进行，对于训练有素的炮组来说，每分钟发射 20 发左右的炮弹是轻而易举的事情……

一艘巡洋舰上的全体水兵通常会被分配到 8 个部门，这 8 个部门涉及军舰上最重要的 8 个战位：火炮、导航、通讯、轮机、损管、医疗、后勤、航空。每个部门又下辖若干个分队负责本部门的各项具体事务。不过在战时这样的情况会有所改变，各战位的人员除了完成本职工作以外还会被编排入值班瞭望组轮流担任对空、对海或对潜瞭望任务。另外，在战时，舰员休息时也是打散部门编制混杂居住的，这是为了防止战斗中某一舱室被击中后，相关分队人员全部阵亡的情况出现。

20 世纪 30 年代席卷整个资本主义世界的经济危机使得美国进入了"大萧条"时代，很多受过高中教育甚至是大学教育的青年学生在毕业后发现很难找到一份称心如意的工作。于是，加入海军，获得固定薪水，经历充满了刺激与冒险的海上生活就成为很多美国青年的第一选择，这在客观上为美国海军提供了充足的较高素质兵源。

初入美国海军的新兵要接受为期 12 周的基本训练课程，此课程完成后，菜鸟们将被分配到各艘军舰上进一步接受锻炼。这也将是他们军旅生涯中所服役的第一艘军舰，对于多数人将来的成长具有至关重要的意义。在舰上，新兵们将继续接受各种训练，并努力掌握一门或几门特定的技能，这也是他们今后在军舰上"安身立命"的本钱。太平洋战争爆发前，美国海军的每一艘巡洋舰上几乎都有大量的新上舰人员（约占舰员人数的一半）。在掌握了一定的技能并服役了一段时间之后，这些新兵就正式成为其所服役的军舰

■ "阿斯托里亚"号巡洋舰上的高射炮组成员正在进行训练。美国海军非常重视对巡洋舰舰员的炮术训练。

的新舰员，少数具有统帅力或表现突出的水兵还拥有成为军士的机会。随着服役年限的增长，军士中进一步掌握了核心技能的人还可以通过统一考试被任命为军士长。军士长们通常都是长时间服役于同一条军舰上并能够熟练掌握所在部门核心技能的老兵，也是整个水兵队伍中最值得倚重的力量。

太平洋战争爆发时，与日本海军相类似，美国海军同样拥有一支精通技术装备和战略战术的军官队伍。多年的强化训练使得军官们具备了强烈的攻击精神和灵活多变的适应性思维，可以随时应对瞬息万变的战场情况（实际上，美国海军的指挥官们在战略层面的适应性也非常强）。美国海军的军官们多数都毕业于马里兰州的安纳波利斯海军军官学校，在那里接受了完整且系统的教育与训练，其中以统帅力培养为重中之重。从军官学校毕业后，全体毕业生将以军官候补生的身份被分配到各艘舰艇上服役（服役满2年后才有资格被授予海军少尉军衔），自此他们开始仔细研习如何巧妙地操纵真实的舰艇展开作战，可以说就是实践的课程，当然也是为了日后能够走上真正的战场做准备。值得一提的是，美国海军的各级指挥官在开始其军旅生涯的第一天起就要面临激烈的竞争，这主要体现在军官晋升上。考评官会记录下待晋升军官平时的训练和工作表现，一言一行甚至都将作为其是否能够获得晋升的重要依据，如果考评不合格，待晋升军官将被剔出海军或被强制退役；而表现优秀者将有机会进入位于纽波特的美国海军战争学院（美国海军的高等学府，类似于日本海军的海军大学）学习，在那里以兵棋推演的方式进一步研习各种战略战术——美国海军战时采用的巡洋舰编队战术多数就是在此研发出来的。

→"巡洋舰对决"的指挥官←
美日两国巡洋舰编队指挥官

说到太平洋战争中的著名指挥官，人们往往会联想到尼米兹或是山本五十六。不过，历史的影像中并非只记录下了太平洋舰队总司令或是联合舰队司令长官的事迹，一些在重要战役中留下印迹的指挥官同样不会被历史所遗忘。下文介绍的两位正是这类指挥官的代表：一位是敢于在敌舰压境的情况下冒险逆袭并取得大胜的幸运者，另一位则是一举打破日军"夜战不败"神话，并展开了教科书式攻击的风云儿。这两位指挥官在个性、履历及指挥艺术上都各具特色。

萨沃岛海战的导演者：三川军一海军中将

三川军一（1888 年 8 月 29 日—1981 年 2 月 25 日）是太平洋战争中在作战指挥上最具争议的日本海军将领之一。他于 1888 年生于广岛县，1910 年毕业于江田岛海军兵学校（38 期），在 149 人中排名第三，很早就被认定具有成为出色军官的潜力。1913—1914 年，三川先后进入海军鱼雷学校和炮术学校学习。1916 年晋升海军大尉并前往海军大学校深造，后被经常派往海外执勤。和其他日本海军军官一样，三川的大多数时间都在海上执行任务。作为一名海军学校学生，他分别在 4 艘不同的军舰上服过役。起先是被分配到巡洋舰"阿苏"号上，第一次世界大战中又服役于驱逐舰"杉"号和运输船"青岛"号。1918 年作为日本代表团的一员，三川参加了凡尔赛和会。1920 年，三川返回了舰队，继续在多艘军舰上担任分队长或航海长，包括战列巡洋舰"榛名"号、轻巡"龙田"号等，这也使得他在以后的军旅生涯中展现出航海方面的特长。此后继续在海军大学校深造并于 1924 年毕业（甲种 22 期）。1929 年作为日本海军代表随员参加了伦敦海军军备会议，后在法国巴黎担任大使馆专员。1930 年晋升为海军大佐，后返回日本任海军兵学校教官，负责行政训练等任务。

20 世纪 30 年代中期，三川在多艘军舰上担任过舰长，包括巡洋舰"青叶"号、"鸟海"号及战列舰"雾岛"号等。1936 年 12 月晋升为海军少将，就任第二舰队参谋长，此后几年历任军令部第二部部长、第 7 战队和第 5 战队司令。1940 年 11 月晋升为海军中将。

太平洋战争爆发后，时任第 3 战队司令官（下辖 4 艘"金刚"级战列舰）的三川亲自率领第 3 战队第 1 小队，负责掩护第一航空舰队（日本帝国海军空母机动部队）袭击了珍珠港。此后在 1942 年 4 月展开的印度洋作战行动中继续指挥战列舰作战，6 月份参加了中途岛海战。

1942 年 7 月 14 日，三川军一担任新组建的第八舰队司令长官。由于军令

■ 三川军一（1888—1981），日本海军中将，其在瓜达尔卡纳尔战役中指挥的最著名一役即为1942年8月爆发的萨沃岛海战，在此战中，日军舰队以极小的代价击沉了盟军4艘重型巡洋舰。

部对防御新近占领的南太平洋岛屿缺乏关注，因此派属给三川的舰船也短斤少两。只有旗舰"鸟海"号重巡洋舰有比较强的战斗力，而剩余的军舰则只是4艘老掉牙的"古鹰"级重巡、3艘老式轻巡和8艘过时的驱逐舰。

三川赴任时，于7月25日途经特鲁克。他发现，不管是在他抵达特鲁克之前联合舰队参谋的内部讨论，还是他抵达后和当地军官们私下谈论，都没人认为美军会对所罗门地区产生严重威胁。然而就在三川抵达拉包尔就任后的一星期内，他就正面对抗了美军在太平洋战争中的首次反攻。

三川舰队和美国海军的首次水面交战，是8月9号爆发的萨沃岛海战，其一战成名，重创美国舰队。此后三川在整个瓜岛战役中继续指挥第八舰队作战，1942年11月中旬参加了第三次所罗门海战（美方称瓜达尔卡纳尔海战），亲自率领巡洋舰编队于11月13—14日夜间炮击亨德森机场。他还是"东京特快"的最初组织者，面对美军在日间的空中优势，只能在夜间将增援部队和武器给养运送到前线岛屿。1943年4月，三川卸任第八舰队指挥官返回日本国内任航海学校校长。

1943年9月三川被派往菲律宾任第二南遣舰队司令长官。1944年6月至10月在菲律宾历任南西方面舰队司令长官兼第十三航空舰队司令长官、第三南遣舰队司令长官。莱特湾海战惨败后，三川再次卸任，返回日本在军令部任职，1944年12月任"S事件①调查委员会"委员长，1945年5月21日编入预备役。

三川军一头脑灵活、善于言辞，具有很强烈的攻击性，这在瓜岛战役期间

---

① 即航母"信浓"号被美国潜艇"射水鱼"号击沉事件。

他大胆地采取的进攻战术中得到了充分证明。但在日本海军教育体系中频繁地灌输着一个首要的也是最重要的经典教旨，让三川很早就坚定了一个基本信念：海权，来自于彻底击垮敌人的海上作战舰队。正如本文所讨论的，这就是三川在萨沃岛海战中击溃美军水面舰队后，为什么没有不惜代价去攻击美军的瓜岛运输船队，从而未能将战术胜利转变为战略胜利的根本原因。这种灵活应变能力的缺乏，也是日本帝国海军整个军官团体的共性，即使像三川这种优秀的军官也是如此。当然，三川没有去攻击盟军的运输船队，在当时并没有立即对日本造成致命的灾难，因此三川得以继续指挥第八舰队作战，即使后来在瓜岛海战中遭到惨败，三川仍然继续做着他的舰队司令。总而言之，日本帝国海军将领是一个优点和缺点都相当突出的群体，而三川军一就是这样一个典型缩影。

埃斯佩兰斯之星：诺曼·斯科特海军少将

诺曼·斯科特（1889 年 8 月 10 日—1942 年 11 月 13 日）有幸成为第一个在太平洋战争中用水面舰队对抗日本海军夜战精英而获得胜利的美国海军将领。就在美国人缺乏海军英雄人物的当口，斯科特在埃斯佩兰斯角海战中适时取得了胜利，成就了他巨大的名望，并造就了一段传奇经典。

斯科特出生于印第安纳州首府印第安纳波利斯，1907 年进入美国海军军官学校，1912 年 3 月成为海军少尉，先后在"爱达荷"号战列舰和多艘驱逐舰上服役。1917 年 12 月，他服役的驱逐舰"雅各布·琼斯"号被德国潜艇击沉；在这次事件中他因表现优异而受到表彰。一战末期，晋升为海军上尉的斯科特返回美国服役，曾担任威尔逊总统的海军侍从武官。

一战结束后，斯科特海军少校（战时军衔）指挥过一个分队的巡逻艇。20 世纪 20 年代早期，他重返驱逐舰部队服役，后又在战列舰"纽约"号

■ 诺曼·斯科特（1889—1942），美国海军少将，1942年10月其率舰队取得埃斯佩兰斯角海战的胜利，打破了日军"夜战无敌"的神话。

上和夏威夷海军基地服役。从 1924 年到 1930 年，斯科特担任战列舰编队的参谋，后在安那波利斯海军军官学校任教。20 世纪 30 年代初，他指挥过 2 艘驱逐舰"麦克利什"号和"保罗·琼斯"号。随后前往海军部任职，并在美国海军战争学院教授高级课程。此后在巡洋舰"辛辛那提"号上担任副舰长，执行海外任务。1937 年至 1939 年间作为美国海军使团成员访问巴西。晋升为海军上校后，斯科特成为重巡"彭萨科拉"号的参谋，并在该岗位上一直待到珍珠港事件爆发之后。

1942 年初，斯科特作为海军作战部长金将军的参谋任职数月。1942 年 5 月晋升为海军少将，终于如愿以偿地在太平洋指挥战斗部队。在 8 月初美军反攻瓜岛和图拉吉岛期间负责指挥一支火力支援舰队。在瓜岛战役的头 3 个月中，虽然斯科特一直指挥水面舰队，但他总是和大战擦肩而过。萨沃岛海战期间，斯科特负责指挥 TG62.4 编队掩护运输船队，位于整个战区的最东边，因此没赶上夜战。东所罗门海战期间，斯科特负责指挥护航编队掩护"黄蜂"号航空母舰，可是由于"黄蜂"号南返加油，再次错失参战时机。最后，10 月 11 至 12 日夜间，斯科特终于获得机会参战。他率领一支由 4 艘巡洋舰和 5 艘驱逐舰组成的水面编队，进入瓜岛以北海域，与日本帝国海军争夺瓜岛周边的夜间制海权。埃斯佩兰斯角海战以美军的获胜结束，虽然对于美军来说不是决定性的，但是美军以损失 1 艘驱逐舰的代价击沉了日军重巡及驱逐舰各 1 艘，终于打破了日军夜战无敌的神话，极大地提高了美军的士气。尽管斯科特在埃斯佩兰斯角海战中的表现远远不够完美，但是他的日军对手比他犯的错误更多。斯科特为这次作战行动进行了周密的准备，考虑了每一个可能的细节，并制定了一个清晰简练的作战方案。而最重要的是，斯科特敢作敢为、主动出击，将日军舰队以他们并不希望的方式拖入了战斗。

1942 年 11 月，掩护瓜岛的美国海军水面舰队群的指挥权交到了海军少将丹尼尔·卡拉汉手里。当时在美国海军中，论资排辈的现象和日本海军一样严重，有时资历甚至代表了一切。尽管斯科特少将在太平洋战场有长达 6 个月的作战经验，甚至有赢得埃斯佩兰斯角海战的战绩，特纳海军中将还是选择了新到任的卡拉汉来指挥舰队。这也许是因为卡拉汉比斯科特早了 15 天晋升为海军少将吧。在 11 月 13 日夜间爆发的瓜达尔卡纳尔大海战中，斯科特作为卡拉汉的副手指挥 TG67.2 编队，其座舰"亚特兰大"号轻巡遭到敌舰舰炮和鱼雷的攻击，斯科特少将不幸阵亡。

由于在 10 月份和 11 月份海战中的英勇表现，斯科特被追授国会荣誉勋章。授勋正文如下：

纪念在 1942 年 10 月 11 日至 12 日的埃斯佩兰斯角夜战以及在 11 月 12 日至 13 日夜间的瓜达尔卡纳尔海战中与日军舰队奋勇作战时所表现出来的超越职责所求之非凡勇气和大无畏精神。

在上述第一场海战中，斯科特海军少将率领他的舰队成功拦截了企图炮击亨德森机场并增援瓜岛的日军舰队，以果敢娴熟的战术技能和高超华美的协同技巧，击沉击伤 8 艘敌舰艇并迫退残敌。一个月后，面对去而复返的凶残顽固之敌，他再次迎接挑战，率领麾下舰队义无反顾地扑向敌优势舰队，在与日军战列舰编队的近距离作战中，遭到对方舰炮的集中射击而不幸壮烈牺牲。在这两场海战中，斯科特展现出无所畏惧的进取心、鼓舞人心的领导能力、审慎睿智的先见之明、在危机时刻所表现出来的高度责任感和献身精神，最终击溃了强大的入侵舰队，挫败了日军不可一世的进攻势头。

斯科特少将将自己的一生毫无保留地献给了保卫国家的光荣事业。

→→ 运筹帷幄，决胜千里 ←←
美日两国巡洋舰编队的战术应用

日本帝国海军巡洋舰编队战术

1907 年，在日俄战争中取得完胜的日本帝国制定了新的国防战略方针，将太平洋西海岸的美国被列为新的假想敌国，碍于国力差距，日本海军只能依靠守势战略，即以逸待劳来获取胜利，于是决定照搬在日本海大海战中的经验，制订了在日本近海动用全部力量，与劳师远征的美国舰队进行命运大决战，企图"一锤定音"的"迎击决战"战法。其中，巡洋舰部队主要承担的战斗任务是：使用强力侦察巡洋舰在可能海域组成大范围搜索网，在发现敌舰队以后马上对敌舰队进行水雷战强袭（以由 5500 吨级巡洋舰率领的驱逐舰组成的水雷战队为强袭主力），打乱美军舰队的阵形并尽可能地削弱对方军力。待美军实力被削弱到与日军几乎无差时，日军将投入主力舰与美军进行舰队大决战。这时，以逸待劳的日方舰队就有比较大的可能性去赢得决战的胜利。为此，日本一方面强化其水雷战队的实力，另一方面积极推进"八八舰队计划"，以期能在局部上保持对被削弱后的美国远征舰队的优势。

但是，1922 年签订的《华盛顿海军条约》使日本想在局部战场和美国海军以同等实力进行决战的梦想破灭，因为其主力舰只总吨位只能达到美国主力舰只总吨位的 60%，于是日本修正"迎击决战"战法为"九段渐灭作战"战法，不单纯依靠最后的大决战，而是利用从潜水舰到战列舰的各种海军兵器，分段逐次地消灭来袭的美国舰队，其中的关键核心为 4 支打击力量，即：远洋潜水舰部队、岸基航空兵部队、强力水雷战队及主力舰部队。这 4 支力量都担负着所谓的渐灭作战任务，在不同的阶段打击美方舰队。其主要战法包括：第一段，远洋侦察与打击；第二段，集群雷击；第三段，迟缓登陆；第四段，内南洋前哨战[①]；第五段，内南洋潜水战；第六段，航空攻击；第七段，内南洋水雷强袭战；第八段，内南洋航空作战；第九段，最后大决战。

这九段作战中，第七段至第九段为决战阶段，也是巡洋舰部队登场参战的主要阶段[②]。战斗的主要模式则是令日本海军颇为自信并视之为"决胜法宝"的夜战模式。按照预先设定的战斗规划，日本海军的全部重巡洋舰将在第二舰队司令长官的统一指挥下投入战斗。其中第 5 战队和第 6 战队分别与一个由 5500 吨级巡洋舰率领的水雷战队组成第 1 与第 3 夜战队（统称为第 1 夜战群），配置于美军主力舰队的右侧；而第七和第 8 战队则分别与一个水雷战队组成第 2 和第 4 夜战队（统称为第 2 夜战群），配置于美军主力舰队的左侧。另配有 2 艘重雷装舰［即"球磨"级（改）轻巡洋舰］加强第 1 和第 2 夜战群。为夜战群提供火力掩护的则是由第二舰队司令长官直率的第 3 战队（由 4 艘"金刚"级战列舰组成，分为 2 个小队）和第 4 战队。全部夜战群将于决战前一天

---

① 这里也是九段作战的预想主战场，需要大量消耗敌人实力的区域。
② 尤其在第七段——内南洋水雷强袭战中，重巡洋舰和轻巡洋舰都将发挥重要作用，日本海军将在此阶段对美舰队发动鱼雷强袭。

的傍晚前进至距敌方舰队50～60海里处的阵位上待机,于午夜时分开始作战。

战斗开始后,巡洋舰和战列舰上携带的夜侦将飞临美主力舰队上空并投下照明弹。随后,在指挥舰的统一指挥下,各夜战群所属的重巡洋舰和重雷装舰将对美国舰队进行超远距离（30000～35000米距离上）的鱼雷齐射[1],以削弱其外围警戒部队的实力。随后,第4战队与第3战队配合对美国舰队展开炮击并争取打开两个突破口。各夜战群的先头突击力量（第1夜战群第1夜战队和第2夜战群第2夜战队）将在各夜战群所属的重巡洋舰的掩护下,从这两个突破口展开突破。各夜战群要以5500吨级轻巡（旗舰）充当箭头,呈单纵队队形,一边炮击一边突进,在极近距离（3000～5000米距离上）对敌主力舰发射鱼雷后撤退[2]。当战斗进入高潮后,两个夜战群的后续突击力量（第1夜战群第3夜战队和第2夜战群第4夜战队）也将从突破口突破,依照与先头突击力量类似的战斗方法展开战斗。黎明之前,整个夜战部队将全部从美国舰队附近撤离,并重新组成主力部队前卫,配合主力舰部队在航空攻击后实施舰队决战。根据日军图上推演的结果,此战法大约可消灭美军10～16艘的战列舰与巡洋舰。

■ 九三式氧气鱼雷具有威力大、射程远、雷速高的特点,是日本海军专门开发的所谓"决战决胜"兵器。

为了实施"九段渐灭作战",日本海军特意开发了"九三式氧气鱼雷",解决了鱼雷攻击不能远距离实施的难题,同时为巡洋舰配备了优秀的光学兵器,以期在夜战中能准确发现目标。另外就是对舰队官兵展开号称"月月火水木金金"式的猛训练。可以说是倾全国

---

① 即将配备于两舷的鱼雷管中的鱼雷全部打出。
② 如各舰配有鱼雷再装填设备的,可在撤退过程中再装填,并随后返回战场再次攻击。另,如发射鱼雷后与敌舰距离极近时,也可在撤退前用舰炮或机关炮轰击敌舰舰桥,加重对敌舰的破坏。

之力来配合"九段渐灭作战"作战。不过，随着太平洋战争以"航空兵偷袭敌方舰队基地"这样的方式爆发后，日本人的战前设想就全都化成了泡影，"九段渐灭作战"方案永远失去了实施的机会。不过，凭借战前的艰苦训练和极具特色的装备，日本海军的巡洋舰部队在战争初期还是创造出了一些经典战例，给予了盟军水面舰队一定程度上的打击。

美利坚合众国海军巡洋舰编队战术

第一次世界大战结束后，美国海军已经开始逐步重视未来其在远东地区可能遭遇到的新敌手——"日本帝国"的动向[1]。为了能在今后爆发的战争中从容应对，美军于 1922 年开始制订一项代号为"橙色计划"的对日作战计划。经过不断的讨论与修订，该计划最终于 1924 年 9 月制订完毕。计划预想的条件是：日本对美国首先展开攻击，对此，美国在远东的守备部队（主要是菲律宾守备部队）必须尽全力抵抗，拖住并消耗日军的实力。在战争开始后的第 60 天，美国海军将从夏威夷出动一支由约 800 艘各型舰船组成的庞大舰队向西驰援，并最终与日本帝国海军在西太平洋上的某海区展开决战，一举击溃敌人。这一战略计划的理论依据正是来源于美国著名海军战略学家马汉所著的《海权论》。

"橙色计划"中最关键的部分就是"大舰队西援"与"最终决战"，计划要求美国海军必须在统一的指挥下有效集合包括巡洋舰在内的各种舰船的威力，给予敌方快速且致命的一击。

依据这个计划，美国海军给巡洋舰编队赋予了以下作战任务：1. 舰队战斗任务[2]；2. 侦察任务；3. 攻击敌方运输船队，切断敌方补给线；4. 保护本方运输船队及补给线畅通；5. 岸轰与登陆支援任务。其中，最重要的任务便是侦察任务与舰队战斗任务。

美国海军的巡洋舰具备高航速、大续航力及较为凶猛的舰炮火力等特点，因此成为充当舰队侦察前卫的不二选择。在飞机因机械故障或天气原因不能

---

[1] 曾于 1923 年就读美国海军战争学院的尼米兹海军上将（日后的美太平洋舰队司令）后来回忆说："我们当时模拟战课程的主要敌人总是日本，课程的内容无所不及，会模拟各种可能出现的情况……"

[2] 包括：支援本方鱼雷攻击部队（驱逐舰部队）对敌之攻击、阻止敌方鱼雷攻击部队对本方之攻击、消灭敌方巡洋舰编队、掩护主力舰队的侧翼、支援主力舰与航空母舰展开作战行动。

■ 正在进行编队机动训练的美国海军重巡洋舰，与日本海军一样，美国海军非常重视其巡洋舰编队在战斗中发挥的作用。

■ 美国海军装备的MK16型6英寸舰炮的最大射速达到惊人的10发/分，凭借猛烈密集的火力，此炮在水面战斗中可以有效压制敌方舰艇。

出动时，巡洋舰即成为独立的侦察平台（大续航力赋予其长时间独立行动的条件）。执行前出侦察任务时，各巡洋舰应以引导舰为首，保持一定距离（以不影响各舰有效联络与独立搜索为前提）并呈单纵队队形，以构成警戒队列。同时，以全部可依靠之技术装备[1]对敌舰队或单艘敌舰形成有效监视并随时向舰队主力报告敌方动向。在遭受敌侦察巡洋舰攻击时，则应以快速且凶猛的火力坚决击沉之，以免己方主力舰队位置被敌方探知。

　　在承担舰队战斗任务时，舰队所属的巡洋舰以分队为单位统一配置于舰队侧翼，可视战场具体情况承担支援本方鱼雷攻击部队（驱逐舰部队）对敌之攻击或阻止敌方鱼雷攻击部队对我方之攻击任务（即进攻或防御任务）。

---

　　[1] 包括：瞭望台与光学望远镜、探照灯（夜间使用）、雷达等。如果侦察期间天气情况转好，则还应适时出动舰载水上飞机对敌展开搜索跟踪。

如若承担进攻任务时，舰队中的重巡洋舰要以猛烈的炮火攻击敌巡洋舰，并压制敌舰队的外围防御火力，以便为己方由轻巡洋舰率领的鱼雷攻击部队打开通路（但要在压制过程中注意敌舰队派出专门舰只对重巡洋舰展开鱼雷反制攻击），为攻击敌主力舰队创造条件。当承担防御任务时，则要消灭前来攻击本方的敌鱼雷攻击部队，以保护本方主力舰队的安全。另外，如果双方主力舰队已经展开决战且巡洋舰已经完成支援任务，则可以独立投入到攻击敌舰队侧翼的行动中去，配合主力舰队最终歼灭敌舰队。

然而这些战术设定最终没有实现。太平洋战争自爆发的那一天起，就注定将要以一种人们从未预料过的方式——以航空力量的角逐来决定战争胜负——来进行。因此，当美国海军的巡洋舰部队投入到瓜岛海域并按既定方针展开作战的时候，先前的战法好像突然失去了作用，以至于美国海军在瓜岛争夺战前期的海上战斗中败多胜少，并直到美国海军在战斗中摸索出一套新的战术方法并付诸实施后，才扭转了颓势。

需要特别指出的是，美国海军并非不重视夜间战斗，只是不像日本海军那样将夜间水面战斗作为克敌制胜的法宝。美国海军没有可以和日本海军相匹敌的氧气鱼雷，在夜间战斗中主要依仗的武器是速射舰炮。美国海军设想中的夜间战斗一般都发生在较近的距离上，因此先敌发现和猛烈且迅速的炮火压制就显得必不可少。为此，美国海军特别强化了快速测距与快速装填训练，同时为巡洋舰配备了雷达，以期能先敌发现。美国海军规定，一旦在夜战中先敌发现后，便可立即开始试射[1]，并依据炮弹激起的水柱来判定敌舰的具体方位和与本方舰队的距离，待判断完毕后，立即开始急速齐射以便尽快形成跨射[2]，并最终取得命中弹。需要指出的是，美国海军的这一战术在配合装备有雷达和速射舰炮的巡洋舰（尤其是装备有绰号为"6英寸机关枪"之称的MK16型舰炮的"布鲁克林"级轻巡洋舰）使用时，还是取得了不错的战果。

---

① 这一规定甚至不要求先发射照明弹或打开探照灯来具体确认敌舰的详细情况。不过在实际战斗中，因为害怕误伤友舰，这个规定并没有严格执行。

② 跨射指炮击时的散射区域能够覆盖目标舰船的全部或大部分，敌舰被笼罩在己方火力范围内。追求跨射的意义在于只要保持对目标的跨射，理论上就能够达到最大的命中概率。

→ 决战瓜达尔卡纳尔 ←
美日巡洋舰编队的对决

1941 年 12 月 7 日，强大的日本航母机动部队对美国太平洋舰队主基地珍珠港发动突然袭击，美日太平洋战争由此爆发。这次空袭行动的成功，预示着参战双方在太平洋上的海战形式正在发生着根本性的变化。海战不再由大舰巨炮的对决来决定胜负，空中力量成为太平洋上的主导因素，海军航空兵成为美日双方海军的"刀锋战士"。

抓住美国太平洋舰队在珍珠港遭重挫后产生的短暂颓势，日本陆海军迅速出击，达成了战前制定的第一阶段战略目标。在新加坡海域用陆攻击沉了派往太平洋战场的英国东方舰队 2 艘主力舰（战列舰"威尔士亲王"号和战列巡洋舰"反击"号）之后，日本帝国海军轻松横扫美英荷澳盟军在荷属东印度地区孱弱的海上力量。1942 年 2 月 27 日爆发的爪哇海战标志着盟军在荷属东印度有组织的海上防御彻底崩溃，同时也证明了日本帝国海军巡洋舰编队的作战能力不容小觑。

为了掩护对爪哇的登陆，日军派出了由 2 艘重巡（"那智"号和"羽黑"号）、2 艘轻巡（"神通"号与"那珂"号）和 14 艘驱逐舰组成的护航编队。

■ 遭袭后的珍珠港浓烟滚滚，一片狼藉，日军偷袭珍珠港成功预示着参战双方在太平洋上的海战形势正在发生着根本性的变化。海战不再由大舰巨炮的对决来决定胜负。

盟军方面则是匆忙拼凑起 ABDA 四国联合舰队（美国、英国、荷兰和澳大利亚），表面战斗力看起来和日军大致相当，包括：2 艘重巡（美国的"休斯敦"号和英国的条约重巡"埃克塞特"号）、3 艘轻巡（荷兰的"德·鲁伊特"号、"爪哇"号和澳大利亚的"珀斯"号）和 9 艘驱逐舰。海战于 27 日傍晚以"神通"号轻巡向"伊莱克特拉"号驱逐舰射击开始。紧接着"那智"号和"休斯敦"号重巡开始互射，但由于距离太远而鲜有战绩。随后日本"羽黑"号重巡、2 艘轻巡和 6 艘驱逐舰先后发射了 39 条鱼雷，但仅有 1 艘荷兰驱逐舰中雷沉没；然而，由于"埃克塞特"号被 8 英寸炮弹击伤，被迫减速，加上盟军编队规避日舰的鱼雷攒射，最终使盟军舰列陷入混乱。

在爪哇海战的第二阶段，日军发动了又一轮鱼雷攒射，数量达到 98 条，其中重巡发射了 16 条，但是却没有取得命中。除此之外，日军重巡发射的 302 发 8 英寸炮弹也全部失的。

海战的第三阶段发生在夜间。剩余的 4 艘盟军巡洋舰在没有驱逐舰护航的情况下，再次试图攻击日军的登陆船团。"那智"号上的瞭望员在 14600 米的距离上发现了盟军巡洋舰，数分钟之内双方舰炮再次交火。随后，"那智"号和"羽黑"号发射的 12 条鱼雷接踵而来。2 艘荷兰轻巡均被 1 条鱼雷重创，先后沉没。

海战结束了，盟军总共有 2 艘巡洋舰和 3 艘驱逐舰沉没，而日军却无一沉没。海战中，日军一共发射了 153 条鱼雷，3 条命中，这几次命中对此次海战结局来说是决定性的；重巡洋舰的主炮则耗费了 1619 枚 8 英寸炮弹，命中了 5 发。

完成了占领荷属东印度计划的同时，日本于 1942 年 1 月 23 日在南太平洋上也成功地夺取了第一阶段作战的战略目标：位于新不列颠群岛的大型海港拉包尔。此后，为了防守拉包尔，日本人认为还必须进一步夺取新不列颠岛的其他基地，以及所罗门群岛的图拉吉港和新几内亚东端的战略要地，从而建立起一张通过机场相互连接的防御网，用来抵挡盟军可能的反攻。1 月 29 日，日本军令部同意了这一系列计划，并着手实施该计划的第一部分。至 3 月 8 日，新几内亚东南部的莱城和萨拉莫阿相继被占领，战局对盟军越来越不利。

当此危局，美国海军大战略的设计师——海军上将欧内斯特·金，时刻关注着日本在南太平洋海域不断增长的威胁，并敏锐地洞悉日本很有可能会切断美国和澳大利亚的海上运输补给线。金将军经过深思熟虑后最终决定，不仅要保护这条受到严重威胁的海上生命线，还要抓住恰当的时机在恰当的区域尽快投入反攻力量。在日本占领了莱城和萨拉莫阿后，美国海军出动 2 艘航空母舰（"列克星敦"号和"约克城"号）于 3 月 10 日空袭了日本的入侵舰队。这次空袭虽然仅给日本造成了轻微损失，但却迫使日本在没有空中掩护的情况下不得不推迟对莫尔兹比港和图拉吉的进攻时间。

4 月初，日本帝国海军决定从南云的机动部队中抽调出 2 艘舰队航空母舰（第 5 航空战队的"翔鹤"号和"瑞鹤"号），支援未来在南太平洋的作战行动。5 月 3 日，日军发起了旨在占领莫尔兹比港的 MO 作战，起初成功地占领了图拉吉港。但是盟军的反击随之到来，美日双方在珊瑚海爆发了太平洋战争中的首次航空母舰大战。海战结果是：日军击沉盟军航空母舰"列克星敦"号，击伤航空母舰"约克城"号，而自身只损失了 1 艘轻型航空母舰"祥凤"号，同时"翔鹤"号被击伤。从战果上看，日军虽然取得了战术胜利，但是盟军成功地遏制了日本在南太平洋上的扩张势头。自从珍珠港事件以来，日本海军的攻势第一次遭到了重大挫折。

珊瑚海海战之后，美日双方冲突的焦点又转移到了中太平洋。为了用一场决战来摧毁美国太平洋舰队，日本拟定了一个庞大而复杂的入侵中途岛的作战计划，企图诱歼美国太平洋舰队的主力——航空母舰。但是在这场堪称太平洋战争转折点的海战中，日本却遭到美国太平洋舰队的伏击，损失了 4 艘主力航空母舰，而美国海军仅损失了 1 艘航空母舰"约克城"号。但即便在中途岛遭到如此惨败，日本帝国海军在整体上仍然拥有不可低估的优势力量。在当时的太平洋战场，美国海军拥有 4 艘舰队航母、7 艘战列舰、14 艘重巡、13 艘轻巡和 80 艘驱逐舰；而日本联合舰队仍然拥有 4 艘正规航母、3 艘轻型航母、12 艘战列舰、17 艘重巡、20 艘轻巡和 106 艘驱逐舰。

中途岛海战之后，美日双方争夺的焦点再次转移到了南太平洋。6 月 13 日，日本决定在已建有水机基地的图拉吉正对面的大型岛屿——瓜达尔卡纳尔岛建立航空基地。6 月中旬和 7 月上旬，分别有 2 支海军设营队（海军第 11 和第 13 设营队）抵达瓜岛开始修建机场。

就在日军开始修筑机场作业时，美国人决定采取措施：决不能让该机场

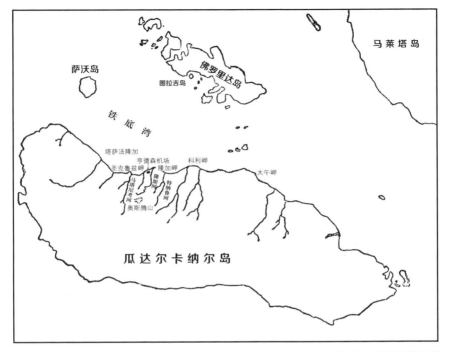

马莱塔岛

萨沃岛

佛罗里达岛

图拉吉岛

铁 底 湾

塔萨法隆加
亨德森机场　科利岬
圣克鲁兹岬
隆加岬　太午岬
塔尼考河
奥斯腾山　特纳鲁河

瓜 达 尔 卡 纳 尔 岛

■ 瓜岛地区示意图，自1942年8月起至1943年2月止，日军和盟军在此展开了长达7个月的惨烈争夺战。

建设完工，或者最起码也不能让机场被日本人控制。6月24日，金将军要求尼米兹夺回图拉吉岛及其周边区域。到了7月5日，反攻计划已经在稳步制订之中，同时，瓜岛也被纳入反攻目标。但由于时间紧迫，作战计划制订得相当匆忙，参战部队也集结得相当仓促。登陆行动将由紧急拼凑起来且未经实战考验的陆战1师担当。海军少将弗莱彻指挥的82艘军舰则负责支援和掩护登陆。整个舰队分为两部分：一是由太平洋舰队仅剩的3艘航母组成的航空支援编队；二是两栖登陆和支援编队。

尽管时间仓促，并且准备不足，但是胜在打了日军一个措手不及，因此1942年8月7日盟军的登陆行动还算成功。图拉吉岛经过短暂而激烈的战斗后被盟军占领；日军在瓜岛的抵抗微不足道，到了8月8日下午，正在建设中的机场也被盟军夺取。

日军对美国在太平洋战争中的首次反攻回应迅速。8月7日和8日两天，日军第 25 航空战队从拉包尔起飞奔袭了盟军的登陆舰队。由于盟军舰载机的拦截,这两日的空袭均以日军损失惨重且未对盟军登陆行动造成多大破坏而告终,但却严重拖缓和滞涩了盟军运输船队的卸载作业。而随空袭之后而来的,则是日军一场更大规模的反击行动! 8 月 7 日,三川军一海军中将就已率领包括 5 艘重巡及 2 艘轻巡在内的第八舰队倾巢而出,直奔美军登陆滩头。

最惨痛的失败:萨沃岛海战
(1942 年 8 月 7 日—1942 年 8 月 9 日)

日军的相关反应

美军于 8 月 7 日在图拉吉、加布图和瓜达尔卡纳尔等地登陆的行动完全出乎了日军意料,消息传到拉包尔的日本帝国海军第八舰队司令部后,满座皆惊。震惊之余,日军除了立即组织空袭外,舰队司令三川军一海军中将决定集结尽可能多的军舰前去袭击美国登陆船队,并组织海军陆战队增援瓜岛。数小时之内,三川凑集了 519 名陆战队员分乘 2 艘运输船于当天直接驶向瓜岛。但是当后来得知盟军登陆瓜岛的部队比最初得到的报告强大得多时,又不得不召回增援运输船。看起来,反击行动只能先寄希望于水面舰队的夜袭了,为此三川军一迅速聚集了附近的军舰,组成如下舰队:

日本帝国海军第八舰队

司令长官:海军中将三川军一

重巡:"鸟海"号(旗舰)

第 6 战队

司令官:海军少将五藤存知

重巡:"青叶"号、"衣笠"号、"古鹰"号、"加古"号

第 18 战队

司令官:海军少将松山光治

轻巡:"天龙"号、"夕张"号

第 29 驱逐舰队

驱逐舰:"夕凪"号

在出击前的作战会议上,第八舰队作战参谋神重德大佐认为应采取简单

直接的战法，并向各部队指挥官说明了如下作战要点：

第一目标是摧毁敌运输船；

不要采用复杂的敌前机动，仅使用单纵队袭击敌舰，并一击脱离；

天亮前务必退避至敌空母的空袭范围之外；

所罗门群岛中间有一条航路（即槽海）直接通往瓜岛，舰队可由此进出敌军瓜岛泊地。

该作战计划很快获得认可，尽管除了第 6 战队之外，其他临时调集来的舰只从来没有进行过联合演练和协同作战，三川军一中将也并不清楚对手的确切实力。但是，他依旧对这个极富攻击性的作战方案充满信心，这完全是出于对帝国海军巡洋舰部队优秀的夜战能力的无比自信。出海作战的日军官兵士气高昂，信心爆满，正如第八舰队的一名作战参谋所写："天气晴好，大海犹如一面镜子。我们对即将到来的夜战充满了必胜信心，（旗舰'鸟海'号的）舰桥上呈现出一片令人振奋的气氛。"

盟军的战斗部署

由于在 8 月 7 日和 8 日连续 2 天遭到日军航空兵的空袭[1]，位于瓜岛南方海域负责登陆行动空中掩护的 3 艘航母（"黄蜂"号、"萨拉托加"号和"企业"号）比原计划延长了作战时间。至 8 日晚，鉴于航母舰载战斗机损失超过预期，并担心日军进一步的空袭行动会对航母造成威胁，加上考虑到航母编队的燃料不足，一向小心谨慎的弗莱彻[2]认为登陆行动既然已经成功完成，那么就没必要让航母在附近提供近距离空中支援，因此决定在日军水面舰队来袭之前先后撤，给编队进行加油和补给。

除了航空支援编队外，盟军还有一支由海军少将特纳（绰号"礼帽"）指挥的两栖舰队。

---

[1] 两天空袭中日军共出动飞机 91 架次（7 日空袭零战 17 架、陆攻 27 架、舰爆 9 架，8 日空袭零战 15 架、陆攻 23 架），以损失 36 机（3 架零战、24 架陆攻、9 架舰爆）为代价，击落击毁美军战斗机 20 架、重创运输船"埃利奥特"号（后沉没）及驱逐舰"贾维斯"号。

[2] 弗莱彻指挥的航母舰队参加了珊瑚海海战和中途岛海战，已有 2 艘航空母舰在他手里损失了，他难免有些谨小慎微。

美澳联军 TF62 特混编队

司令：海军少将特纳

    X 运输船团

        A 运输船队　AP-14　AK-20　AP-35[①]

        B 运输船队　AP-10　AP-11　AK-53　AP-13

        C 运输船队　AK-22　AP-27　AK-28　AK-23

        D 运输船队　AP-39　AP-40　AP-38　AK-26

    Y 运输船团

        E 运输船队　AP-16　AP-9　AP-12　AP-37　APD-5　APD-2

        APD-3　APD-4

    近距护航编队

        DD-349 DD-350 DD-357 DD-389 DD-391 DD-393 DD-398

    扫雷编队

        DMS-10 DMS-11 DMS-13 DMS-14 DMS-16

由于运输船的卸载作业比预期延长，特纳的原计划是在航母的空中掩护下将作战物资卸载完毕。但当得知弗莱彻撤离后，特纳决定在 8 日整晚尽可能地卸货，然后于次日撤离瓜岛。他指定皇家澳大利亚海军少将 A.C. 克拉奇雷作为他的副手，负责指挥掩护编队，尽管后者认为还是应该由美国人担任此一职位比较合适。为了掩护运输船队在当晚的卸载作业，除了近距离护航的 7 艘驱逐舰负责 2 个卸载锚地的反潜巡逻外，克拉奇雷将盟军掩护编队分成了 3 个战斗群，其兵力部署如下：

掩护编队

司令：海军少将克拉奇雷（澳）

警戒舰

驱逐舰："布鲁"号、"拉尔夫·塔尔波特"号

    南方战斗群 TG62.2

[①] AP 为人员输送舰；AK 为货船；APD 为快速人员输送舰（多由"平甲板"型驱逐舰改装而来）。

司令：海军少将克拉奇雷（兼）

　重巡："澳大利亚"号、"堪培拉"号（澳）、"芝加哥"号

　驱逐舰："巴格利"号、"派特森"号

北方战斗群 TG62.3

司令：海军上校里夫科尔

　重巡："阿斯托里亚"号、"昆西"号、"文森斯"号

　驱逐舰："赫尔姆"号、"威尔逊"号

东方战斗群 TG62.4

司令：海军少将斯科特

　轻巡："圣胡安"号、"霍巴特"号（澳）

　驱逐舰："蒙森"号、"布坎南"号

其中南方战斗群负责在瓜岛伦加角和萨沃岛之间巡逻，以封锁萨沃岛和

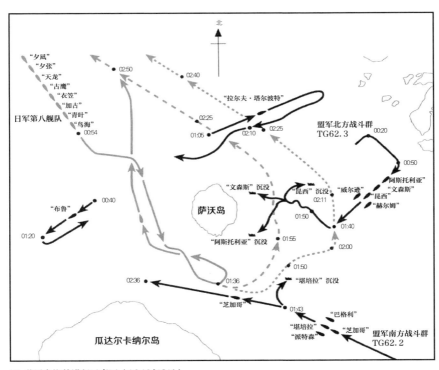

■ 萨沃岛海战进程示意图（1942年8月）。

埃斯佩兰斯角之间的水道入口；北方战斗群则在图拉吉锚地和萨沃岛之间按照"箱形"路线巡逻，以防守萨沃岛和佛罗里达岛之间的通道；东方战斗群负责警戒佛罗里达岛和瓜岛之间海峡的东部入口。此外2艘装备有雷达的美国驱逐舰在萨沃岛以西负责巡逻，预警任何试图接近的日军舰队。其中，"拉尔夫·塔尔波特"号负责巡逻北方水道，"布鲁"号负责巡逻南方水道，但由于两舰的巡逻路线没有协调好，中间尚存在一条宽达 12 ~ 30 千米的间隙。当时，盟军还尚未意识到最初装备的舰载雷达的局限性，例如在附近有海岸陆地存在时雷达的效力将大打折扣。

盟军掩护编队总共有 6 艘重巡、2 艘轻巡和 8 艘驱逐舰，比他们的日本对手有着更加强大的实力。但是盟军舰队的船员在持续 2 天的支援登陆作战后已经相当疲劳，加上天气炎热潮湿，情况正如美国战史专家塞缪尔·埃利奥特·莫里森所言："疲惫的官兵易导致军备松懈。" 8 月 8 日当晚空袭威胁解除后，克拉奇雷掩护编队的绝大多数军舰均转入二级战备巡航，即一半船员在岗，另一半船员休息。此外，盟军舰队的部署也存在缺陷：由于分布得太过分散而容易被各个击破。而且由于美澳军舰混编在一起，还带来了指挥协调上的困难。当天夜里特纳少将在瓜岛旁自己的旗舰"麦考利"号上召集克拉奇雷和陆战队司令范德格里夫特少将开协调会议，商讨弗莱彻的航母离开后盟军运输船队的撤退时间表。20: 55，克拉奇雷离开南方战斗群乘坐"澳大利亚"号出席会议，而让"芝加哥"号舰长霍华德·伯德上校暂时接管了南方战斗群。伯德上校被从睡梦中被叫醒，接受此任命后又回舱接着睡觉去了，却没有按照惯例将"芝加哥"号调整到先导舰位置。会议于午夜结束后，克拉奇雷没有立即返回南方战斗群，而是乘座舰去瓜岛登陆滩头外巡视了一番，但是他却忽略了将这一临时的决定通知其他盟军舰艇的指挥官。

幸运的三川

萨沃岛海战中日军之所以能达成奇袭，除了战术得当、官兵训练有素外，三川军一中将的运气也是好得出奇，他的舰队自出击以来多次遭遇盟军的侦察机和舰艇，但都因种种原因蒙混过关，不能不说是战争史上的一大奇迹。8 月 7 日，三川发出出击命令时，麾下的舰队正分散在拉包尔和卡维恩两地。其中，第6战队在卡维恩，三川的旗舰"鸟海"号和第18战队则从拉包尔启程。7日中午12时，盟军的一架B-17"空中堡垒"式轰炸机发现了第6战队的相关舰只，并立即拍发了电报："发现数艘不明舰只，航向东南。"由于情报较为模糊且发现地点在日军基地附近，特纳少将并未对此产生足够的重视，很快将电报束之高阁，三川的第一次险境就这样戏剧性地被化解了。7日当晚，第6战队与"鸟海"号及第18战队在圣乔治角附近海域集结完毕，然后取向东南航行。20时，三川的舰队被盟军潜伏在此的"S-38"号潜艇再次发现，由于离日军舰队过近，美潜艇无法发射鱼雷，艇长蒙森少校只能发送无线电报通报敌情："圣乔治角以西8英里发现2艘驱逐舰和3艘大型军舰，舰型不明，方向140，敌舰正以高速航行。"但是由于此时日舰队离瓜岛海域距离尚远，无法判定日舰队之企图，因此盟军对"S-38"号潜艇发出的无线电情报也不甚重视。所以，当克拉奇雷于8日早晨收到报告后，一点儿也不慌张，边吃早点边慢悠悠地说："日军距离瓜岛如此之远，舰队行进之目的必须依赖后续的情报才能确切判定。"此后，三川舰队又转向东航行，越过布卡岛北部并沿着布干维尔岛东岸航行，于8月8日晨6时开始在布干维尔岛的基埃塔港以东海面停留了6个小时，以避免在白天驶向瓜岛时遭到盟军空袭。这期间，盟军从新几内亚米尔恩湾基地派出的澳大利亚"亨德森"型搜索机曾先后于10：20和11：10两次侦查到三川的舰队。但是，第一组搜索机将其错误地识别为"3艘巡洋舰、3艘驱逐舰和2艘水上飞机母舰"。机组人员试图将敌情传给盟军在米尔恩湾的无线电站，却没有成功。等他们返回米尔恩湾时，已是12：42。第二个搜索机组在发现敌情后也没能成功发送回信息，等他们完成巡逻任务返回基地并报告发现"2艘重巡、2艘轻巡和1艘舰型不明的军舰"时，已是15：00。不过盟军的情报传递机制再次出现重大问题。由于不明原因的延误，这两份报告直到18：45和21：30才分别送达在瓜岛巡逻的盟军水面舰队。这些从搜索机上得到的情报既不准确也不及时，只能推测出含有水机母舰的日军舰艇正在瓜岛北面海域频繁活动。三川第三次幸运地化险为夷。在基埃塔港以东海面停留期间，为了获取敌情，三川派出巡洋舰上的4架水上飞机前往南方的所罗门群岛侦查盟军舰艇情报。水机于12：00返回，并报告发现2支盟军舰队，一支在瓜岛水域，另一支在图拉吉水域。三川闻讯后立即重新集合舰队于 16：00 从"乔伊索"湾附近进入"槽海"并沿着素有"危险航道"之称的"槽海"继续前进，向瓜岛方向进发。途中三川为了鼓舞士气，发出了战前训示："我们在这次帝国海军传统的夜间战斗中一定要取得胜利，各员需恪尽职守，拼尽全力。"此时，三川的好运还在继续。8 日下午，盟军的特纳少将曾请求海军少将麦凯恩（盟军南太平洋战区航空兵司令）派飞机专门再去侦查搜索一下"槽海"。但是，不清楚什么原因，麦凯恩没有下令执行这个任务，甚至没有告知特纳该任务未被执行。

8 月 9 日凌晨时分，美军再次错过了避免遭到偷袭的机会。日军舰队驶近该海域时，2 艘装备了警戒雷达的美国驱逐舰居然对此毫无察觉。当时，日军瞭望手发现了大约 9000 米距离外的"布鲁"号驱逐舰后，三川下令舰队降低航速至 22 节以减少舰艇尾迹，并改变航线向萨沃岛以北方向前进。4 分钟后，日军瞭望手又发现了 16000 米外的"拉尔夫·塔尔波特"号驱逐舰。日军"鸟海"号舰桥上的参谋记述道：

（8 月 9 日）00：40，船艏左舷 20 度方向上，清晰地展现出萨沃岛的外形轮廓，各舰正在紧张地调整航线，3 分钟后瞭望手喊道："敌舰接近中，右舷 30 度！"……这是 1 艘驱逐舰，在 10000 米距离上，正打算从右向左横越我们的船艏航线。

一条命令立即通过舰间无线电传送出去："各舰准备战斗！"（此时三川舰队中有超过 50 门舰炮对准了"布鲁"号，一旦被对方发现即立刻开火。）

……这条驱逐舰没有改变速度，离舰队越来越近，甚至已经接近到 2000 米内，但却突然向右舷转向 180 度，然后按来时的方向继续前进，完全没有觉察到我们的接近。

这是人类战争史上的又一奇观，早期"电子力"竟然输给了"目力"，日军瞭望手的肉眼显然比美国人的电子设备更加有效。三川看到自己的舰队未被发现，又将航线调整回原来的方向，朝萨沃岛南方水道加速前进。此前，三川已将详细的夜间作战要领通知了他舰队中的所有 8 条舰船：

从萨沃岛以南突入水道，在瓜岛锚地前雷击敌主力舰队。接着前进至图拉吉海域，用炮雷战打击敌舰，最后从萨沃岛以北撤离；

突入后一击脱离，高速撤至敌空袭圈外。突入时刻 01：30 之前，日出时（06：

40）应退避至萨沃岛 120 海里范围之外；

为了防止在狭窄的水道中突然爆发激战而导致队形混乱，各舰以 1200 米间距呈单纵队前进；

考虑到燃料的消耗情况，使用 26 节航速；

向瓜岛锚地派出 3 架水侦，港口外再派 1 架水侦于开战时空投照明弹；

为了方便敌我识别于各舰上悬挂白色长条旗；

考虑到战斗以右舷侧雷击为主，将预备鱼雷全部转移到船舱右舷。

这个简单的作战方案此时完美地展现出来。三川的舰队排成单纵列前行，"鸟海"号打头阵，"青叶"号、"加古"号、"衣笠"号、"古鹰"号、"天龙"号、"夕张"号、"夕凪"号依次紧随其后，每舰相隔 1200 米距离，以完全发挥舰炮和鱼雷攻击的空间，每一艘巡洋舰都升起一条 7 米长的白色长条旗以便敌我识别。太平洋战争中，一场日军完胜的水面战终于要上演了。

萨沃岛以南的战斗

8 月 9 日 01：31，三川下达命令："全军突击！"大约几分钟后，日军瞭望手发现左舷 15000 米处的盟军舰只，该舰是在前天的空袭中被重创的驱逐舰"贾维斯"号，正准备单独离开瓜岛回澳洲大修。"古鹰"号立即向其发射鱼雷，但全部失的。不过，当日军舰列从距"贾维斯"号旁只有 1100 米的距离上通过时，后者却没有任何反应（推测可能是无线电设备在此前的空袭中损坏），日军舰队获得了海战胜利的关键要素——完全的奇袭！

01：36，日军瞭望手发现了大约 12500 米处的盟军南方战斗群，燃烧着的运输船"埃利奥特"号照亮了盟军舰船的轮廓。战斗由日军首先发起，"鸟海"号发现"堪培拉"号后立即打开探照灯锁定目标，并用右舷鱼雷管向"堪培拉"号发射了 4 条鱼雷，全部失的；"青叶"号和"古鹰"号也向"堪培拉"号发射了 7 条鱼雷，但是同样没有命中目标。与此同时，"鸟海"号的瞭望手令人难以置信地又发现了远在 16000 米之外的盟军北方战斗群。日军巡洋舰列立即左舷转向，船头朝向新发现的敌情，同时准备用舰炮攻击右舷的盟军南方战斗群。01：43，盟军驱逐舰"派特森"号的瞭望手终于也发现了 5000 米外日军"衣笠"号巡洋舰。"派特森"号立即发出信号："警告！警告！不明舰

230

只正在进入港口！"随后该舰提速，并向日军舰列发射照明弹。同时舰长下令发射鱼雷，但是他的命令被淹没在驱逐舰舰炮的巨大噪声中而没有被鱼雷手听到。就在此刻，日军水上飞机飞临上空，投下了照明弹，照亮了盟军南方战斗群的舰影，这是日军发动全力进攻的信号。

"堪培拉"号是第一艘遭到日军巡洋舰集中打击的重巡。虽然这艘澳大利亚军舰成功躲过了瞄向它的鱼雷攒射，并试图还击，但是"鸟海"号在4100米距离上齐射的203毫米炮弹却已经扑面而来。"堪培拉"号的舰桥被炮弹准确命中，炮术长当场殉难，舰长受致命重伤。炮弹还击中了引擎舱，使该舰停止了航行。另外3艘日军巡洋舰也立即用203毫米舰炮向"堪培拉"号直瞄射击，总共命中该舰24发炮弹，使其向右舷侧倾5～10度，并燃起大火，烧成一堆残骸，于清晨被己方驱逐舰用舰炮和鱼雷击沉。

与此同时，驱逐舰"巴格利"号正盲目地进行鱼雷攻击，却可能误击了"堪培拉"号右舷，后该舰向东北方向逃逸。"派特森"号则在匆忙间和日军互射，

■ 遭受重创即将沉没的盟军"堪培拉"号重巡洋舰。

■ 舰艇受到损坏的盟军"芝加哥"号重巡洋舰。

可能命中了"衣笠"号,但自身很快也被炮弹击中重创。该舰即向东南方向撤退。

巡洋舰"芝加哥"号则是南方战斗群中最后一艘和日军交火的军舰。该舰发现自身被空投的照明弹照亮,前方的"堪培拉"号突然转向时,立即引起警觉,并叫醒了睡梦中的舰长。伯德舰长下令用5英寸舰炮向日军舰列发射照明弹,但是照明弹失效。此后,1发日军炮弹命中该舰主桅,炸死2人。同时,多条鱼雷扑来,01:47,"加古"号发射的一条鱼雷斜向击中了"芝加哥"号的舰艏,强大的冲击波震坏了主炮火控指挥仪;另一条鱼雷直接命中了后部轮机舱,所幸没有爆炸。为了支援"派特森"号,"芝加哥"号抛下了身后的运输船队一直向西航行,向着日军舰列的尾迹用副炮还击,并可能命中了"天龙"号。该舰二号炮塔的一名军官写道:"炮塔指向的右方,一艘快速航行的日本军舰轮廓出现在我们和燃烧着的"堪培拉"号之间。炮瞄手也一样看见了,因为炮塔旋转着试图瞄准它。但是距离太近了,它很快驶出了射界。但5英寸炮还是命中了目标。我能看到敌舰船体上有些地方不时发出火光然后逐渐熄灭。敌舰另一侧也有火光,那是因为5英寸炮弹直接射穿了船体而没有爆炸的缘故。距离太近了,炮弹来不及被引爆。"

临时担任南方战斗群指挥的伯德舰长在整个战斗中表现非常糟糕,在战前,其未及时向盟军南方战斗群的其他舰艇通报自己是代理指挥官,而更重要的是,他也没有试图向其他舰艇或者瓜岛上的人员示警,自己的座舰则因负伤而渐渐脱离了战斗。

萨沃岛以北的战斗

在很快解决掉南方战斗群之后,三川决定继续向东北方向前进,攻击早先发现的盟军舰队。在此之前的01:44,三川的舰队指向盟军北方战斗群方向时就开始分成两队:"天龙"号、"夕张"号、"古鹰"号先后脱离舰列,向西迂回。这样,盟军北方战斗群将不可避免地遭到包抄夹击。

当日军攻击盟军南方战斗群时,北方战斗群的3艘盟军巡洋舰舰长还在睡梦中,各舰正以10节速度巡航。虽然3舰的船员均观察到了萨沃岛南方战斗时的闪光和炮声,也收到了"派特森"号的警报,但是留给他们反应的时间实在太短了。另外,他们也未能察觉正在接近中的三川舰队的规模和位置。

01：50，三川舰队向北方战斗群发起突然攻击，战斗立即达到白热化。日舰利用探照灯迅速发现了他们的攻击目标。"鸟海"号照亮了7000米距离上的"阿斯托里亚"号，"青叶"号也发现了8400米距离外的"昆西"号，"加古"号的探照灯则锁定了9600米之外的"文森斯"号。这又是一次彻彻底底的奇袭，"青叶"号和"加古"号在第三次齐射时即取得命中，"鸟海"号则是在第五次齐射时命中目标。日舰的炮击立刻造成了巨大破坏，迅速取得了战果。日军船员在作战回忆中写道："在7000米距离上的首轮射击快得令人吃惊。每一轮齐射都能命中敌舰，将对方炸得火光冲天。难以想象的是，数分钟内敌舰的主炮塔仍然保持在训练时的保险状态，这再次令我们感到吃惊，同时更加庆幸敌人将无法瞄准我们。一串串机关炮的弹道在敌舰和我们之间穿梭往来，但是这种微不足道的反击对我们毫无影响，仅仅展现了一幅华美的战斗奇景。随着时间一秒一秒地过去，双方的距离越来越近。现在我们甚至能够清楚地辨识出在敌舰甲板上快速撤离的水兵的轮廓。战斗持续了一刻钟左右。"

在日舰的突然打击下，"阿斯托里亚"号的反应也普遍反映出整个北方战斗群当时的混乱状态。01：49，该舰看到萨沃岛以南的照明弹亮光，舰桥的船员立即被召集到岗。01：52，"阿斯托里亚"号被日军探照灯照射时，该舰炮术长发现日军巡洋舰"鸟海"号开始齐射，迅速下令其8英寸舰炮开火还击。但是刚刚被叫醒的舰长格瑞曼上校晕头转向地抵达舰桥后，立即下令取消了炮术长的开火命令："是谁发出的警报？是谁下令开火的？我认为我们正在向友舰射击！我们不能因兴奋过度而鲁莽从事！停火！"

但是日舰是不会客气的，炮弹如雨般继续落在"阿斯托里亚"号周围。1分钟后醒悟过来的舰长这才下令重新开火还击，但是"鸟海"号已经完成了测距，炮弹开始准确命中目标。大约在02：00至02：15期间，"青叶"号、"衣笠"号、"加古"号也先后加入战团，各舰集中火力，至少命中了34～63发8英寸炮弹，击毁了"阿斯托里亚"号的2座主炮塔，炸毁了轮机舱，使该舰燃烧着停了下来。此时"阿斯托里亚"号也开始用最后1座主炮塔还击，02：16，1发炮弹射向"衣笠"号的探照灯，竟在打偏后鬼使神差地命中了"鸟海"号的前主炮塔，击伤了"鸟海"号。但是这座最后的炮塔只来得及打出12轮齐射便被打哑。"阿斯托里亚"号在整个战斗中只打出53发8英寸炮弹便丧失了战斗力。该舰于12：15沉没，全舰阵亡 216 人。

北方战斗群的"昆西"号之前也看到了南方舰群的隐隐闪光，并收到了"派特森"号的报警。作战人员刚刚就位，该舰便被日军舰列的探照灯照射。舰长立即下令准备开火，但是炮手还没有做好准备，日舰的齐射就已到来。"青叶"号最初的几轮齐射即击中了"昆西"号的水上飞机，并引起大火。在"昆西"号能够进行反击之前，又遭到日本巡洋舰"青叶"号、"古鹰"号、"天龙"号的交叉火力射击。数分钟之内，3 艘日舰的弹雨已经将其完全覆盖。"昆西"号舰长下令转向东边的日军舰列，向"青叶"号攻击，但却被"天龙"号发射的 2 条鱼雷命中。"昆西"号仅仅来得及打出三轮齐射，就被敌舰重创而丧失战斗力。02：10，一发日军炮弹击中了该舰舰桥，扫平了包括舰长在内的几乎所有舰桥人员。02：16，"青叶"号发射的 1 条鱼雷再次击中"昆西"号，该舰残余的舰炮全部沉寂下来。副炮术长去舰桥请示时，描述了他当时所见："当我到达舰桥平台时，发现这里是一片血腥地狱，到处是尸体，仅有 3 到 4 人还能站立。驾驶舱内仅剩通信兵站在方向轮旁边，正在徒劳地控制军舰的方向，试图从右舷回转到左舷。询问了通信兵后，我找到了舰长。他当时躺在方向轮附近，正在指导通信兵驶向左舷船艉方向大约 4 英里远的萨沃岛浅滩，准备将军舰搁浅。我走到驾驶舱的左舷，努力搜寻萨沃岛的轮廓，却注意到军舰正在迅速向左舷倾斜，舰艏已经没入海中。正在此时，舰长突然站了起来，但立刻又倒下了，没有发出任何声音，显然已经气绝身亡。"

"青叶"号和"天龙"号总共命中"昆西"号 3 条鱼雷和各种口径的炮弹54 发，"昆西"号被彻底击毁，于 02：38 沉没，阵亡 370 人。而"昆西"号在整个战斗中反击时所造成的实质性破坏，则是命中了三川旗舰"鸟海"号的海图室 2 发 8 英寸炮弹，炸死炸伤 36 人，距离三川的指挥室仅仅 6 米远，差一点就将三川和他的参谋人员一锅端了。

与"昆西"号和"阿斯托里亚"号一样，"文森斯"号之前也看到了南方的照明弹闪光，甚至还观察到了炮火的闪光。01：50，当该舰被"加古"的探照灯照射时，以为是友舰的灯光。还在犹豫是否要开火时，"加古"号的舰炮就已经开火。"文森斯"号于 01：53 使用 8 英寸舰炮开始反击，并提速到 25节，几轮齐射后 1 发炮弹击伤了加入战斗的"衣笠"号的舵机。见此情形，"加古"号迅速全力打击并命中"文森斯"号船舯部,将美舰的水上飞机击毁,并引发大火。01:55,"鸟海"号发射的2条鱼雷也命中目标,重创了"文森斯"号。此后02:03,"夕张"号发射的鱼雷对"文森斯"号造成了第三次致命打击。海战中,"文森斯"号至少中弹74发,锅炉舱全毁,停止了航行,全舰燃烧着大火,向左舷侧倾。02:16,舰长下令弃舰,02:50,"文森斯"号带着332名船员消失在碧波之中。

北方战斗群的2艘驱逐舰"赫尔姆"号和"威尔逊"号也在试图寻找日舰。两舰曾向日军巡洋舰短暂地射击过,但是没有取得战果,自身也没有受到损伤。

当晚的最后一次战斗发生在萨沃岛以北。02:16,日军的舰列按既定航向前进,超出了射程范围后,停止向盟军北方战斗群射击,往萨沃岛以北而去。此时,"古鹰"号、"天龙"号和"夕张"号与盟军驱逐舰"拉尔夫·塔尔波特"号遭遇。当日舰冲过来的时候,"拉尔夫·塔尔波特"号仍然在萨沃岛北部巡逻。日舰打开探照灯,展开一阵短促的炮击。盟军这艘驱逐舰在逃进暴风雨区之前,被日军轻巡的5.5英寸舰炮重创。日舰随后扬长而去。

三川的决定

三川舰队击溃盟军北方战斗群后,已过凌晨2时。三川曾询问他的参谋人员,是否需要回身继续消灭盟军残存的军舰,并击沉盟军在瓜岛和图拉吉2个锚地内的运输船队。参谋人员的意见不一,首席参谋神重德大佐主张立即撤退,而"鸟海"号舰长早川千夫大佐则力主继续攻击。最后几个关键因素影响了三川的最终决定。日军的舰队由于作战而分散成好几群,经过计算,三川如果想将舰队集结起来,并重新装填鱼雷去进攻盟军的运输船队,估计要花好几个小时。另外,三川也不知道盟军剩余的军舰的数量和位置,他的舰队在之前的战斗中已经消耗了大量的弹药(除"鸟海"号和"夕凪"号以外,其余各舰都消耗了半数以上的鱼雷)。而更为重要的是:三川的舰队没有空中掩护,如果他在瓜岛附近逗留的时间过长,等到天空微亮,他的舰队就会暴露在附近可能存在的盟军航空母舰的空袭威胁之下(实际上盟军的航母已经南下加油去了)。这样,02:20,三川最终下令返航。至此,萨沃岛海战结束。

毫无疑问,三川取得了巨大的胜利,仅用轻微的代价就将盟军的2支巡洋舰战斗群彻底摧毁。联合舰队司令长官山本五十六海军大将在向三川军一发出的贺电中写道："感谢你舰队全体参战官兵勇敢无畏的战斗表现，我盼望你再接再厉并能为正在岛上猛烈奋战的帝国陆军助力。"但是，在日军舰队和美军巡洋舰队之间还有盟军整整 2 支运输船队：一支含 5 条运输船和 3 条高速运兵船的编队在 2 条驱逐舰掩护下正在图拉吉卸载；另一支更大规模的运输船队，含 13 条运输船在 3 条驱逐舰和 5 条老式高速扫雷舰的掩护下正在瓜岛卸载。实际上，三川舰队在解决了盟军南方战斗群后，瓜岛的盟军运输船已经彻底暴露在其炮火打击之下。但是他决定继续向北去对付盟军的北方战斗群。这集中反映了他以及整个日本帝国海军传统的制海权观念：击沉敌人的战舰远比消灭敌人的运输船更加重要。一旦敌人的舰队被击败，那么制海权、岛屿的最终控制权，都将顺理成章地转到己方手里。

向拉包尔返航中的三川已经满足于所取得的重大战术胜利。然而他不知道的是，日本帝国海军已经丧失了击败美国海军并将美国人逐出瓜岛从而获得战略性胜利的最佳机会。

T 字战术的胜利：埃斯佩兰斯角海战
（1942 年 10 月 11 日—1942 年 10 月 12 日）

美日双方巡洋舰编队在瓜岛海域的第二次对决发生在 1942 年 10 月份。

"萨沃岛海战"之后，日军在 8 月份又组织了一次较大规模的作战行动（由此爆发了"东所罗门海战"，日方称为"第二次所罗门海战"），企图增援瓜岛，但是未获成功。盟军因为在瓜岛上拥有亨德森机场，因此在白天控制着瓜岛周边海域，范围大概是 320 千米；而日本水雷战队由于具备夜战优势，控制了夜间的所罗门海域。"瓜岛争夺战"中这种情形持续了数月之久。

由于受"仙人掌航空队"的威胁，日军已经无法使用大型慢速运输船向瓜岛增援，因此不得不借助轻巡或驱逐舰趁夜高速通过"槽海"向瓜岛偷运部队和弹药给养，然后在天亮前撤出盟军空袭范围（这种运输队被盟军戏称为"东京特快"）。虽然日军的这种运输方式无法运送大量的食物和弹药，也无法输送重炮、坦克等重武器和装备，但是在 9、10 月份还是向瓜岛输送了第 2 师团主力（共计 1 万余人）等部队。

盟军的增援部署

1942 年 8 月及 9 月，日本陆军为了夺回瓜岛亨德森机场，先后两次向盟军发动较大规模的地面进攻，但是均遭到失败，损失惨重。获得第 2 师团增援后的日军计划在 10 月份再次发动进攻，并要求海军密切配合，输送车辆、重炮等重型装备上岛。

与此同时，盟军也计划火速增援瓜岛海军陆战队，以便应对即将再次发动的攻势。10 月 8 日，一支盟军护航船队载运着"阿美利加"师第 164 步兵团 2837 名官兵从新喀里多尼亚起锚航向瓜岛，按计划于 10 月 13 日抵达瓜岛伦加角。提供掩护的美军护航舰队由海军少将诺曼·斯科特指挥，其任务是保护运输船队并阻止日军对瓜岛的增援和对亨德森机场进行夜间炮击的企图。为此，斯科特将军配属了如下舰队：

TF64 特混编队

司令：海军少将斯科特

　　　重巡："盐湖城"号、"旧金山"号

　　　轻巡："博伊斯"号、"海伦娜"号

　　　驱逐舰："布坎南"号、"邓肯"号、"法伦海特"号、"拉菲"号、"麦克拉"号

到目前为止，盟军巡洋舰部队还没有赢得过一场夜战胜利，甚至在瓜岛地区没有直接击沉过 1 艘日本军舰。斯科特充分地意识到日军所具有的高超夜战技能，尽最大努力吸取了萨沃岛海战的教训。但是他仍然摆脱不了几个致命的缺陷。首先，由于开战以来美国海军因持续作战和不断消耗，各舰队内的日常训练时断时续，无法凝聚成一个整体而有效的协同作战体系。其次，美国海军虽然搜集了在南太平洋战区尚存的作战舰艇凑成了斯科特的这支实力还算说得过去的舰队，但是这支舰队包括斯科特本人仍然对日本的九三式氧气鱼雷的威力缺乏足够清醒的认识，在海战中，美国人仍然优先选择在自认为的日军鱼雷有效射程之外进行舰炮对决。最后一点，也是在夜战中最重要的因素，那就是美国海军指挥官并没有真正掌握美国新型雷达系统的性能特点。美国早期的雷达——SC 型雷达，在太平洋战争开战之初就已服役，但仅具备有限的对海搜索性能。在 1942 年 3 月的美国海军舰队报告中指出 SC

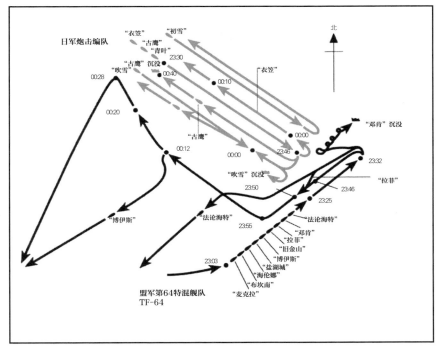

■ 埃斯佩兰斯角海战进程示意图（1942年10月）。

型雷达的有效对海作用距离为 4 ~ 10 英里，而且在靠近陆地受到海岸线的干扰时效果还会进一步降低。萨沃岛海战已经证明，SC 雷达并不能保证先敌发现。SC 雷达的替代品是 SG 雷达，使用比 SC 雷达的米波更短的厘米波，因此具有更高的性能（SG 雷达本身就是一款对海搜索雷达）。但是由于害怕泄密，美方对该型雷达的推广过于谨慎，使得斯科特并不十分了解该型雷达的优秀性能。斯科特的重巡上装备的是老式 SC 雷达，而 2 艘轻巡上则装备了新型的 SG 雷达。在即将来临的海战中，军舰在雷达性能方面的差异将对战斗产生十分重要的影响。但遗憾的是，斯科特还是依照传统做法选择了重巡洋舰作为他的旗舰。

斯科特舰队的作战计划比较粗糙，但也简单可行。他将舰队排列成单纵队，驱逐舰在前，4 艘巡洋舰在后。前列的驱逐舰一旦用雷达发现了目标，则立即用其探照灯照亮敌舰，然后使用鱼雷攻击敌大型舰（巡洋舰），并使用 5 英寸舰炮对付小型目标（驱逐舰）。阵列后的巡洋舰则不必非要等到命令再射击，一旦发现目标则可立即开火。巡洋舰上的水上飞机则预先起飞搜索敌舰，并借鉴日军在萨沃岛的用法，空投照明弹照亮目标。斯科特忌惮于日军的鱼雷，一旦发现鱼雷的威胁增大，就准备把舰队分成若干小队。斯科特舰队在10月8日按这套战术还进行了一次夜战演练。

日军的增援行动

为了准备10月份的攻势，拉包尔司令部的第八舰队作战参谋们制定了一个较大规模的"东京特快"输送计划。拟在10月11日夜间用"日进"号、"千岁"号2艘水机母舰运载728名士兵、4门重型榴弹炮、2门野战炮、1门防空炮及大量弹药和其他物资装备上岛。掩护这2艘水机母舰的是6艘驱逐舰（"白云"号、"丛云"号、"朝云"号、"绫波"号、"夏云"号、"秋月"号），其中5艘驱逐舰（除"秋月"外）的甲板上还挤满了增援部队。这支护航运输队称为增援群，由城岛高次海军少将指挥。

除了执行快速运输任务外，联合舰队还计划首次大规模使用水面舰队炮击亨德森机场。当然，日军并没有派出宝贵的决战用的战列舰来执行炮击任务，而是准备出动重巡洋舰。炮击将在夜间进行，并使用爆破弹最大限度地摧毁仙人掌航空队，并破坏机场跑道。日军猜测不会有美国军舰敢来挑战自己在瓜岛海域的夜战优势。指挥这支炮击编队的是第6战队司令五藤存知海军少将，战斗序列如下：

第6战队：海军少将五藤存知

重巡："青叶"号、"衣笠"号、"古鹰"号

第11驱逐舰队：

驱逐舰："吹雪"号、"初雪"号

10月11日星期天，早晨8时，城岛的增援群从肖特兰锚地起航，开始穿越400千米长的"槽海"直驱瓜岛。当天下午2时，五藤的炮击群也离开肖特兰向瓜岛进发。为了保护增援群不受瓜岛仙人掌航空队的攻击，驻拉包尔、卡维恩和布因的日军第十一航空舰队于11日当天对亨德森机场发动了2次空袭。正午刚过，17架零式战斗机飞临亨德森机场，企图执行扫场任务，但是未能

与美机交战。45分钟后，第二波45架一式陆攻和30架零战再次飞临，随即与仙人掌航空队展开空战。日军损失1架陆攻，盟军被击落2架战斗机。虽然日军的空袭未能造成重大破坏，但是成功完成了对增援群的掩护任务。增援群通过槽海时，空中掩护任务交由第十一航空舰队在布因岛上的零战来完成。日军对这次的增援行动非常重视，甚至下令白天最后一班战斗机要一直滞空全程掩护船队，直到黑夜降临，然后飞行员弃机跳伞，等待增援群中的驱逐舰前来营救。所有6架零战都坚持到燃料耗尽，但是最终仅有1名飞行员获救。

海战序幕

斯科特舰队曾于10月9日和10日两天在瓜岛北面清扫周边海域，但是没有发现敌情。10月11日14：45，盟军的搜索机在距离瓜岛340千米外，位于科隆班加腊岛和乔伊索岛之间的槽海，发现了城岛的护航运输船队，并报告说发现2艘巡洋舰（其实是那2艘水机母舰）和6艘驱逐舰。但是盟军的索敌机并没有发现跟在增援群后面的五藤炮击群。发现日军增援群后，斯科特舰队于16：07转向瓜岛，准备拦截日舰队。

22：00，斯科特舰队行至瓜岛西北端的亨特角附近，3艘巡洋舰放出了水上飞机。1架起飞时不慎坠毁，另2架则开始在萨沃岛、瓜岛和铁底湾周围巡逻。就在盟军起飞水上飞机时，城岛编队的航线正好被瓜岛西北方向的多山地区挡住，双方都没有发现对方。22：20，城岛发报告知五藤，附近没有发现美军舰艇。虽然后来城岛编队在瓜岛北岸卸载时发现有盟军的水机出没，但没有将此情况报告给五藤舰队。得到城岛没有发现敌舰的敌情通报后，五藤决定按原计划炮击亨德森机场，"青叶"号主炮也装填了炮击陆地用的三式烧夷弹。炮击编队以"初雪"号在左前、"吹雪"号在右前、重巡在中间排成单纵列（依次为"青叶"号、"古鹰"号、"衣笠"号）的阵型向瓜岛前进。

22：23，斯科特舰队在通过埃斯佩兰斯角之后就转换为作战队形。舰列打头阵的依次是"法伦海特"号、"邓肯"号和"拉菲"号3艘驱逐舰，跟在后面的则是"旧金山"号、"博伊斯"号、"盐湖城"号和"海伦娜"号4艘巡洋舰，"布坎南"号和"麦克拉"号驱逐舰殿后。各舰前后相距450～650米。由于月亮已经落山，海上能见度极低，看不见一点亮光，也看不见海平线。

23：00，"旧金山"号的水上飞机在瓜岛附近发现了城岛增援群，并立即报告给斯科特。23：10，城岛增援群抵达瓜岛塔萨法隆加锚地，开始卸载作战物资。接到报告的斯科特认为这不是日军主力，很可能还有更多日军军舰正在接近中，因此命令舰队继续保持航向朝萨沃岛以西航行。实际上，此时斯科特舰队在瓜岛西北到萨沃岛西边，形成了一条东北—西南走向的巡逻警戒线。

与萨沃岛海战不同的是，美舰的雷达在这次海战一开始就起到了作用。23：25，轻巡"海伦娜"号的SG雷达在25330米距离上发现敌踪。随后"博伊斯"号和"邓肯"号的雷达也发现了五藤舰队。10多分钟后，"海伦娜"号和"博伊斯"号将发现的敌情报告给旗舰"旧金山"号上的斯科特将军。但是恰在此时却发生了一件令人心焦的事情。就在"海伦娜"号的雷达发现目标的时候，斯科特的舰队正处于巡逻警戒线的最北端阵位，正向东北航行。23：32，斯科特下令舰队转向西南方向，航向230度。原本美舰单列纵队应该按照相同的轴心顺次转向以保持队形，但是"旧金山"号却立即实施了转向，"博伊斯"号紧随其后也实施转向。结果转向结束后，巡洋舰跑到了前卫驱逐舰的左舷侧翼，整个纵列队形顿时一片混乱，以至于斯科特在接到"海伦娜"号和"博伊斯"号雷达发现敌情的报告时，误以为是这2艘巡洋舰正在追踪由于转向而掉队的3艘前卫驱逐舰。斯科特发电给"法伦海特"号要求其赶紧重新回到舰队纵列的前方阵位，而"法伦海特"号的回复"是！正在你的右舷前进"使斯科特进一步以为雷达发现的目标就是自己的驱逐舰。23：45，为了调整好队形，前卫驱逐舰"法伦海特"号和"拉菲"号加足马力，企图沿着巡洋舰的右舷侧追到舰列的前方阵位，尚未意识到五藤舰队正在接近中。前卫驱逐舰"邓肯"号则以为"法伦海特"号和"拉菲"号已经开始进攻日军舰队，因此加速前进准备独自发动鱼雷攻击，却未及告知斯科特自己的行动。

斯科特的作战计划提到，如果前卫驱逐舰发现敌情，巡洋舰的舰长可自行判断何时开火。"海伦娜"号自23：25起就追踪着日舰，但大概是因为顾忌前卫驱逐舰的混乱阵位，导致该舰一直没有开火。到了23：45，双方的距离已经接近到了4600米，"海伦娜"号和"盐湖城"号的瞭望手已经能用肉眼看到日舰。"旧金山"号上的斯科特由于没有SG雷达的帮助，仍旧没有搞清楚己方驱逐舰的准确阵位，害怕开炮时造成误伤，因此无法下定决心投入交战。此时斯科特收到了来自"海伦娜"号舰长的无线电请求，使用的是常规的请求暗语"Interrogatory Roger"，大意是"我们确实要开火吗？"但在当时两舰无线电报往来频繁的情况下，被误解为"是否收到？"斯科特用暗语回复"Roger"，意思是"收到"。但这仅仅是说明收到了信息，并没有确认是否允许"海伦娜"号开火。"海伦娜"号收到斯科特的回电后，又再次发电询问，得到的回复还是一样。这样来回耽误了一会儿后，该舰只好认为是允许开火，便根据自己的判断最终于23：46以主炮向右舷3500米外的目标开火，副炮则对准了4200米外的不明目标射击。"博伊斯"号和"盐湖城"号紧随其后，也分别向其右舷4200米和3700米外的目标开火，同时"盐湖城"号还用5英寸副炮发射照明弹。

相比盟军混乱不堪、毫无章法地加入战场而言，一厢情愿地以为没有美舰出没的日方则更加毫无思想准备。五藤编队的任务本来是高速抵近炮击机场，然后迅速撤离目标海域，尽量远离瓜岛，避免在黎明到来之际遭到可能的空袭。正如前面所提到的，五藤存知和联合舰队司令部都坚信，美军舰队绝对不敢在夜间挑战日军。因此第6战队当晚炮膛中装填的是用来攻击机场的三式烧夷弹，五藤本人也完全没有思想准备，完全被打了一个措手不及。这种疏忽大意，不但让五藤本人丢了性命，也让日本舰队首次在夜战中失利！

其实之前在23：43，日旗舰"青叶"号瞭望手就报告在左舷15度方向10000米距离上发现3艘舰影，航向西南。虽然对航行的方向、所处的位置，甚至是时间段存疑，但是以为不会碰到敌舰的五藤还是犯下了致命的错误，他竟然误认为这是城岛的增援群。2分钟后，日军瞭望手在7000米距离上判断出对方是美国军舰，但是五藤仍然持怀疑态度，除了下令打开识别信号灯询问外，并没有命令舰队作"之"字形机动警戒。就在青叶号执行五藤的命令连发"我是青叶，我是青叶"的信号时，突然被对面的探照灯锁定，美军舰队的第一轮齐射接踵而至，覆盖了"青叶"号的上层建筑。

T字横头

当海战的双方实力相当时，可能比的就是看谁犯的错误少，看谁的运气好。双方的舰队指挥官在经过一系列失误和耽搁后，运气开始向有利于盟军的方向倾斜。斯科特舰队的巡逻线位置此时恰好横越日军舰队，形成了T字横头。"盐湖城"号的舰长写道："海军官兵们二十年来期待的一件事情终于到来了，我们对敌舰形成了T字横头！"

五藤编队舰列的先导舰①重巡洋舰"青叶"号立即遭到了美军巡洋舰"博伊斯"号、"盐湖城"号和2艘驱逐舰的迎头痛击。一发炮弹直接命中"青叶"号舰桥从正面打了个对穿，第6战队司令部瞬间被毁，五藤本人左腿被切断，后在撤退返航的途中因血流不止而毙命，临死前五藤仍然以为是被己方误射，嘴里不停地骂着："蠢货！蠢货！"。"青叶"号除了舰桥被命中外，第二前主炮塔也因被命中而无法使用，主炮射击方位盘及通讯装置亦被摧毁。在尚未展开有效反击前，"青叶"号就几乎丧失了战斗能力。

因为斯科特从未下达过开火的命令，所以他于23：47下令巡洋舰停火（但是当时只有"盐湖城"号执行命令停了火）。斯科特此时仍固执地认为误击了己方的驱逐舰，并命令"法伦海特"号打出自己的灯光识别信号。当发现其实该舰就在自己编队旁边时，他这才终于确认远处的目标是日舰无疑，于是在23：51下令重新开火。实际上，无怪乎斯科特担心，当时他已经猜测到他的3艘驱逐舰被夹在了敌我双方巡洋舰编队的中间；而且其中的"邓肯"号驱逐舰已经遭到来自双方的炮击。前面已经提到，在战斗打响之前，当"邓肯"号根据斯科特的命令转向采取西南航线时，该舰的雷达就发现了6.4千米外的日舰。"邓肯"号立即改变航线向日舰接近，以保持雷达接触。在战斗刚刚打响之时，"邓肯"号的一名船员描述了他们当时的情形：

这一刻，风平浪静的海面上一片漆黑，什么也看不见，只能看到天上微弱的星光。下一刻，可怕的情形突然发生了。敌舰仿佛突然从黑暗中跳出来一样……我大声呼叫道："发现敌舰，肉眼可见！"

交火之后，"邓肯"号就一直忙于应付900米之外的日舰炮击和由"海伦娜"号雷达控制的6英寸舰炮的误击。"邓肯"号在被击中起火前奋力还击，虽然对"古鹰"号的雷击没有命中目标，但是其5英寸舰炮终于击中了"古鹰"号巡洋舰。后该舰因火势失控，于02：00被迫弃舰并于12日中午沉没于萨沃

---

① 也是旗舰，很多日军将领都会将自己的旗舰置于队列之首，冲锋在前以显示自己的勇气和决心。

岛以北 9.7 千米处。"法伦海特"号也遭到友舰 6 英寸舰炮的误击，被迫退出战斗。"拉菲"号则幸免于难，赶紧驶入美军舰列的后方阵位。

面对美军突如其来的猛烈射击，日军舰队立即分成两部分向西北方向躲避，"青叶"号、"古鹰"号和驱逐舰"吹雪"号向右转向 180 度；"衣笠"号和"初雪"号则向左转向 180 度，以规避舰炮打击，尽量减少损伤。其反击力度也显得虚弱无力。五藤重伤后，"青叶"号舰长久宗米次郎大佐接过指挥权。为了摆脱当前的不利态势，久宗指挥"青叶"号冒着弹雨向右舷转向，一边全速脱离美军编队，一边准备用后部 8 英寸主炮还击。但就在装填炮弹时，炮塔被美舰命中，诱爆了装填中的零式通常弹及其装药，炮组成员全部阵亡。火灾向炮塔下方的弹药库蔓延，掌炮长立即下令向弹药库紧急注水，总算避免了本舰爆沉的命运，但弹药库全体成员却因撤退不及而被悉数淹死。23：50，在美舰的集中打击下，"青叶"号中弹已超过 40 发，上层建筑被打得千疮百孔，所幸水线下船体和动力装置尚完好，该舰开始释放烟雾全速逃跑，使美舰误以为该舰已经沉没。

"青叶"号被重创后，"古鹰"号舰长荒木伝大佐下令座舰冲到前面掩护"青叶"号撤退。"青叶"号脱离后，美军舰炮立即瞄准了"古鹰"号，协调一致的炮击立即将其后部的 203 毫米主炮塔击毁。"古鹰"号勉力还击，但其 203 毫米主炮仅发射了 30 发炮弹，120 毫米副炮只打了 1 次齐射，就又哑火了。其攻击成果是命中"博伊斯"号 4 发炮弹。23：49，美军的一发炮弹击中了"古鹰"号左舷的鱼雷发射管，装填好的九三式氧气鱼雷泄漏的纯氧瞬间引起大火，这下吸引了更多的美军炮弹，最终"古鹰"号中弹超过了 90 发。23：58，"布坎南"号驱逐舰发射的 1 条鱼雷再次击中了该舰的轮机舱，重创"古鹰"号。但是"古鹰"号的大限还没有到，仍在勉强向西北航行。

与此同时，日驱逐舰"吹雪"号则被"旧金山"号和"博伊斯"号在 1300 米距离上锁定，其余美舰也陆续加入炮击。"吹雪"号很快重创起火，23：53，因弹药库爆炸沉没。

日舰的反击

23：53 至 23：58，斯科特舰队从 230 度方向转向 300 度方向继续追击日军舰队，此时向西北方向退避的日舰位于盟军舰队的右前方。大约在午夜时分，斯科特再次下令停火以调整舰队的队形和航线，并要求各舰通过闪光灯辨明身份。战场出现了短暂的平静。此时斯科特仍然有 4 艘巡洋舰以及驱逐舰"布坎南"号和"麦克拉"号保持战斗力；而日军巡洋舰第 6 战队仅有重巡"衣笠"号尚保持战斗力，"青叶"号和"古鹰"号则均已遭到重创。

00：01 至 00：05，"盐湖城"号开始向燃烧着的敌舰继续开火，战斗进入第二阶段。日本帝国海军唯一有效的反击由"衣笠"号重巡展开。该舰由于位于舰列的末尾，在战斗之初即向左转向，因此没有加入第一阶段的战斗。午夜时分，该舰在舰长泽正雄大佐指挥下汇同驱逐舰"初雪"号加入战斗。该舰首先向"博伊斯"号发射了鱼雷，00：06，其中的 2 条鱼雷差点儿命中"博伊斯"号，幸亏"博伊斯"号规避及时，鱼雷从距船艉仅 45 米的距离上越过。日舰发射鱼雷的同时，"博伊斯"号和"盐湖城"号也正在使用探照灯照射日舰，这恰好又为"衣笠"号提供了一个绝好的瞄准点。"衣笠"号随即用 203 毫米主炮向"博伊斯"号射击，00：10，1 发炮弹命中"博伊斯"号前主炮塔。紧接着另 1 发 8 寸炮弹命中了该舰的水线下船体（日军在战前曾专门花大力气研究过水下弹技术，以期取得命中敌舰水线下船体的效果），穿入 1、2 号主炮塔间的前部弹药舱并引发剧烈火灾。幸亏从炸裂的船体大量涌入的海水及时熄灭了大火，这才避免了该舰弹药库殉爆。遭到重创的"博伊斯"号立即驶出舰列退出了战斗。于是，"衣笠"号与"盐湖城"号开始了单挑。"衣笠"号的射击打得很准，又再次命中"盐湖城"号至少 2 发炮弹。其中 1 发穿透了该舰薄弱侧舷装甲带，导致少量进水；另 1 发炮弹则引起了大火，摧毁了1 个锅炉，使该舰减速。"衣笠"号本身则被 4 发炮弹命中，但损失轻微。

海战尾声

00：16，斯科特舰队再次转向 330 度方向，试图继续逼近逃跑的日舰。但是日舰撤退的速度太快，很快就撤出了美舰的雷达视线。美军断断续续射击了几分钟后，于 00：20 停止了炮击，并于 00：28 中止了对日军舰队的追击行动，转向 205 度方向脱离。至此埃斯佩兰斯角海战结束。

海战结束了，在海战中遭到重创的"青叶"号总算脱离了战场，追上"衣笠"

号一同穿过"槽海"北返。但同样遭受重创的"古鹰"号则没有这么幸运了，其因动力装置损毁而无法航行，大约在00：50停止前进。此时，海水大量涌入船舱，该舰最终于凌晨02：28沉没于萨沃岛西北35千米处。"初雪"号救起了"古鹰"号的幸存者，随队北撤。

值得一提的是，在整个战斗过程中，城岛高次的增援群始终没有受到干扰，于02：50成功完成了卸载作业后沿罗塞尔岛和新乔治亚岛返航。增援群于返航途中接到救援第6战队的命令，遂派出驱逐舰"白云"号和"丛云"号前往接应"古鹰"号、"朝云"号，派出"夏云"号接应"衣笠"号，但是天亮后遭到美舰舰载机空袭，"丛云"号和"夏云"号均遭重创后沉没。

战例分析及战训
战果统计与战术分析

萨沃岛海战是美国海军在历次海战中最惨重的失败。

美军方面，重巡洋舰沉没4艘，重创1艘，驱逐舰重创2艘。人员伤亡也很惨重，共有1077人阵亡、700人受伤。反观日军方面，三川的损失则相当轻微。"鸟海"号重巡中弹3发，34人阵亡、48人受伤；"青叶"号上层建筑损伤较严重，但仍能高速撤离；"衣笠"号中弹2发，1人阵亡、1人受伤；"天龙"号轻巡被1发5寸炮弹命中，23人阵亡、21人受伤。日方最大的损失是战斗结束后，"加古"号在8月10日返回卡维恩途中被美军"S-44"号潜艇击沉，71人阵亡、15人受伤。

萨沃岛海战是日本帝国海军高超的夜战技能得以充分发挥的经典战例。日本战前的夜战条令在严酷的战争中被充分地证明是有效的。良好的光学设备和得到高度训练的瞭望手使得日军巡洋舰能够先敌发现，并先敌发起鱼雷攻击。舰载水上飞机的角色也很关键，可以指认并投放照明弹照射目标。在舰队混战中，为了能够指示目标，并提高203毫米舰炮的命中精度，巡洋舰上的探照灯使用也是至关重要的。尽管联合舰队的核心武器是九三式氧气鱼雷，但是从萨沃岛海战中的表现来看，往往是巡洋舰的主炮将美军巡洋舰打残后，鱼雷才能将受伤的美舰击沉。

美军在指挥上存在的问题以及不够完善的战术部署，最终导致了盟军在萨沃岛的灾难。特纳下令仅用 2 艘驱逐舰来警戒萨沃岛西部方向，这一安排是有缺陷的，同时将驱逐舰部署得过于靠近巡洋舰编队，也是不妥的。这 2 艘驱逐舰的巡逻区域应该远离巡洋舰主队至少 32 千米以上，才能有足够的反应时间进行预警。盟军的巡洋舰也应该集中在一起，并统一指挥，这样才能随时根据战场情况和面临的威胁做出快速反应。另外，盟军编队中装备了 SG 雷达的新型巡洋舰"圣胡安"号被部署在了东方战斗群这个最可能用不上的阵位，结果盟军编队的雷达优势就这样白白被浪费了。

盟军在战斗指挥上所暴露出来的严重问题与日军在这方面的良好表现形成了鲜明的对比。无论是克拉奇雷还是特纳，都没有运用所有可用情报来努力洞悉日军的企图，且严重忽略了日军的实际作战能力（对此，两位高级将领负有不可推卸的责任）。同时，这两位指挥官也没有提前下达一个简短的应急命令，更没有提前发布一个作战计划，加上没有共同的训令参考，舰队内也没有进行过协同演练，所以当紧急敌情发生时，舰队毫无疑问就会出现混乱。克拉奇雷从南方战斗群不告而别去和特纳开磋商会时，也没有明确委托谁来暂时接替指挥之职。另外，北方战斗群的指挥官，做了另一个使盟军损失惨重的决定。这位指挥官从来没有和克拉奇雷碰过面，因此也不知道他上司的计划和意图。他在面对危急时所能做的就只是让军舰各自为战，而无法达成指挥上的协同一致。

在整个海战中，盟军唯一值得庆幸之处就是日舰没有彻底发挥其优势，也没有击毁盟军的运输船队。如果日军重创盟军运输船队，这将有可能导致盟军匆忙反攻瓜岛的尝试终结，这将对盟军的战略产生重大不利影响。摧毁盟军运输船队的价值甚至值得让三川的整个舰队做出牺牲。

在萨沃岛海战中，奇袭的要素完全偏向了日本一方，训练有素的日本帝国海军的重巡洋舰是所向披靡的；但是当奇袭的要素倒向美军一方时，即使发生夜战，日舰也不再战无不胜了。埃斯佩兰斯角海战结果的完全倒转，恰就证明了这一点。美军在这场海战中取得了毋庸置疑的胜利。

日方在埃斯佩兰斯角海战中的损失包括："古鹰"号沉没，258 人阵亡；"吹雪"号沉没，约 78 人阵亡（幸存者中有 111 人被俘）；"青叶"号重创，因为船体没有受损而成功逃离战场，阵亡 79 人，返回日本大修，直到 1943 年

1月才重返战场；"衣笠"号和"初雪"号也受了轻伤。日本海军并没有指责已经阵亡的五藤，但他的先任参谋却立即被解职。

美方虽然在这场战斗中打得比较好，但是胜利的代价也是不可忽略的。驱逐舰"邓肯"号在遭到美日双方左右两侧的夹击后最终沉没，阵亡48人、战伤35人；"博伊斯"号重创，107人阵亡、29人受伤；同样被重创的"盐湖城"号至少需要6个月时间修理，该舰5人阵亡、19人受伤；驱逐舰"法伦海特"号也遭到重创需要返回美国本土修理，人员损失共计3人阵亡、40人受伤。

总结美军获胜的原因，其实很容易发现，其中的关键因素与数周前日军获胜的萨沃岛海战有着惊人的相似之处。起决定性作用的就是奇袭。除去日军的疏忽大意外，美军取胜之道还在于终于发挥了自身的雷达优势。美国海军始终在研究如何将这一新技术融合到海战战术中去，埃斯佩兰斯角海战清楚地表明，雷达这一在夜战中具有决定性作用的关键兵器已经完全颠覆了日本海军关于如何进行夜战的理论和实践。除此之外，美军还成功检验了舰炮的压制威力，特别是2艘轻巡上装备的6英寸速射主炮的火力密度让美军尝到了甜头。但这也间接导致了日后在所罗门群岛发生的库拉湾夜战中，美军高估其性能的恶果，当然这些都是后话了。

埃斯佩兰斯角海战的胜利彻底打破了日本帝国海军"夜战无敌"的神话，斯科特也因此获得了很高的声望。他的战术虽然简单，但却非常实用。不过，在胜利之余，还是有一些让人遗憾的事情：美军后来的舰队指挥官非常迷信类似斯科特的战术指挥方式，但由于不会灵活应用只是照搬照抄，因而很少获得预期的效果。

再看日军一方，虽然五藤的舰队在埃斯佩兰斯角海战中因遭到灾难性的打击而损失惨重，但是日军的单舰作战能力却依然表现突出。"衣笠"号重巡高超的炮击技术被完全展示出来。另外，在整场海战中，日舰的长矛鱼雷没有发挥作用，这对美军来说不得不是一个幸运。

埃斯佩兰斯角海战表明，日本帝国海军也犯有对海战缺乏准备的过失。尽管美军舰队已在该海域出没，但当美舰开火时，却没有一艘日舰做好了战斗准备。这完全是因为五藤不负责任地假定美舰不可能前来挑战导致的。即

瓜岛战役初期两次主要水面战中双方损失表

	巡洋舰损失（艘）	驱逐舰损失（艘）	人员伤亡和被俘（人）
日本海军	1	1	584
盟国海军	4	1	1240

便在他的瞭望手确认出对方就是美舰时，五藤仍然拒绝改变自己的惯性思维。帝国海军唯一可取之处是"衣笠"号的表现，该舰一度强力地起到了掩护日本舰队撤退的作用。

虽然仅从这两场海战还很难得出什么结论，但是有几条趋势还是非常明显的。日本海军在战前花费了大量资源来开发夜战战术和武器装备，这在瓜岛战役的早期看来是非常值得的。总的来说，日军巡洋舰的战术理论、武器配备及夜战技能，都使得日军在太平洋战争初期掌握了很大的战术优势。而其巡洋舰和驱逐舰上那些经过"月月水火木金金"式强化训练的船员，无疑巩固了这一优势。

然而，日军的夜战能力再了得，也只能给日本海军带来战术上的优势，无法转化为决定性的战略胜利。日军过分看中的质量优势仅适用于短期的战争，而持续了6个月之久的瓜岛争夺战则表明，日本正在被拖入一场旷日持久且毫无胜算的消耗战之中。美国海军采用一步一个脚印的蚕食反攻，来抵消自身夜战技能的不足。日本海军除非能够始终处于巅峰状态并打出像萨沃岛那样的完胜，否则就不可能阻止战局的逆转。随着时间的推移，美军的技战术逐步完善和提高，渐渐战胜了日军的夜战技能。到了1943年末，美国海军在该海域已经获得了完全的战术优势。

最后来比较一下美日双方在巡洋舰设计建造方面的不同点。可以看出日本帝国海军一贯青睐建造超级军舰。这种偏好始于"古鹰"级巡洋舰，其中典型舰级是"高雄"级。在太平洋战争初期，日本的巡洋舰获得了强悍的名声，并且始终活跃在作战第一线。但是这些巡洋舰在设计存在不少漏洞，即便是排水量远远超出了条约的限制，它们的缺陷也十分明显：普遍航程不足，还存在船体稳定性问题。由于船体重量增加而使得其主装甲带在垂直方向上保护不足，导致军舰在战斗中受到攻击时抗损性下降。

随着战争的进行，日本帝国海军巡洋舰的真正弱点逐渐暴露出来。其羸弱的防空能力使得其越来越容易遭到来自空中的打击。尽管在整个战争期间，日军也不断在巡洋舰上增加防空武器的数量，但是仅仅这样是无法实质性提高军舰的防空能力的，这一方面，日本与美国有着巨大的差距。日本在战争期间沉没的 16 艘重巡中，有 10 艘是完全或者主要被飞机击沉的，仅有 2 艘是被美国或英国皇家海军的水面舰队击沉，而另外 4 艘则是被潜艇击沉。

经实战证明，美国海军的条约巡洋舰是非常通用的军舰，在战争中扮演了多面手的角色，虽然其任何单项性能都不是非常出色，但是综合实用性却十分突出，可以胜任包括水面战、航母护航、舰炮岸轰等任务。瓜岛战役期间，美军巡洋舰基本上能够胜任作战任务，为美军的胜利做出了重要的贡献。

后续的战局

埃斯佩兰斯角海战虽已结束，但瓜岛战役却远远没有终止。事实上，持续了 6 个月的瓜岛争夺战中更激烈、规模更大的战斗仍然在不停地发生。10 月 14 日，日本帝国海军的 2 艘战列舰"金刚"号与"榛名"号对亨德森机场进行了破坏性炮击，次日夜间，"鸟海"号和"衣笠"号巡洋舰又再次对机场进行了炮击，10 月 16 日，"摩耶"号和"妙高"号再度炮击了亨德森机场。

11 月份，瓜岛争夺战达到了高潮。11 月 12 日夜间，日军再次企图用战列舰炮击亨德森机场。为了对抗日本的炮击编队（核心为 2 艘战列舰"比睿"号及"雾岛"号），美国海军派出了巡洋舰"旧金山"号、"波特兰"号、"海伦娜"号和 2 艘"亚特兰大"级组成的编队。最终，日军炮击编队被成功拦截，"比睿"号遭到重创并于 13 日晚沉没。为此盟军也付出了不小代价，"亚特兰大"号和"朱诺"号沉没，其余巡洋舰也均受伤。11 月 13 日，日军重巡"摩耶"号和"铃谷"号再次前往炮击亨德森机场，但并没有造成毁灭性破坏，机场依旧能够使用。另外，重巡"衣笠"号于次日在掩护炮击编队撤退途中被飞机炸沉。

11 月 14 日，日军"雾岛"号战列舰在巡洋舰"爱宕"号和"高雄"号的护航下企图再次炸瘫亨德森机场。这一次日舰遭遇了美国海军最现代化的水面舰艇——战列舰"华盛顿"号和"南达科他"号。在这次激烈的夜战中，日

■ 惨遭日军鱼雷
"斩首"的"新
奥尔良"号。

军巡洋舰炮击精准，多次命中"南达科他"号战列舰，但是九三式氧气鱼雷则表现不佳。尽管在有效射程内而且发射角度极佳，但是日舰射向美军战列舰的氧气鱼雷全部失的。美军则抓住反击机会，由"华盛顿"号战列舰击毁了"雾岛"号战列舰，成功挫败了日军的作战行动。

日本海军的夜战技能在 1942 年 11 月 30 日的塔萨法隆加海战中被发挥到了极致。当时 8 艘日军驱逐舰向瓜岛执行快速运输任务，日舰击沉巡洋舰"北安普顿"号，并用鱼雷重创巡洋舰"明尼阿波利斯"号、"新奥尔良"号和"彭萨科拉"号。

此战中沉没的"北安普顿"号也是瓜岛战役期间美军损失的最后 1 艘条约型巡洋舰。瓜岛战役结束后，美军幸存的条约型巡洋舰又损失了 3 艘："芝加哥"号在 1944 年 1 月 30 日的伦内尔岛海空战中被日机用鱼雷击沉；"海伦娜"号在 1943 年 7 月 6 日的库拉湾海战中被日舰击沉；"印第安纳波利斯"号则在 1945 年 7 月 30 日被日本"伊 –58"号潜艇用鱼雷击沉。

在整个太平洋战争中，美军 18 艘条约型重巡洋舰共沉没 7 艘，而日本帝国海军联合舰队则没有一艘重巡洋舰完整地幸存到战争结束。日本战败投降之日，帝国海军 18 艘于战前服役的重巡，仅有 2 艘仍然浮在水面上，但是都已经失去了战斗力。

⟶ 附录: 大事记 ⟵

1922 年

2 月:《华盛顿海军条约》签订, 世界各海军强国对新式巡洋舰的建造设置了最初的限制。

1926 年

3 月: 日本帝国海军"古鹰"号巡洋舰竣工, 本舰是日本帝国海军真正意义上的第一艘重巡洋舰。

1927 年

9 月: 日本帝国海军"青叶"号巡洋舰竣工。

1928 年

11 月: 日本帝国海军"妙高"级重巡洋舰首舰"那智"号竣工, 本舰是日本帝国海军拥有的第一艘条约型巡洋舰。

1929 年

12 月: 美国海军"盐湖城"号巡洋舰竣工, 本舰是美国海军拥有的第一艘条约型巡洋舰。

1930 年

2 月: 伦敦海军会议召开。

1932 年

3 月: 日本帝国海军"高雄"级重巡洋舰首舰"爱宕"号竣工, 日本人称之为"最强条约型重巡"。

11 月: 美国海军"波特兰"级重巡洋舰首舰"印第安纳波利斯"号竣工。

1934 年

2 月: 美国海军"新奥尔良"级重巡洋舰首舰"新奥尔良"号竣工。

1935 年

7 月: 日本帝国海军"最上"级轻巡洋舰首舰"最上"号竣工, 本级舰后"升级"为重巡。

1937 年

9 月: 美国海军"布鲁克林"级轻巡洋舰首舰"布鲁克林"号竣工。

1938 年

11 月：日本帝国海军"利根"级重巡洋舰首舰"利根"号竣工，本级舰拥有较强的航空侦察能力。

1939 年

2 月：美国海军"威奇塔"号重巡洋舰竣工，至此美国海军共拥有了 18 艘重巡洋舰。

1941 年

12 月：太平洋战争爆发。

1942 年

2 月：爪哇海战爆发，日本帝国海军击败了 ABDA 舰队。

8 月：萨沃岛海战爆发，盟军遭到惨败，多艘巡洋舰被日军击沉。

10 月：盟军取得"埃斯佩兰斯角海战"的胜利，日本海军损失重巡洋舰及驱逐舰各 1 艘。

维也纳体系的破裂
纳瓦里诺之战（下）

作者：查攸吟

⇀ 在另一个世界 ↽

这场起义从一开始就注定会给双方带来可怕的屠杀。

希腊人起义了，起义者屠杀了所有能找到的土耳其人；然后土耳其人杀回来了，他们对那些起义者进行加倍的屠杀。19 世纪 30 年代，我们在希腊所能看到的，大致上就是这么一回事情。

被屠杀者在欧洲博得了广泛同情，当然，只限于希腊人。同情者们对这些同样信奉耶稣基督的人似乎感同身受，尤其是俄国人，因为他们和希腊同样信奉东正教。当然，俄国人的动机也不单纯，在巴尔干半岛扩张势力一直是沙皇的梦想，其最终目的是寻找一个地中海的出海口。在多种感情和动机的支配下，沙皇亚历山大一世建议五国同盟立即采取行动，以武力干预希腊革命。对此英、法、奥、普四国显得很不屑。他们当然有理由怀疑亚历山大是想利用此事，让俄国对巴尔干地区施加长期的影响。

对于俄国的企图，奥地利外交大臣梅特涅坚持说发起这次起义的只是一些普通的叛乱分子，他认为"文明世界之外"的宗教残杀是允许的，是不该干涉的；梅特涅的这一论调得到了英国外交大臣卡斯尔雷的支持。这让沙皇很不舒服，因为俄国也信奉东正教派，如果把希腊的东正教徒们划归至"文明世界之外"，那么俄国又算什么？当然沙皇也不能指望他发起的"神圣同盟"有所动作，因为希腊人虽然一样信奉基督，可他们造的却是土耳其苏丹的反，难道要让一个用来压制革命的国际组织改变立场去支持革命不成？"神圣同盟"在维也纳定期会议上宣布谴责希腊起义。他们是有理由这么做的，尽管这个同盟打着上帝的旗号，但其本质是用来压制以任何形式反对君主制的民众起义。无论民众反对的是法国国王、俄国沙皇，还是奥斯曼的苏丹。然而英国——"神圣同盟"之外一个不可忽略的势力，仍旧选择无视其他欧洲国家的意见，宣布支持希腊起义。当然这是英国新任外交大臣乔治·坎宁努力的结果。1823 年 3 月 25 日，英国宣布承认希腊独立。

对于梅特涅体系而言，事情并非一成不变。1822 年，维也纳机制运行 7 年之后，情况发生了一些变化。乔治·坎宁反对武力干涉西班牙起义，并通过努力最终把英国军队从联盟中撤了出来。与卡斯尔雷不同，坎宁是民族自决权的公开拥护者，基于这种立场，他坚决反对以任何形式干涉他国的革命行为。对于自己的这一观点，乔治·坎宁曾公开说过："再次声明，事情已经回到令所在国有益的方向了……每个国家应由他自己来庇护（自己），而我们大家则由主来庇护。"据此可以认为，英国政府已经对镇压欧洲境内各种此起彼伏的革命失去了兴趣。然而外交大臣的态度充其量只是一种表象，一些观察敏锐的欧洲政治家很快就会真正理解到英国新外交政策的本质——其关心的是哪一方获胜对他益处更大——马基雅维利主义。这预示着英国的对外政策将会变得更加务实，也更功利。显然，他们选择承认希腊独立并不是纯粹地出于同情，外交大臣的个人好恶只不过是小小地推动了一下事态的发展。当然，承认希腊独立并不意味着英国会出兵支持希腊的独立地位，英国人只是从希腊看见了好处。至于这个好处，我们后面再讲。

尽管沙皇竭力把事态往战争的方向上引导，亚历山大一世一直在游说五国同盟一起出兵支持希腊的独立地位，但英国始终抱着不冷不热的态度。就他们看来，顺应俄国的意愿无疑是帮助彼得堡火中取栗。在这种背景下，欧洲对希腊问题的响应一拖再拖，到1826年之前，除了个别外交上的承认外，几乎没有任何实质性行动。当然希腊起义并不是完全孤立无援的。虽然希腊的民族主义者在欧洲政府中缺乏市场，但起义者在大洋彼岸却有一个强大的盟友——美利坚合众国。回溯自己的历史，美国人有理由相信希腊人是自己的同类，因此对他们寄予强烈的同情。从1822年到1826年，美国的资金、物资和志愿人员纷纷跨过大西洋，穿越地中海，来到希腊的土地上。

除了俄国，欧洲各国政府对希腊的民族起义均反应冷淡，希腊一直努力争取欧洲列强在外交和军事上的支持，却始终没有获得实质性的进展。不过希腊起义者所做的一切却深深地迷住了欧洲民众。欧洲古典文学中叙述最多的内容便是西方与东方的对立，以及基督徒和穆斯林之间的冲突。久远的年代隔断了真实历史中刺鼻的血腥，掩盖了彼此的罪恶，使人们对发生在希腊（应该说是奥斯曼帝国）的一切产生了一种朦胧的美感——一方是十恶不赦的代名词，一方是坚贞不屈的基督徒，在欧洲人看来，简直就是上帝与撒旦在尘世间的交锋！诗人雪莱曾写道："从某一种意义上讲，我们（西方）都是希腊人，我们的法律、文学、宗教都有着希腊文化的渊源。（We are all Greeks.

Our laws, our literature, our religion, our arts, have their root in Greece.）"诗人毕竟只是诗人，这番话虽然令人感动，却显露出他在历史常识上的无知。实际上现代希腊人和那些曾经赋予西方法律、文学、宗教的古代希腊人根本是八竿子打不着。如今世居希腊的只是外来的斯拉夫人，从某种角度来说，在消灭古希腊人的工作中，他们也是出过力的。

■ 英国著名诗人雪莱，全名珀西·比希·雪莱。笔者对他的诗并不了解，但至少在希腊问题上，这位诗人俨然一副愤青的模样。

对于受到重压的欧洲民族主义及自由主义者而言，希腊的起义有一个更为重要的意义——全欧洲如今只有希腊还在为维持生存和自由的理想反抗着，而其他欧洲国家的民族主义运动都已经失败。浪漫主义诗人如法国的维克多·雨果和夏多勃里昂，以及英国的拜伦和雪莱，都有着强烈的"爱希腊情绪"，他们在文章和诗词中高喊着诸如"今夜我们都是希腊人"一类的调调。这些"爱希腊者"[1]在西方国家是一股强大的力量，而诗人拜伦更是积极而勇敢地投身革命，加入了希腊民族解放运动，并于 1824 年战死在希腊的米索隆镇（Messolonghi）。"亲希腊精神"的意义反映了西方各国这种情绪的盛行，而对干预措施的回忆，西班牙人和意大利人至今仍历历在目。

人民一直是坚定支持希腊人的，并且在革命开始后的数年内越来越强烈。从积极的角度来说，虽然不那么完美，但是为自由理想而奋斗的主题始终贯穿着希腊革命的整个斗争过程。这就好比法国大革命尽管最终失败，其中所产生的近代民主思想却已经慢慢渗透至西欧国家的民众心中。在英国和法国，

---

① 英语中甚至出现了一个专有名词：Philhellene，通俗的译法也可以称作"希腊粉"。

■ 身着希腊传统服饰的拜伦。请注意他穿着一种明显带有奥斯曼痕迹的"传统服饰"。拜伦是现代希腊国家的"三圣徒"之一，与乔治·坎宁，以及后来指挥纳瓦里诺海战的英国舰队司令爱德华·科德林顿并称为"解放希腊的伟人"。

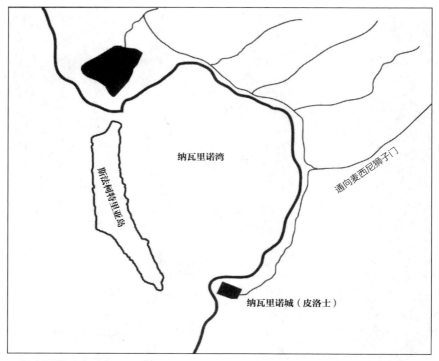

■ 纳瓦里诺地形图。

支持希腊人民的舆论呼声日渐强大，最后到了足以改变国家既定对外政策的地步，迫使法英两国政府迈向脱离梅特涅体系的道路、背离马基维利亚式的态度，向希腊伸出援手……

→⚓ 易卜拉欣的成功 ⚓←

35岁的易卜拉欣这样形容他那经验老到、严于律己且恪守信用的父亲："他有着狮子般的勇敢，每次来自他的忠告总是幸运地被证明是对的。"所以他并不反对父亲征讨希腊的决定。当然易卜拉欣自己也承认他的军团和舰队有一个弱点：尽管训练充分，但完全缺乏海战经验。不过情报显示希腊人只拥有数量有限的私掠船和纵火船，所以实战经验看起来倒不是一个问题。

苏丹给易卜拉欣派来了一位总指挥官，当然，这只是名义上的。实际上，易卜拉欣除了自己的卫队和那些半死不活的苏丹军队之外，谁都差遣不了。不过土耳其指挥官库斯劳·穆罕默德（Khosrow Mohammed）好像并不怎么满意这种只存在于"名誉上"的头衔，因为这对他来说也意味着升官发财的大好机会。在库斯劳的干涉下，易卜拉欣最初只能把他带来的埃及陆军当作舰队（全部被迫蹲在船上待命）来指挥。极为不满的易卜拉欣开始和这位"埃米尔①"明争暗斗，两人都相互算计着对方，很多时候甚至是下意识的。即使这样，易卜拉欣最初的作战还是非常成功。用希腊人的话来说，他"一开始就显示出残暴的本性"。

在好不容易说服了库斯劳后，埃及陆军于 1825 年 1 月在莫顿（Modon，现迈索尼）进行了登陆作战。易卜拉欣下达了灭绝命令，要他的军团完全摧毁这个地方。在击溃了少量守军之后，埃及舰队将舰炮转向开始轰击市镇和沿岸村落。登陆部队对当地平民进行了一番奸淫掳掠之后，开始了大屠杀，临走时还纵火焚烧了所有能看得见的东西。尽管在易卜拉欣看来这是非常必要的立威手段，但他的军队似乎做过头了。位于莫顿的港湾设施和房舍全数被毁，周围人烟断绝，埃及舰队已经无法利用这里继续进行补给了。

易卜拉欣明白，剿灭希腊革命、镇压整个伯罗奔尼撒的义军并不是一个可以迅速达成的任务。这可能要花一两年的时间，逐个毁灭希腊沿海的港口，断绝希腊人的外援和海上贸易，只有这样陆军才可以深入进剿。同时，为了保证他从埃及带来的庞大舰队的后勤补给，必须找一个地方作为基地，于是他选择了位于半岛西南角的纳瓦里诺湾。

5 月，埃及舰队进驻纳瓦里诺湾，而在此之前的 3 个月内，埃及舰队已经扫荡了半岛东岸的几个港口。知道埃及人厉害的少数希腊守军望风而逃，于是在毫无抵抗的情况下，易卜拉欣轻易地占领了位于斯法柯特里亚岛上的小炮台。随后，近 200 艘埃及军舰和运输船浩浩荡荡地驶入了纳瓦里诺湾，并安顿了下来。

---

① 阿拉伯国家的一种贵族头衔。

易卜拉欣在希腊沿海的最终目标是夺取海德拉岛（Hydra），那里隶属希腊起义军海军的大本营。埃及舰队和希腊舰队已经多次交手。在海上的希腊水手极为骁勇，尽管他们一直居于数量上的劣势，但很多时候都能凭借高超的航海技术和玩命的作风，与占据数量优势的埃及舰队斗个旗鼓相当。易卜拉欣知道，海德拉岛是一块极不好啃的骨头，岛上的船长和海员们多数是经验丰富的老水手，有不少还是活跃在爱琴海一代的水匪（这些人似乎还算不上海盗）。这些亡命之徒艺高人胆大，特别喜欢进行跳帮肉搏战。此外，这些人驾驶的纵火船非常难缠，已经有不少埃及人的舰艇被他们烧毁了。情报还显示一些英国军官也加入了希腊人的行动中，他们来自英国皇家海军，以顾问身份协助希腊义军舰队展开行动。

相对海上的情形，希腊人在陆地上的战况要差了许多，希腊游击队的纪律性远远无法与易卜拉欣的部队相比。配合埃及军团作战的土耳其军队在友军的带领下，变得十分勇猛。于是在埃土联军的猛烈攻击下，属于起义方的希腊（准确地说是伯罗奔尼撒）正在逐步陷落。

经过 4 万土耳其大军 11 个月的围困和数十次血战，西部重镇米索隆（英国诗人拜伦战死之地）于 1826 年 4 月被土耳其军队攻陷。22 日，残存的近万希腊军民奋力突围，但是遭到了土耳其人的残酷屠杀，最后仅 300 人冲出了包围圈。

1827 年 5 月，雅典被土耳其大军攻陷。至同年 6 月底，希腊自科林斯以北地区全数落入土军之手，属于自由希腊的仅剩下伯罗奔尼撒一部分地区及爱琴海上诸岛。形势日渐不利，而且没有任何好转的迹象。为了避免在抵抗后遭到屠杀，起义军减少了一些设防小镇和岛屿，空出人力、物资用于固守几个重要城市和隘口。他们悲哀地发现，自己目前所能做的军事对策仅此而已。易卜拉欣的军团也在背后猛插了一刀，莫顿只是一个开始。

1825 年 2 月，埃及陆军在海军掩护下于伯罗奔尼撒南部登陆，并逐渐向北蚕食自由希腊的领地。受丘陵地带的阻碍，埃及陆军推进的速度并不快，但形势却令人绝望。在希腊人看来，埃及人正在他们背后有步骤地、一个接一个地铲除后方据点。

希腊起义者试图以悲情来呼吁欧洲列强的挽救，情势危急之下甚至希望将自己置身于英国政府的保护下，在伦敦组织一个流亡政府。不过他们的所有努力都如同竹篮打水。同一时期，俄国新沙皇尼古拉斯一世愈发相信目前的五国联盟无法保证本国的利益，这位不满 30 岁、血气方刚的新沙皇并不认同梅特涅规划的国际秩序。总之，不论是为了俄国的利益，还是他本人的宗教信仰，沙皇开始执行更为积极的反土耳其政策。

那个时候，有关埃及人在希腊进行"罪恶事业"的各种传闻正在欧洲土地上广泛传播，诸多谣言极端到有将土耳其人归入冷血动物而非人类的倾向。甚至有一则比较耸人听闻的消息称，易卜拉欣的部队正在有计划地屠杀伯罗奔尼撒当地人，因为杀光当地居民之后就可以从北非移民至此，并就地安置，从而创造一个位于欧洲版图中的伊斯兰国家。这个消息很快就被证明"仅仅只是传闻，根本没有任何事实依据"，很可能是某个绝望中的希腊人为了博取同情而捏造的。不过这个谣言还是引起了一些外交问题，因为在其传开后不久，英国地中海舰队司令亨利·尼尔（Harry Neale）便接到一纸命令，要求他转告（不如说是警告）易卜拉欣本人："如果穆斯林化事业在希腊进行的话，那么他和他所忠于的女王政府，将使用武力来进行阻止。"

⇀ 帕夏的野心 ↼

可以肯定的是，穆罕默德·阿里和他的儿子都富有政治手腕，野心也很大。此外，这对父子（至少是父亲）在外交和权谋上的功力也着实深厚。以在埃及的种种表现来看，阿里相对于奥斯曼苏丹而言，实在算不上一个忠臣。而他想要的是什么，也并不难以理解。基于这个前提，此处对阿里应奥斯曼苏丹邀请征讨希腊起义的行为进行深层次分析：

显而易见，完成对希腊起义者的讨伐，将有助于为阿里争取在奥斯曼帝国内更有利的位置。但是，对于一个极力把掌握的领地从帝国独立出去的人来说，所要求的仅仅是这些？作为一个试图成为民族领袖的民族主义者，阿里自然不会屈就在一个声名狼藉的帝国内，因为这再崇高也不过是位极人臣。可以推断，阿里本人图谋的是埃及的独立和自己的王位。相对于这些桀骜的

262

■ 海德拉岛是一个难以登陆的岛，沿岸石壁陡峭，并且人为修筑了壁垒，只有几处可供船舶停靠的码头，是一个要塞化的岛屿。

希腊人，阿里父子更不喜欢土耳其人。对于希腊方面，父子两人希望的是和平与服从，而不是对这些本无深仇大恨的基督徒进行毫无必要的滥杀。也正是因为这样，以6万之众登陆伯罗奔尼撒南部的埃及军团的动作才会居然如此迟缓。对阿里来说，希腊人还有其他的价值，因为他看到了欧洲对希腊的强烈同情……阿里父子的计划已经非常清晰——协助苏丹击溃希腊的抵抗，然后以一个任人宰割的希腊为筹码，争取欧洲列强的承认甚至是支援，临了在奥斯曼帝国最软肋的位置猛捅一刀，获得埃及的独立和他的王位。

阿里的计划将分为两步进行：首先，在土耳其军队的配合下，消灭希腊的抵抗力量；然后，将希腊南部地区（伯罗奔尼撒半岛，这也是苏丹许诺给他的）置于自己的保护之下，以希腊人自由和生存的保护者的形象出现，并以此争取到欧洲的支持……

如果事态朝这个方向发展，就意味着土耳其苏丹的如意算盘被彻底打翻——他所仰赖的总督会背叛他，借助欧洲的力量将埃及从帝国分割出去，也就是说奥斯曼帝国即将失去的不仅仅是希腊。

而要完成这样的策略，无论是两个步骤中的哪一步，一支强大的海军都是必不可少的基础条件：在剿灭希腊抵抗力量期间，强大的海军可以帮助他的陆军实现这个阶段的目标；来自欧洲的威胁会一直存在，而舰队能够对欧洲列强可能做出的干涉进行反击；在获得希腊南部统治权期间，舰队也能帮助阿里抵抗来自伊斯坦布尔的威胁，成为确保南部希腊乃至埃及独立和生存的关键。

毫无疑问，这个埃及人的构想很精明，同时也极度危险，他无疑是在两面玩火。然而无论如何，计划都已经开始了。现在他要做的第一步是彻底击溃希腊的抵抗，这是开始第二步的前提。

易卜拉欣计划在 1827 年年初夺取海德拉岛，因为希腊起义者的最后一支舰队就停泊在那里，将其消灭就意味着彻底摧毁了希腊的海上力量，截断了希腊和外部世界的联系。由此，希腊革命的生死将掌控在他的手中，也代表着他父亲整个谋划的第一个目标已经实现……

1826 年 8 月 5 日，埃及舰队的 60 艘战舰掩护着 40 艘运输船离开了亚历山大港，驶往纳瓦里诺。当隶属于苏丹的 23 艘奥斯曼战舰抵达后不久，他们便会开始着手准备远征海德拉岛。

↣ 风切变 ↢

1827 年 1 月，易卜拉欣靠着计谋成功取代了库斯劳，成为土耳其征讨希腊的陆海军最高指挥官，达到了他本人事业的顶点。不过这似乎是他在这次战争中遇到的最后一件好事了。

英国政府正受到来自国内和欧洲其他国家舆论的猛烈轰炸。这样的事情在人类历史上还从来没发生过——一个政府为了政治利益而漠视他国人民的自由和生命的行为，会遭到本国民众的激烈质疑和抨击。在国内外各大报纸的咒骂和指责声中，英国的国家政策开始转向，逐渐放弃了中立，开始坚决反对任何势力干预希腊民族革命（不论是来自欧洲还是奥斯曼帝国的干预）。但对英国而言，这种反对本身就是一种"干预"。因为那些希腊人是不会消停的，会一直将革命进行到彻底脱离奥斯曼帝国为止。英国的不干预就是干预，因为它反对别

■ 英国著名政治家乔治·坎宁，曾任外交大臣、管理委员会主席、财政大臣，并在其生命尽头短暂担任过首相。乔治·坎宁之所以闻名，很大程度上是因为在 1809 年，他曾和当时担任殖民地事务大臣的卡斯尔雷展开决斗。

人干预，甚至反对当前对希腊地区拥有主权的奥斯曼帝国的干预！

当然，英国的这种转变也并非完全出于舆论压力。外交大臣坎宁曾表示过：英国的商业和政治利益将会因为希腊问题而得到解决。英国已经于1823年承认了希腊是和奥斯曼帝国交战中的交战国，也就间接承认了希腊是一个主权国家。并由此在尽量不得罪奥斯曼帝国的前提下建立了和希腊的外交关系，希腊曾对此怀有强烈的感激之情。这段时期，英国主要获得了希腊方面的贸易许可，而希腊也保证不会阻止英国商船通过爱琴海。在政治上，忌惮于俄国南下的企图，英国不希望沙皇的手伸向东地中海，因此拒绝沙皇的干涉建议以避免削弱奥斯曼帝国，这样就能有效地将俄国的势力锁在黑海之内，使其不至于蔓延到东地中海。

后人看来，希腊人迟早会得到他们想要的自由，坎宁不需要对方向自己表达感谢，希腊人更没有必要对英国的承认心怀感激。英国这么做纯粹是为了遏制俄国，维持奥斯曼帝国，同时让自己置身战争之外，坐收渔翁之利。英国国内的舆论推了政府一把，从而使其的立场顺势转变——总之不是以民众所希望的那样。不过，希腊人对英国方面给予的各种建议缺乏必要的反应，这使得坎宁越来越不耐烦，也不放心。随着埃及的介入，原本希腊与奥斯曼帝国之间僵持的态势出现了一边倒的迹象，希腊革命也许会被扼杀。过去坐视不管是因为想收渔翁之利，而现在如果继续袖手旁观，可能会导致一个什么都捞不着还留下骂名的下场。

权衡之下，英国政府决定采取行动。因为继续观望会使内阁的支持率不断下降，事态也有可能脱离控制——试想如果沙皇最终失去耐心而决定采取单方面行动，英国将被迫处于何种立场？难道说为了抑制俄国向南进入地中海的企图，就要以武力对抗五国同盟的成员？

外交大臣坎宁建议尽快与沙皇一起采取联合行动，强行调解希腊和土耳其两国之间的争端，如果可能的话，最好把维也纳体系的其他成员也拖下水。对此奥地利和普鲁士明确表示反对，但法国还是同意了此项建议。于是五国同盟中的英、俄、法三国联合展开行动。

1827年7月6日，英、法两国与俄国在伦敦签订三国协约。协约要求希、奥双方立即停火，由三国进行调解，如果希腊或奥斯曼任何一方拒绝停战，三国将联合进行干预，以防止进一步的敌对行为。瞎子都看得出来，这个时候所谓的"任何一方"，只是拉偏架的说辞而已。

协约对于拒绝方是这么做出威胁的：如果土耳其苏丹在 1 个月内不回应的话，三国将各自派遣领事前往希腊，最终承认希腊的独立主权地位。

协约很快被三国驻伊斯坦布尔的大使通报给了苏丹，而希腊则通过盟国在地中海的海军舰队司令通报。英国和法国希望能避免冲突，但俄国却热衷于战争的爆发，并在 6 月就已开始组建一支由德·海登伯爵指挥的舰队。随后，英国舰队司令科德林顿和法国伯爵德·里尼指挥的英法海军联合舰队也加入进来。

联合干涉舰队业已成形。

→| 临战前的外交 |←

联合舰队司令奉命与希腊人沟通，向他们阐述三国协约的意义："以这样的方式做的话，那么这些措施似乎超过了其他。"言下之意就是欧洲已经竭尽全力了。

如果希腊人接受协约，那么舰队司令将考虑以何种方式结束冲突；另一方面，若苏丹拒绝协约，那么舰队司令将把希腊人当作盟友，积极参与对奥斯曼及其属国埃及的敌对行动，并用联合舰队阻止所有土耳其人或者埃及人的军队、船只、军备物资运抵希腊或属于希腊的岛屿。要是希腊人也拒绝停

■ 集结中的三国联合舰队

战协定："联合舰队应尽力在冲突双方没有加入战争之前，维持停战状态。"与此同时，英国政府依旧不断给予坎宁指示："你必须清楚，现在谨慎是很有必要的，我们希望你拖住奥斯曼帝国的海军行动，同时确保不会演变成敌对状态。"坎宁天真地写下了回复："条约的精神对和平起到了干扰，个人建议给予双方一个友好的示威就够了。"他显然没有意识到英国政府仍不希望和奥斯曼帝国发生实质性的武装冲突，英国需要的只是一支强大到足够毁灭双方的舰队，以彰显自己的存在，然后旁观一切。当然，外交大臣是怎么想的并不重要，舰队司令理解就可以了。但愿他能理解……

俄国人非常直接，沙皇明白无误的命令使他们半年多以来一直在备战。而在读了英国政府这些含糊不清又相互矛盾的指令后，科德林顿和德·里尼认为战争已经不可避免，而伦敦签订的条约迟早会导致希腊独立。按照指示，他们前往纳夫普利亚向希腊人提交了由英国政府牵头起草的条约，试图说服他们放弃争斗，并准备与政府会谈。正处于山穷水尽之地的希腊临时政府接受了，欣喜若狂地接受了。

老水手科德林顿

对于科德林顿而言，最值得他骄傲的就是自己的服役纪录。

他在皇家海军的服役生涯可以追溯到1794年，当时他光荣地担任了战列舰"豪"号（HMS Howe）的中尉。1805年，由他指挥的战列舰"猎户座"号（HMS Orion）在特拉法尔加作为先锋投入战斗。之前在纳尔逊的指挥下，他曾参加了许多较小的行动。

在历史学家伍德豪斯（C.M.Woodhouse）笔下，科德林顿是名"好战的水手，但是缺乏全面的外交手段。在作战中表现出可怕的好斗性，同时也有着仁慈这一无可责备的私人性格特点"。

也就是说，他是个能干却不够聪明的好人。于是，他注定不会有好下场。

■ 科德林顿

然而，与奥斯曼帝国方面的接触并不顺利，经过多次尝试，盟国大使在伊斯坦布尔的会晤中所做的努力仍未取得成功。土耳其苏丹对于英、俄、法的干涉行为极其愤怒，不予承认，更明确地拒绝了所谓的停火调节。以奥斯曼帝国的立场而言，发生在希腊的一切，实质上就是叛乱行为，如果屈从压力而和叛乱者进行商谈，就等于间接承认了希腊对等的政治地位，也意味着认可了它的独立。对此，马哈茂德二世以当着盟国特使的面将条约掷回作为回应，令双方不欢而散。就在苏丹一怒之下轰走盟国大使的次日，希腊人接受停战的消息传来，盟国伊斯坦布尔的外交人员依照惯例向苏丹通报，其真正意图是借此再争取一次，然而马哈茂德二世依然严词拒绝。

尽管希腊方面宣布接受调解，但是不希望看到五国同盟出面干涉的奥地利和普鲁士还在暗中怂恿希腊继续抵抗，并偷偷送来部分军火。出兵"维和"的俄国貌似持中立态度，本质上却极度希望战争爆发。而奥斯曼的苏丹回应得更为激烈，声称宁愿屠杀掉所有的希腊人也绝不让步。从历史角度来看，盟国大使意识到这个土耳其人所言并非空洞的恐吓，无奈之下，他致信舰队

■ "唯独缺少大海这根筋"
的法国舰队司令德·里尼。

司令要求开始"实行停战"。

此时英法舰队正在一起行动，而俄国舰队在司令海登伯爵的率领下于爱琴海上单独执行巡航任务。当接到大使的命令后，科德林顿和德·里尼立即对"实行停战"的指示提出了很多疑问。在他们看来，想要解决这个停战问题，首先取决于希腊方面控制了哪些地方，土耳其方面又控制了哪些地方。按照一般看法，希腊的控制领土从沃洛湾（Volo）到阿斯普罗波塔莫斯河（Aspropotamos）河口一线，包含希腊东部的埃维厄岛（Euboea）、萨拉米斯岛（Salamis）、爱琴娜岛（Aegina）、波罗斯岛（Poros）、海德拉岛、斯巴季亚海湾（Spezzia），以及其他依傍大陆的小群岛。摆在三国舰队面前的是一件尴尬的处境——他们根本没有陆上部队用以控制长达300公里的海岸线，从而执行所谓的"停战"政策。所以当盟国无法在陆地上实行停战后，就只有通过海上军事手段来对抗和抵消土耳其人在陆地上的优势。于是，他们在海上允许希腊拥有充分的通航自由，仅对土耳其方面实行强制性的"停战"。

⤙ 舰队抵达 ⤚

科德林顿爵士和他麾下的12艘船在9月2日抵达纳瓦里诺，由于对比易卜拉欣的舰队他们处于绝对劣势，所以这些英国人没有半点儿战前的那种兴奋，相反个个头皮发麻。9月19日，科德林顿的兵力已全数就位，而德·里尼的舰队大约还要1个星期才能抵达。此时科德林顿底气略足，于是他派遣特使前去警告对方的指挥官，建议他们不要对他的舰队有任何敌对行动。

易卜拉欣并不愿意轻易就范，2天后依旧按照预定计划命令舰队朝海湾南面的出海口运动，准备攻击海德拉岛。尽管数量上不具备任何优势，科德林顿还是下令联合舰队进行拦截。所幸德·里尼的舰队竟及时赶到。埃及舰队被突然出现在出海口的俄国舰队杀个猝不及防，谨慎的易卜拉欣随即下令召回舰队。于是在短暂的紧张对峙之后，埃及舰队未有任何动作就撤回去了。

9月25日，从伊斯坦布尔传来同奥斯曼苏丹最后交涉失败的消息，科德林顿和德·里尼上岸将此通告给了易卜拉欣，同时将己方授命封锁海湾的情况告知。易卜拉欣对此当然相当不满，因为这个所谓的"停战"看来只适用于他，而希腊人在海上完全不受约束。更令他不悦的是，他试图通过海上救援被包围的帕特拉斯要塞（Patras）的要求，也被联合舰队方面驳回了。

易卜拉欣感觉自己仿佛被软禁了，这对他而言非常不痛快，特别是被一支实力逊于自己的舰队围困在海湾内。10月初，易卜拉欣有了再次出港进攻帕特拉斯的计划，但是科德林顿的及时行动，加上突然而至的暴风雨使他的舰队又一次被迫折回。

盟国指挥官们也明白，继续封锁纳瓦里诺也只能暂时围困住土耳其舰队，因为天气的原因，封锁将无法维持到冬天。此外，封锁舰队的行动根本无法阻止易卜拉欣的军队在伯罗奔尼撒半岛继续肆虐。

双方的耐心随着时光的流逝逐渐消耗殆尽，至10月中旬，彼此都认为战斗即将到来了。来自伊斯坦布尔的消息传到了联合舰队3位指挥官的耳中，穆罕默德·阿里请求土耳其苏丹让步以避免冲突的建议被驳回，这令他们预感到，同港湾中这支舰队的战斗已经迫在眉睫。

10月19日，一个令联合舰队紧张的日子。通过埃及舰队方面的眼线，易卜拉欣的新命令被透露出来："值此欧洲人入侵的时刻，相信真主吧，我们努力做出的必要部署将会击败他们的进攻。"这就是说，易卜拉欣计划打击的对象已经不局限于希腊人。科德林顿、德·海登和德·里尼面临着一个两难的局面：要么放弃伦敦协定的目标；要么靠近纳瓦里诺港口边上停泊的奥斯曼帝国舰队——即开入海湾之内，并以这一明确的军事威胁重新向易卜拉欣谈判，迫使他做出实质性的让步。

虽然这3位海军军官一致同意采取后一种行动，不过每个人的目的各不相同：

科德林顿是想以武力阻止易卜拉欣对希腊的野蛮摧残；德·海登认为进入海湾的行动将迫使易卜拉欣把军队集中到纳瓦里诺，防止希腊海岸有可能出现新的冲突；德·里尼则想向易卜拉欣示威，迫使他的舰队解散，并返回伊斯坦布尔和亚历山大港。

双方谁都没有料到的是，希腊舰队此时也在策划进入纳瓦里诺湾。

对于三国的舰队来说，俄国舰队的条件最好。荷兰人海登伯爵最初在英国皇家海军中服役，到了 1810 年以后应俄国海军的邀请加入了俄国国籍。海登舰队由 4 艘战列舰①和 3 艘三桅快速帆船（Frigate）构成，这些舰艇不仅新，而且士兵素质也很好。海登和科德林顿一样，都是好勇斗狠的战斗指挥官（fighting captain），他们彼此在结识的瞬间就找到了一种英雄相惜的感觉。法国舰队由 3 艘战列舰和 4 艘三桅快速帆船组成。其中的快速帆船倒还不错，然而战列舰却不但老旧，装备也很差。以至于德·里尼把快速帆船"海妖"号（sirene）作为旗舰，而不是选择 1 艘战列舰。德·里尼有 5 年在地中海服役的履历，是一名有手段且政治敏锐性出色的指挥官。但是有得必有失，相对的，此人的海上经验和舰队指挥能力非常差劲。科德林顿一直都不怎么看得起德·里尼，曾直言不讳地说道："他骨子里什么都有，唯独没有大海这根筋。"

英国投入联合舰队的舰船是科德林顿的旗舰，1 艘 84 门炮的"亚洲号"，2 艘 74 门炮舰分别为"热那亚"号和"阿尔比翁"号。主力舰外的辅助舰是 4 艘快速帆船，此外还有 4 艘轻武装快舰和 15 艘单桅帆船。至于这些船的状态嘛，用科德林顿自己的话来说就是：若不是英国皇家海军建造船只的质量较高，这些舰船早就已经被淘汰了！当然，这些船并没有被淘汰，事实上直到战争结束后仍继续服役了 12 年之久。

三国联合舰队共计拥有 10 艘战列舰、11 艘快速帆船和 17 艘轻武装快舰。他们的对手实力如下：奥斯曼帝国舰队由埃及舰队、土耳其舰队和突尼斯舰队三部分构成，合计拥有 3 艘装备 74 门炮的战列舰、20 艘快速帆船、32 艘轻武装快舰、7 艘双桅帆船，以及 5 艘火攻船。相比船只数量和火炮门数而言，易卜拉欣的力量远远优于联军，而且他的舰队是由一群法国海军军官统帅的，他们的指挥官莱特利尔（Letellier）由易卜拉欣的父亲穆罕默德·阿里高薪聘请而来。这个法国人并非徒有虚名，至少他很清楚自己该做什么。10 月 2 日，莱特利尔开始准备进行舰队防御编组，这耗费了大约 2 周时间，直到 15 日才完成。

莱特利尔部署结成的防御编队大致是一个新月造型，外有斯法柯特里亚

---

① 这一舰种由英荷战争中海军战术的改变而明确。当时海战方式为，交战双方的舰队各自排成单列纵队的战列线，进行同向异舷或异向同舷的舷侧方向火炮对射。凡是规模够大，可以参加此种战斗的舰船均被称作战列舰（Ships of the Line）。

岛和其他小岛作为屏障，内则直接靠着海岸。最前列由战列舰和较强的快速帆船构成，彼此间距约2链；第二列涵盖了第一列未配属的快速帆船和较强的轻武装快舰；第三列则由余下的轻武装快舰组成。在新月形的尾部，也就是两翼，布置了数艘火攻船，其中2艘在"新纳瓦林"号的边上，紧挨着皮洛士镇的外港，另3艘在斯法柯特里亚海岸炮台下。

左翼由易卜拉欣的亲戚穆哈雷姆·贝伊（Moharrem Bey）指挥，他把指挥旗升在了有60门炮的快速帆船"武士"号上。从他们所在的地方到岛的前线，这一列由64门炮的快速帆船"伊塞尼娅"（Ihsania）号和54门炮的"索里亚"（Souria）号构成。"索里亚"号后面是装备44门炮的快速帆船，再后面一点儿就是"武士"号。"武士"号北边远处是1艘由帕特罗纳（Patrona）指挥的74门炮战列舰，然后是装备60门炮的快速帆船"狮"号。而靠近岛的一列由3艘船构成：1艘装备50门炮的快速帆船，1艘装备74门炮的战列舰和另外1艘最高级的快速帆船，整列编队头朝着海岸这边。

面对着海湾入口的右翼，由土耳其海军指挥官塔希尔负责，比左翼的实力稍弱。由于风向一般朝右，这使莱特尔决定冒险一搏，利用风向把主攻定在了右边，而不是左边。在斯法柯特里亚岛边上有2艘56门炮的快速帆船、

■ 科德林顿的旗舰，装备84门炮的战列舰"亚细亚"号（左）和装备74门炮的战列舰"阿尔比翁"号。

2 艘突尼斯快速帆船、2 艘以上的 56 门炮土耳其快速帆船,接着又是 1 艘突尼斯快速帆船,随后是升有塔希尔旗帜的 60 门炮快速帆船,以及 2 艘 56 门炮的土耳其快速帆船。13 艘双桅船和单桅小帆船形成一列部署在小岛的后方,以保护港口的运输船队。

在易卜拉欣看来,按照目前的态势,即使被迫同三国联合舰队决战,形势也会对己方非常有利。然而一件始料未及的事情打乱了他的阵脚。10 月 17 日,德·里尼成功地劝说了莱特利尔从奥斯曼帝国舰队中离去,为此还专门替他借了一艘中立的奥地利船只作为交通工具。这一突发事件严重打击了处于临战状态的奥斯曼帝国舰队,因为没有了原本部属得当、调遣有方的法国指挥官,奥斯曼帝国舰队便丧失了统一指挥的能力。此时摆在他们面前的只有两个选择:要么撤回伊斯坦布尔和亚历山大港,要么在毫无底气的情况下背水一战。一方面,撤退是不可能的,对于一个奥斯曼帝国军官而言,如果没有上级或者苏丹下达的撤退命令,擅自率领部队返回,下场就是脑袋搬家,除非上头有一个强大到足以影响苏丹决定的人保护着他。另一方面,易卜拉欣明显不希望和这些欧洲干涉军交火,他更不是一个在绝境中有着以身涉险精神的人,况且上头还有人罩着。所以,他溜号了。或者用他的话来说,这不能算作溜号,只不过是去莫登待几天而已。对易卜拉欣来说,这似乎是一种解脱,对于奥斯曼舰队中的水兵和军官而言,这显然就是灾难。易卜拉欣的离开,意味着撤退命令永远也不会由上级下达了。于是,所有的奥斯曼军舰只能选择留在原地,等待三国联合舰队的主动到来。

科德林顿知道他赢定了。对方的舰队指挥官弃职而去,主帅又溜之大吉,他只要考虑好如何侵入港湾便足矣。更确切地说,只要盟国决心使用武力来迫使奥斯曼舰队就范,那么部署在纳瓦里诺的奥斯曼帝国舰队只能在 10 月 18 日迎战,盟国舰队"关门打狗"的态势将使他们甚至没有逃跑的选择。然而科德林顿此时尚未料到,被迫待在原地的奥斯曼军官们会因为宿命论和某种残存于心中的荣誉感,决计与这些不可能战胜的对手殊死一战,让这群本来必胜无疑的西欧人领教一下什么叫"鱼死网破"。

10 月 19 日晚,科德林顿向舰队发出了进攻的命令:法国舰队将在次日率先进入港湾,然后停泊在西南边抢占航道并与敌人正面相对。英国舰队的 3

■ 燃烧中的埃及战舰，穆罕默德·阿里花费10年时间聘请欧洲教官训练和建造的舰队即将化为乌有。

艘战列舰将驶往更远处对阵敌人重型舰只。俄国舰队负责殿后，最后一个突入海湾，部署在西边。英国、法国和俄国的快速帆船分别为各自担任主攻的战列舰提供支援。至于土耳其的火攻船，将由英国的快速帆船和双桅帆船来对付。联军舰队进入海湾之后会停泊在指定的地方，等待开炮命令，如果遭到敌人的攻击，则可以马上还击。在当天下达的正式书面命令中还包括这样一句话："假如因为某些战斗引发了随之而来的混乱，必须谨慎观察后再下判断，记住纳尔逊的话，'任何舰长，一旦将他的舰队与敌舰紧紧靠近的时候，都不会犯下太大的错误（No Captain can do very wrong if he places his ship alongside that of the enemy）。'"尽管滑铁卢战役已经结束 12 年了，这道命令还是引起了一些法国军官的不满。并不是因为命令本身有什么问题，而是因为英国人引述了纳尔逊的话。法国人宣称纳尔逊的那句话是引用自法国人的，不过很显然，法国人在特拉法尔加海战爆发的时候并没有这样做。反倒是在那场海战发生之后，这句名言被引用过多次并就此传开了。

↠ 大打出手 ↞

10 月 20 日 8 时，海面上刮起大风，风力使海湾之外涌起了大浪。几艘较小的船只感到行动困难。不得已，联军舰队以演习为策略来拖延时间，并希望借此麻痹奥斯曼舰队。

整个上午大风吹个不停，直到接近中午的时候，风力才开始减弱。11 时，召唤水兵进入战斗岗位的号令响起了，被推迟数个小时的行动终于展开。

13 时整，科德林顿下令悬挂出示意行动开始的旗号，英国舰队排出了前进队列。

大约 14 时，"阿尔比翁"号、"热那亚"号、"亚洲"号，以及装备 44 门炮的"达特茅斯"号在海岸炮台的掩护下，平安进入纳瓦里诺湾内。紧接着是法国舰队的"海妖"号（德·里尼的旗舰）、"三叉戟"号、"西皮翁"号、"布雷斯劳"号和"普罗旺斯"号。后面跟着的快速帆船是"魔术师"号和"阿尔米达"号。背风跟着法国舰队的是俄国的"亚速"号（海登的旗舰）、"甘古特"号、"叶泽基尔"号、"亚历山大·涅夫斯基"号和一些俄国快速帆船。

联军舰队的行动引起了对方的警觉，1 艘靠近穆哈雷姆·贝伊这边的小船小心翼翼地靠近窥探。由于没有发现可疑情况，而且想要在奥斯曼舰队眼皮子底下不被察觉地行动简直就是痴人说梦，所以科德林顿下令只要对方不做出攻击性的举动就不要去理会，舰队行动照旧。

14:10，第 1 艘军舰就位，"亚洲"号成功地在没有任何抵抗的情况下，停泊在了穆哈雷姆·贝伊的旗舰"武士"号旁边，附近还有 2 艘土耳其军舰。"热那亚"号和"阿尔比翁"号从"亚洲"号的北边穿过，然后在距离敌舰还有一段距离时下锚停泊。"达特茅斯"号等舰艇的任务则是对阵土耳其的火攻船，

■ 14时，列队突入纳瓦里诺湾的联合舰队。岸上的土耳其人在静静观看，天晓得他们怀着怎样的心情。

它们的下锚点在港湾东南角落敌人舰队的尾端附近。

科德林顿认为没有理由马上对奥斯曼舰队做出武力挑衅的姿态，因为以任何标准来看，这样大刺刺地驶入纳瓦里诺湾，都已是一个不折不扣的具有高度挑衅意味的行动了。他所希望的是尽可能让对方平静，直到他的舰队进入攻击位置。迄今为止，土耳其人还没有表现出敌对态度。联军这边，与早已摩拳擦掌的法国人和俄国人不同，科德林顿依然不希望战斗爆发，尽管在他的命令下，三国联合舰队已经做出了等于将枪顶在别人脑门上的挑衅行为。行动和手段、目的和效果之间并没有那么紧密地契合在一起，甚至"亚洲"号都没能及时清洁火炮甲板，任凭绳索都集中堆在了舰尾。

海湾中的这些人并不打算坐以待毙，等着科德林顿宰割。易卜拉欣离去后，穆哈雷姆·贝伊已经成为整个舰队实际上的指挥官。他迅速派遣信使上岸，在位于皮洛士的要塞顶上升起了一面红旗。与此同时，土耳其人特有的代表"攻击"含义的信号弹也被点燃。

战斗开始了。尽管史学界对于发生在纳瓦里诺的战斗是如何开始的一直争议不断，版本各有不同，但其中这个解释似乎是其中最合情合理的：在英国和法国舰队开始驶入海湾，俄国舰队尚未进入的那会儿，巡洋舰"达特茅斯"号看到了1艘小船朝着奥斯曼舰队的火攻船驶去，船上的水手正在清理甲板，为随时可能开始的战斗做准备。而土耳其人的火攻船显然已经做好了战斗准备，甲板上面堆满了木柴、麻布、焦油、帆布等易燃物。显然，在联军舰队尚在就位部署的当口，火攻船构成了真正的威胁。"达特茅斯"号主动派出1名中尉军使前去警告火攻船，希望他们撤离和疏散船员。但就在小船靠近火攻船时，土耳其人开枪了，造成了几名联军船员伤亡。在枪声大作的同时，火攻船被土耳其人点燃，然后径直朝着联军的阵位驶去。枪声引起了一连串的反应，附近的埃及轻武装快舰纷纷向"达特茅斯"号和正在下锚的"海妖"号开火。大约在14：20，战斗升级到全体舰队参与的规模。

土耳其人的观点是，"达特茅斯"号派出船只，这一举动是想攻占火攻船，而他们则是理直气壮地自卫。可以肯定的是，这一事故并不是穆哈雷姆·贝伊或塔希尔的计划，所以在突如其来的摩擦之后，双方小船上的成员返回了各自的船上，战斗规模开始升级。

在 15 时之前，战斗一直在零零散散的冷枪冷炮中持续。15 时之后，真正的血腥战斗开始了，双方甚至都没进行精密的军事调动和战术演算。依照奥斯曼舰队的前提督莱特利尔的计划，数量占优势的土耳其舰队布置成一个设定好的阵型，然后下锚固定船位。这样的部署能保障毫无间隙的防御和严密的交叉火力，但是缺点也很明显。因为船与船之间仍旧会有盲区，而且奥斯曼舰队的舰艇普遍偏小，如果联合舰队选择在合适的位置部署他们的战列舰，则能依靠优势火力一点点瓦解对方的整个防御体系。而科德林顿下的命令恰恰就是针对奥斯曼舰队的这个弱点的："在敌人动弹不得后，各舰下锚停在指定的地点，尽量逼近他们进行炮击。"战斗的主要内容是猛烈轰击第一列少数几艘关键位置上的土耳其舰艇，在将其瓦解之后转攻第二列中的特定船只，由于大部分联军舰船配备的是双管近距臼炮，使用 32 磅的葡萄弹或者霰弹，因此奥斯曼舰队受到了重大伤亡。用 1 名英国水兵的话来说，当天的命令就是"开火""下沉""摧毁"。由于联军正确的对应措施，法国提督的新月形防御阵并未发挥实际效用，只有尺寸较小且没有下锚固定的船只，利用机动和灵活的优势发挥了一些作用。

战斗主要由一系列的单舰对抗组成。在"达特茅斯"号和土耳其船只接战之后，埃及的"伊塞尼娅"号拔锚调转船位，试图对"海妖"号展开攻击。它一度抵近"海妖"号，表露出了进行接舷战的企图，但是在联军的集中炮击下，"伊塞尼娅"号于 16 时开始起火燃烧，最后被彻底毁坏。

"海妖"号躲过一劫，但是和"伊塞尼娅"号的近距离交火给它造成了惨重的人员伤亡。由于联军兵力有限，"海妖"号依然必须进攻纳瓦里诺的旧炮台，同时支援"西皮翁"号和"三叉戟"号。

纳瓦里诺只是一个海湾，在战斗逐渐升级的过程中，双方发射的大量硝烟在空气中弥漫开来，低劣的能见度使双方时不时发生误击。联军这边，作战任务最重的是刚经历炮火，从战斗中出来的"亚洲"号。当"达特茅斯"号与土耳其火攻船的交火开始后，"亚洲"号停泊到埃及船长塔希尔指挥的 60 门炮快速帆船和穆哈雷姆·贝伊的"武士"号附近。塔希尔毫不迟疑地朝"亚洲"号开火，穆哈雷姆却派了名军官告诉塔希尔他不打算开火。犹豫不决的塔希尔停止了射击，而"亚洲"号抓住这一时机，迅速转移到 1 艘已经被埃及人遗弃的军舰后面，躲开了塔希尔船的火力，然后全力轰击"武士"号。就像之前"达特茅斯"号和那些火攻船交战时的情景一样，经过英国战列舰异常猛烈的炮火洗礼，"武士"号带着熊熊火焰驶往岸边搁浅，直到燃烧成一堆焦炭。

尽管战绩彪炳，但是"亚洲"号也遭到了土耳其舰队第二列和第三列中那些较小船只的集中射击，给这艘英国军舰造成了严重的人员伤亡和船体损坏。科德林顿身穿海军上将制服、身材高大，因此格外引人注目，颇受埃及狙击手的"照顾"。不过他的运气比以前的上司纳尔逊要好，虽然数次被打伤，但多半只是擦伤，无一伤及要害。

"热那亚"号是继"亚洲"号后遭到围攻的联军战舰，围攻这艘英国舰艇的奥斯曼军舰中至少有1艘60门炮巡洋舰和另外2艘较小的船。战斗中，"热那亚"号战死26人，其中也包括舰长，船上伤者超过50人，这是联军目前为止最高的单舰伤亡人数。

■ 纳瓦里诺一景。左起分别为：俄国"亚速"号（海登的旗舰）、安装了76门炮的法国战列舰"布雷斯劳"号。

这里不能不提一下"布雷斯劳"号。在进入纳瓦里诺湾的顺序中,"布雷斯劳"是第4艘,他的指挥官是德·拉·布列顿尼埃(De la Bretonnier)。在看到"西皮翁"号和"三叉戟"号对"海妖"号进行支援后,德·拉·布列顿尼埃做出了与1797年圣文森特海战时纳尔逊一样的进攻。他主动让船驶进港湾中心,超过了所有英国舰只的船位,把自己置于奥斯曼舰队新月阵型的最前端。毫无疑问,所有这一区域的奥斯曼军舰都注意到了这艘大胆的法国船,并用密集的弹幕回敬"布雷斯劳"号的勇敢。

激战过后,"布雷斯劳"号、"阿尔比翁"号和"亚速"号合力摧毁了奥斯曼帝国的1艘安装74门炮的战列舰以及4艘巡洋舰。

在"布雷斯劳"号展现自身的勇气的同时,"阿尔比翁"号比其他英国舰只更深入到海湾内部,此时该舰正与1艘奥斯曼快速帆船缠斗。2艘船从500码的距离外开始射击,越打越近,最后抵近至100码展开对轰。这时奥斯曼的巡洋舰不敌,开始起火燃烧。"阿尔比翁"号上的船员还饶有兴致地跳帮肉搏,与残存的奥斯曼水兵进行肉搏。他们最后撤离时砍断了风帆绳索,让这艘破船在燃烧中随波漂流。1艘土耳其战列舰赶过来朝"阿尔比翁"号猛烈开火,但它笨拙地撞上了那艘漂流的废船。趁着土耳其人慌乱脱离之际,"布雷斯劳"号冲了过来。之后的战斗已经没有悬念,土耳其战列舰也被废船上的大火波及,尽管在战斗中偶尔还能从那艘不幸的战列舰上传来炮声,但该舰最终还是被"布雷斯劳"号和"阿尔比翁"号联手摧毁。

俄国舰队位于联合舰队的末尾,最后开入纳瓦里诺湾内,所以也是最后投入战斗的。

德·海登伯爵在战后描述当时的情形时颇为自豪:"我们虽然是最迟进攻的,但也一直打到最后的。俄国舰队当时成军并不算久,这支新兴的海上力量在投入实战之前经过了最严格的训练。"当舰队依照海登的命令锚泊到指定的下锚点时,其停泊位置在阵形的顶端,如果不是勇敢的"布雷斯劳"号一味向前冲的话,那么海登伯爵的旗舰就将是联合舰队中最贴近奥斯曼舰队的一艘。在海登的右侧,有法舰"布雷斯劳"号支援,左侧则是"甘古特"号战列舰。而在这3艘船的周围,是10余艘来自突尼斯的军舰,它们的交战是迫不得已的,水兵们以极度不情愿的情绪加入了接下来的厮杀。

■ 描绘纳瓦里诺湾之战全景的画面。1827年发生在纳瓦里诺湾的战斗是自特拉法尔加之战后最大规模的海战，也是最后一场纯粹的帆船之间的较量。

■ 一艘被彻底击毁的埃及军舰，这是"阿尔比翁"号的战果。

在战斗过程中，俄国人发挥了他们的勇气。交战的结果是"亚速"号死亡24 人、受伤 67 人，总伤亡人数是联军舰队里最严重的。不过"亚速"号取得了不俗的战绩，总共击沉 2 艘三桅炮舰、1 艘轻巡航舰，并摧毁了塔希尔的旗舰，迫使其抢滩搁浅。俄国舰队虽然勇猛可嘉，总体战绩不俗，但由于缺少实战经验和技巧，以至于伤亡不小。

当天还有一些战斗是颇值一叙的。

双方正在纳瓦里诺湾中部打得热火朝天的时候，英国三桅帆船"威尔士"号、"格拉斯哥"号、"塔尔伯特"号，以及法国三桅帆船"阿尔米达"号被派往离联军舰队主力最远的海湾西南角，紧邻俄国护卫舰。舰队下达的任务是进攻纳瓦里诺湾西侧，从斯法柯特里亚岛击溃奥斯曼舰队的侧翼。"阿尔米达"号、"塔尔伯特号"与土耳其舰队右翼交手，双方纠缠在一块儿，以至于斯法柯特里亚岛上的岸炮也无法为土耳其人提供支援。双方难分胜负地交战，一直持续到 "威尔士"号和"格拉斯哥"号以及其他俄国舰艇加入。

在三桅帆船"达特茅斯"号的保护下，英国轻巡洋舰和单桅帆船全力对付土耳其的火攻船。虽然"西皮翁"号在早些时候的战斗中冒着被摧毁的危险接近了火攻船，但是用大型舰只去扫荡这些东西显然是不合适的。后来的事实证明，用小型船只来执行这个任务反而比较好。1 艘安装 6 门炮的单桅快速帆船"汉德"（Hynd）号占据了"亚洲"号旁边的阵位，对土耳其"武士"号进行猛烈攻击，从而为自己赢得了"皇家快速帆船"的头衔……

⇥ 曲终 ⇤

烟尘开始消退，朦胧中，对联军具有决定性意义的压倒性胜利已经举目可见。

纳瓦里诺湾到处是破败的船体和燃烧的残骸。奥斯曼帝国的舰队总计有60 艘舰船被摧毁，至少 6000 人战死，约 4000 人受伤。无论事后这些水兵得到了怎样的评价，也无论奥斯曼帝国在未来的 100 年内将如何一步步走向没落，至少在纳瓦里诺，没有 1 艘悬挂奥斯曼舰队军旗的船只向敌人投降。

然而勇敢和绝望不能挽回失败，尽管联军有许多船只遭到了破坏甚至重创，但终究没有1艘沉没。"三叉戟"号安然无恙，但是其他法国舰艇都伤痕累累，在次日清晨驶上了返航的旅程。同样，大部分英国船只也必须回航进行修缮。联军在人员方面付出的代价如下：英国75人死亡、197人受伤；法国40人死亡、141人受伤；俄国59人死亡、137人受伤。

科德林顿在给妻子的信中准确地写下了战局："好啦，亲爱的！土耳其人与我们交战，他们打得很卖力。不过我们还是消灭了他们的舰队，这让我们付出了很大的代价。"

虽然奥斯曼帝国在希腊的舰队实际上已经溃败，但是在10月20日的整个晚上，三国联合舰队的船员们仍旧留在战斗岗位上小心翼翼地监视着海面。所幸，他们面临的唯一危险是不断朝港口方向漂来的燃烧的船体残骸。

翌日，作为奥斯曼舰队最高长官的塔希尔知会科德林顿，少数残存的土耳其舰船不会再有任何敌对行动。塔希尔同时警告科德林顿，他不能保证陆上的炮台也会如此安分，因为易卜拉欣发出的停战命令仍然不适用于陆地上。

科德林顿别无他法，在人员已经遭受较大损失的情况下，他无意出动陆战队去攻取斯法柯特里亚岛上的炮台。如果攻击失败，那么来之不易的胜利也许会丢掉。他对20日的战果已经非常满意，并过于天真地认为奥斯曼苏丹会顺从地接受这一结果。

10月25日，联军的3支舰队在完成扫尾工作之后，驶离纳瓦里诺湾，随后分道扬镳。史称"纳瓦里诺之战"的海上战役，就此画下句号。

纳瓦里诺湾的惨重损失，使奥斯曼帝国失去了在希腊独立战争中的制海权，但其在陆地上的战斗并未受阻。不过，当法国远征军在次年登陆伯罗奔尼撒以后，留给易卜拉欣的就只有从希腊撤离这一条路。12月，劫后余生的埃及人收拢了残余的舰只，撤离了这个令他们伤心的海湾。

尽管从战术方面来说，纳瓦里诺是一场值得歌颂的大胜利。然而从政治角度出发，这件事从一开始似乎就不应该发生。奥斯曼帝国的舰队，不论是来自土耳其舰队、埃及舰队，还是突尼斯的军舰，谁都没真心打算与从欧洲来的人进行战斗。同样，英国人也没有对胜利加以利用，因为这完全违背了他们的本意。坎宁此时已经去世，他的继任者——保守党的威灵顿公爵说服国王乔治四世向奥斯曼帝国赔礼道歉，并向苏丹表示道："和传统盟友（奥斯曼帝国）在海上发生了冲突，我对此感到遗憾。"俄国则对奥斯曼帝国宣战，声称将根据《伦敦协定》使用武力调解奥斯曼帝国干涉希腊革命的问题。这一立场获得了法国和普鲁士的认同，但遭到了奥地利和英国的一致反对。很快，俄、土两国缔结了《亚得里亚堡条约》，战争结束。希腊的未来不会再由战争决定，而是注定要在伦敦的谈判桌上，由三国商讨议定。1830年，英、法、俄三国制定了关于成立希腊王国的条约。纳瓦里诺海战产生的结果之一，就是希腊能够以一个新的民族国家的姿态出现在欧洲的政治版图上……

对于纳瓦里诺，已经贵为奥地利首相的梅特涅有着简单而精准的评价——可怕的灾难。对于他一手塑造的梅特涅体系而言，这是一场不折不扣的灾难。

应该说，希腊革命的成功，是源于1815年所倡导的"神圣同盟"原则。然而就像上文所叙述的那样，希腊革命本身带有双重性，它既是反对君主制的民族主义革命，又是基督教徒争取信仰自由的斗争。这就好似一个烫手的山芋，炙烤着"神圣同盟"中既维持君主制又维护基督教信仰的核心逻辑。

希腊革命对整个欧洲产生了巨大的影响，希腊人的努力会在1830年得到回报，他们终将取得胜利。然而，被缺乏政治头脑的海军指挥官，以及受浪漫

■ 激战中的纳瓦里诺湾。

主义鼓动的民众合力逼迫的英国政府，显然对这样的结果不满意。俄国也很快意识到了"神圣同盟"的尴尬，而解决办法就是使希腊成为一个王国……

不经意间，传统的国际体系已经被打破了，其方式居然是如此的讽刺——成立五国联盟是为了对某个国家的内部事务进行有效的干涉，使其不至于发展成革命运动。然而现在，这个联盟中的3位成员，居然跳出了梅特涅体系，对因自由民族主义引发的希腊问题进行干预，并一手促成了革命最后的成功。

梅特涅体系渐趋终结，尽管仍需一段时日，但是维也纳体系破裂的声音正响彻欧洲！因为这一点，1827年10月20日发生在纳瓦里诺海湾里的这场突如其来的战斗将会永载史册！

其实纳瓦里诺海战被载入史册，原因并不只局限于政治上。后世的人们在修订海战史的时候，发现发生在纳瓦里诺的这一幕，实际上是木制帆船时代的最后一次大规模海战。舰队指挥官科德林顿和当年在特拉法加海战中的英雄纳尔逊，以及著名的豪上将在"六月的光荣"中所造就的伟业，从本质上来说并没有什么不同。甚至，投入战场的某些船都是一样的。其战斗的方式，也与40年前的"七年战争"如出一辙。相同之处甚至体现在火炮上，从17世纪至19世纪中期，舰炮就没有发生过实质性的改变。尽管爆破弹（explosive shell）在18世纪初已经广为人知，并于1788年在俄国与土耳其海战中首次使用，但是直到纳瓦里诺海战，海军使用的舰炮仍是铸铁、滑膛、以及固定弹球式炮口装填的模式。然而这一切终将改变，自从纳瓦里诺以后，风帆的时代将逐渐远去，一个属于机械和钢铁的时代就要来临……

一些东西可以改变，而另一些恐怕还要过很久。

自拿破仑战争以后，每当英国海军部发出新的战斗指示时，海军批评家都会发出嘘声："从海军的每一个指示中，都能看到皇家海军僵硬而陈旧的战术……我们很难想象用这般延续百年的套路，能指望出现什么超越纳尔逊、豪以及罗德尼时期的英雄。"海上战斗以线性的方式展开，两支布置成直线的舰队平行运动，然后彼此对射。尽管所有的经验都表明，这种战术不大可能产生一个决定性的胜利，而更多会将战斗导向以消耗战收场的结局。除开纳瓦里诺海战是个静态战斗外，直到100年之后的第一次世界大战，皇家海军再没有打过一场大型舰队规模的战斗。更新官方战术的事宜被一再推迟，直到百年后才有所变化。

对于纳瓦里诺，法国人感到欣慰。

滑铁卢战役后相隔不到12年，居然就在纳瓦里诺海战中看到英、法两国再次一起战斗的景象。最初组建联合舰队的时候，对于这两个曾经交战20余年的国家能否进行有效协调，两国的军官都表示了怀疑。然而法国舰队在纳瓦里诺海战

■ 凭借着古代希腊人的遗产，今日希腊化的斯拉夫人获得了独立山冈上的雅典卫城经过3000年的风雨侵蚀依旧屹立不倒，并将永远存在下去。

中出色的表现，居然使法国海军的声望一举恢复。为此雨果专门写道："英国人今天承认了我们的实力。"

俄国政府对德·海登的指挥感到满意，并为他举办了宴会。同样，德·里尼回到法国后升任海军第一部长和法国外交部部长。失败者易卜拉欣尽管未能剿灭希腊的革命，但是他的"忠诚"得到了苏丹的信任。当他的父亲因为那宏大的阴谋落败郁郁而终以后，易卜拉欣终于继任成为新的埃及帕夏，接着成为埃及的赫迪夫（埃及执政者的称号，任期1867—1914）。

纳瓦里诺活剧里的这4位主角，只有科德林顿后来的命运不太好。

他虽然成了英国民众心目中的英雄，但是他的胜利对于英国政府而言却是一件很尴尬的事。英国政府并没有侮辱土耳其人，更没有打算就此解放希腊人，他们只是要抑制住俄国人在东地中海的影响并维护好土耳其，然而纳瓦里诺海战的胜利却严重损害到了英国政府的这一政策。于是乎，科德林顿只能成为政府尴尬的替罪羊。

英雄很快就被解职，这个老水兵的海上生涯也因此结束，其原因不是他误解了易卜拉欣的封锁指示，而是他赢得了对外交来说并不明智的军事胜利。威灵顿在国会上把这一胜利描述为"突然事件"。对科德林顿而言，唯一的小小的安慰，就是他获得了希腊政府的官方感激。他与拜伦、坎宁一起成为希腊人心目中的解放者，其塑像将被供放在万神殿中，直到这个时代的终结。